A PRUDÊNCIA EM ARISTÓTELES

© Presses Universitaires de France, 1963
Título original em francês: *La prudence chez Aristote*
© da edição brasileira: Discurso Editorial, 2003

Nenhuma parte desta publicação pode ser gravada, armazenada em sistemas eletrônicos, fotocopiada, reproduzida por meios mecânicos ou outros quaisquer sem a autorização prévia da editora.

Projeto editorial: Departamento de Filosofia da FFLCH-USP
Direção editorial: Milton Meira do Nascimento
Projeto gráfico e editoração: Guilherme Rodrigues Neto
Capa: Helena Rodrigues
Ilustração da capa:
A roda da fortuna, de Mauro Andriole (acrílico sobre tela 100 x 100cm, 2001)
Revisão: Sílvio Rosa Filho
Tiragem: 3.000 exemplares

Ficha catalográfica:
Ficha catalográfica: Sonia Marisa Luchetti CRB/8-4664

A888 Aubenque, Pierre
  A prudência em Aristóteles / Pierre Aubenque
  tradução de Marisa Lopes. 2ª ed. – São Paulo:
  Discurso Editorial, Paulus, 2008.
  352 p.
  Título original: La prudence chez Aristote
  ISBN 978-85-86590-79-5

  1. Filosofia Antiga 2. Ética 3. Aristóteles
  (384-322 a.C.) I. Título II. Lopes, Marisa

CDD170
185.1

---

discurso editorial

Av. Prof. Gualberto, 315 (sala 1.033)
05508-900 - São Paulo - SP
Telefone: (11) 3814-5383
Telefax: (11) 3034-2733
E-mail: discurso@org.urp.br
Homepage: www.discurso.com.br

PAULUS

Rua Francisco Cruz, 229
04117-091 - São Paulo (Brasil)
Fax: (11) 5579-3627
Tel: (11) 5087-3700
editorial@paulus.com.br
www.paulus.com.br

PIERRE AUBENQUE

A PRUDÊNCIA EM ARISTÓTELES

Tradução de
Marisa Lopes

2ª edição

discurso editorial

PAULUS

Este livro, publicado no âmbito do programa de participação à publicação,
contou com o apoio do Ministério francês das Relações Exteriores.

*Cet ouvrage, publié dans le cadre du programme d'aide à la publication,
bénéficie du soutien du Ministère français des Affaires Étrangères.*

SUMÁRIO

PREFÁCIO À EDIÇÃO BRASILEIRA	7
PREFÁCIO	11
NOTA À TERCEIRA EDIÇÃO	17

PRIMEIRA PARTE. O PROBLEMA

§ 1. OS TEXTOS	21
§ 2. A TESE DE W. JAEGER	25
§ 3. A CRÍTICA À TESE DE W. JAEGER	32

SEGUNDA PARTE. A INTERPRETAÇÃO

CAPÍTULO I. O HOMEM DE PRUDÊNCIA	59
§ 1. DEFINIÇÃO E EXISTÊNCIA	59
§ 2. A NORMA	71
§ 3. O TIPO	87
CAPÍTULO II. COSMOLOGIA DA PRUDÊNCIA	107
§ 1. A CONTINGÊNCIA	107
§ 2. O TEMPO OPORTUNO (καιρός)	156
CAPÍTULO III. ANTROPOLOGIA DA PRUDÊNCIA	173
§ 1. A DELIBERAÇÃO (βούλευσις)	173
§ 2. A ESCOLHA (προαίρεσις)	193
§ 3. PRUDÊNCIA E JUÍZO (γνώμη)	230

TERCEIRA PARTE E CONCLUSÃO. A FONTE TRÁGICA	245
APÊNDICE I. SOBRE A AMIZADE EM ARISTÓTELES	285
APÊNDICE II. A *PHRONÊSIS* NOS ESTÓICOS	293
APÊNDICE III. A PRUDÊNCIA EM KANT	297
BIBLIOGRAFIA	343

PREFÁCIO À EDIÇÃO BRASILEIRA

Quando da primeira publicação deste livro, há quarenta anos, seu projeto – encontrar em Aristóteles os delineamentos de uma filosofia da prudência – poderia parecer fútil e quase incongruente. Como?! A prudência seria um objeto filosófico? Seu conceito não pertenceria a uma das partes mais caducas da tradição moral escolástica? Seu próprio nome, tão banalizado e desabonado, merecia que se teimasse em conservá-lo?

Hoje, o Autor não tem mais por que se desculpar do que poderia passar por um apego intempestivo à tradição, pois a tradição moral aristotélica irrompeu, nesse ínterim, na modernidade ou, mais exatamente, na pós-modernidade. As razões dessa atualidade, não persistente, mas renascente, devem ser procuradas na urgência da reflexão que os dramas e as catástrofes do século XX reclamam e no malogro trágico dos modelos intelectuais que os tinham, se não suscitado diretamente, ao menos tornado possíveis.

A *hybris*, a desmesura – quase se poderia traduzir por imprudência, atribuindo a esta palavra toda sua força – era para os gregos a falta por excelência, causa de todas as infelicidades privadas e públicas. No início, erro, mais do que vício, mas tornando-se vício pela perseverança e obstinação no erro, a *hybris* era o desafio lançado aos deuses, a ambição quase risível na disputa pelo saber absoluto, a pretensão usurpada à imortalidade e, a partir daí, o desprezo pelos outros, o desdém soberano pela escolha dos meios e o cálculo das conseqüências da ação julgada boa, numa palavra, a irresponsabilidade. Sem dúvida, se reconhecerá nisso alguns traços de um passado recente ou ainda atual: a insistência ideológica, a obstinação axiológica, a arrogância tecnológica e mesmo a boa consciência moralista. A *hybris* não nasce da falta mas do excesso de teoria, mais exatamente da inadequação entre a teoria e a prática. Que a teoria, mesmo a mais bem formada, não possa determinar imediatamente a prática, mesmo a mais bem intencionada, nisso reside a lição tirada da prudência aristotélica. A ação bem sucedida requer a mediação concomitantemente intelectual e volitiva que é a única que permite escolher e fazer o que Aristóteles chama o "bem factível", isto é, não um utópico bem absoluto mas o melhor possível num mundo contingente e incerto. A prudência é a virtude da boa deliberação, isto é, segundo a expressão de G. Vattimo, do "pensamento fraco" que, após exame refletido das diferentes opções, se inclina, embora não necessite fazê-lo, e, nessa medida, se esforça por conduzir os homens e o mundo na direção do melhor.

Nesses quarenta anos, numerosos trabalhos enriqueceram nossa meditação sobre a prudência. Citemos, em primeiro lugar, os trabalhos de H. G. Gadamer, na Alemanha; os de Hannah Arendt e Martha Nussbaum, nos Estados Unidos. O famoso seminário realizado por Heidegger, em Fribourg (1923), sobre o livro VI da *Ética Nicomaquéia*, inicialmente conhecido somente de oitiva e por uns poucos, foi progressivamente redescoberto e inspirou subterraneamente essa discussão, especialmente enfatizando que a *phronêsis* aristotélica é que melhor cumpria o programa de uma hermenêutica da existência humana voltada para a *práxis*. A tradição analítica, por seu lado, precisou a análise psicológica do julgamento prudencial e, em particular, a economia da deliberação, especialmente em relação à difícil questão de saber se a prudência diz respeito ao fim ou aos meios da ação.

O Autor deste livro tem sua própria posição sobre este e outros pontos, apresentada sem alteração nas páginas que seguem. Ele teria podido completar, infletir seu ponto de vista aqui e ali. Mas o livro teria corrido o risco de perder sua unidade, talvez sua identidade. O Autor tem a fraqueza de crer que este livro, tal como foi escrito em seu tempo, representa um momento, que deve ser preservado como tal, na história póstuma da *phronêsis* aristotélica.

Pierre Aubenque
Novembro de 2002.

NOTA BIBLIOGRÁFICA

Durante esses últimos anos consagrei muitos estudos à recepção de uma filosofia da prudência no mundo contemporâneo. Remeto, aqui, a:

"Sobre la exacerbación moderna del pretendido conflicto entre moral y politica". In: *Actas del III Congreso Nacional de Filosofia* (1991), Caracas, 1992.

"Philosophie pratique et herméneutique. Réflexions sur le néo-aristotélisme allemand contemporain". In: *Formes de rationalité et phronétique moderne*. Paris, 1995 (Annales littéraires de l'Université de Besançon, n° 574), p. 15-32.

"La place de l'*Éthique à Nicomaque* dans la discussion contemporaine sur l'éthique". In: Romeyer-Dherbey, G. e Aubry, G. (eds.). *L'excellence de la vie. Sur l'*Éthique à Eudème *et l'*Éthique à Nicomaque *d'Aristote*. Paris, Vrin, 2002, p. 397-407.

NOTA DA TRADUTORA

Agradeço a David Lefèbvre, José Carlos Estêvão, Marco Zingano, Maurício Keinert e Silvio Rosa Filho pelas sugestões e contribuições feitas a esta tradução (embora não devam ser responsabilizados por suas eventuais falhas). Em especial, agradeço ao prof. Aubenque pela acolhida e disponibilidade.

PREFÁCIO

"Todos os grandes nomes dados às virtudes e aos vícios despertam no espírito antes sentimentos confusos que idéias claras". Malgrado a severidade de Malebranche[1] ante o vocabulário moral que floresceu durante toda a Antigüidade e a Idade Média, a filosofia contemporânea, menos persuadida do que esteve no século XVII quanto à transparência da existência humana às "idéias claras", reencontrou a via da teoria das virtudes.[2] Mas, se a moral permanece, as virtudes saem de moda, e não se pode dizer que a *prudência*, por mais que sempre seja tema de "conselhos", esteja atualmente entre as virtudes que a maioria dos homens admira e que os filósofos celebram. Em vão a procuraríamos no índice de um moderno *Tratado das virtudes*. E um autor que não devia ser menos sensível à permanência das virtudes cardinais que às variações da língua crê ser melhor expediente banir de seu vocabulário a prudência do que explicar ao leitor moderno que ela é mais e melhor do que se acredita.[3] Certamente, desde o tempo em

---

[1] *Traité de morale*, I, 2, 2, p. 15, Joly.
[2] Cf., notadamente, Hartmann, N. *Ethik*, 1926; Jankélévitch, V. *Traité des vertus*, Paris, 1949; Bollnow, O.F. *Wesen und Wandel der Tugenden*, Frankfurt, 1958, e a bibliografia dada por este autor, p. 203.
[3] Gauthier, R.-A. *La morale d'Aristote*, p. 82 e ss.; comentário à *Ética Nicomaquéia* de Gauthier e Jolif, p. 463.

que a Prudência não inspirava somente teólogos e filósofos como também pintores e escultores, desde quando La Bruyère a associava ainda à grandeza,[4] a palavra se desvalorizou bastante. Mas essa desvalorização não é própria da prudência. Diz-se um automobilista *prudente*, mas também se diz uma criança *sage*,* o que não impede que a sabedoria ainda seja louvada pelos filósofos, mesmo que por polidez. Os julgamentos variados sobre a prudência têm, sem dúvida, causas diversas das causas semânticas. Não é por acaso que pareceu uma "virtude tola" ao século das Luzes[5] e que Kant a tenha banido da moralidade, pois o seu imperativo era apenas hipotético.[6] A prudência foi vítima menos da vida das palavras que das variações da filosofia e, mais geralmente, do espírito público. De início, foi vítima do racionalismo, em seguida, do moralismo. Ligada a certas visões de mundo, associou-se a seus declínios.

Gostaríamos de tentar encontrar o elo entre a exaltação ética da prudência e a visão de mundo que ela supõe para aquele que foi seu primeiro teórico. Em um certo sentido, tudo já foi dito sobre a prudência. Porém, noutro sentido, nada o foi enquanto não se perguntar *o por quê* de ser o filósofo Aristóteles, e nenhum outro, a teorizá-la. A verdade é que não se pode dissociar a teoria ética da prudência das doutri-

---

[4] "Onde falta a prudência, encontre a grandeza, se puder" (*Caractères*, XII, éd. Hachette, p. 385).

* N. do T.: no sentido em que se diz, em francês, que uma criança é obediente, ajuizada, bem comportada.

[5] Voltaire, *La Harpe*, 31 de março de 1775.

[6] *Fundamentação da Metafísica dos Costumes*, 2ª seção (tradução francesa de Delbos, p. 127 e ss.).

nas metafísicas de Aristóteles. Também a prudência é, mais que qualquer outra, uma virtude metafisicamente fundada. E se chegarmos a mostrar que o tema da prudência tem raízes muito anteriores a Aristóteles, isso significa que a exaltação dessa virtude não é estranha a uma certa visão de mundo que, se ainda era a de Aristóteles, foi, em grande parte e por muito tempo, a dos gregos.

Tal enraizamento da virtude da prudência na tradição grega pareceria mais do que nunca nos afastar dela e não deixar à nossa pesquisa outro interesse senão o histórico. É pouco afirmar que as lições da filosofia são eternas, é preciso acrescentar que nem sempre as entendemos quando são pronunciadas e que são palavras, de início indistintas, que se articulam apenas no decorrer dos séculos. O mundo redescobre hoje o que os gregos já suspeitavam há mais de dois mil anos: que as "grandes palavras" provocam "grandes infelicidades";[7] que o homem, essa coisa "estranha" entre todas,[8] não é o que deve ser ultrapassado, mas preservado, e para começar contra si-mesmo; que o sobre-humano é o que mais se parece com o inumano; que o bem pode ser inimigo do melhor; que o racional nem sempre é razoável e que a tentação do absoluto, que os gregos denominavam ὕβρις, é a fonte eternamente renovada da infelicidade do homem. A prudência talvez fosse uma "virtude tola" para um século que não acreditava poder cumprir a vocação do homem senão ultrapassando os seus limites e que desejava, sem mais delongas, realizar o reino de Deus na Terra. Entretanto, atualmente redescobrimos que o mundo é contingente e o futuro incerto, que o inteligível não

---

[7] Sófocles, *Antígona*, 1350-1.
[8] *Id., ibid.*, 332-3.

pertence a este mundo e se ele aí advém é somente sob a forma de algum substituto e à altura de nossos esforços. A prudência não é uma virtude heróica, se a entendemos como uma virtude sobre-humana; porém, às vezes é preciso coragem, ao menos aquela do juízo, para preferir o "bem do homem", que é o objeto próprio da prudência, ao que cremos ser o Bem em si. Talvez, enfim, essa virtude ainda tenha suas possibilidades num tempo que, cansado dos prestígios contrários, mas cúmplices, do "herói" e da "bela alma", procura uma nova arte de viver de onde sejam banidas todas as formas, mesmo as mais sutis, de desmesura e de desprezo.[9]

* * *

Para designar o que a tradição latina nomeará *prudentia*, prudência, e que é preciso distinguir da noção próxima e no entanto muito diferente de *sabedoria* (*sapientia*, σοφία), Aristóteles emprega a palavra φρόνησις. Mas *phronêsis*, em Aristóteles, não significa apenas *prudência* e às vezes mal se distingue de *sophia*. As variações do sentido dessa palavra levantam um problema, tanto filológico quanto filosófico. Na Primeira Parte precisaremos esses termos; a Segunda Parte, necessariamente a mais longa, proporá uma interpretação da *phronêsis* no sentido de *prudência*. A Terceira Parte se esforçará por apresentar uma "fonte", cuja descoberta, pensamos, esclarecerá a interpretação. Não é preciso lembrar que três *Éticas* nos chegaram sob o nome de Aristóteles: a *Ética Eudê-*

---

[9] "... a Desmesura, insolente mãe do Desprezo" (Píndaro, *13ª Olímpica*, 10).

mia, a *Ética Nicomaquéia* e a *Magna Moralia*. Estas três *Éticas* não podem ser postas no mesmo plano: seu próprio número e suas interferências apresentam problemas, talvez insolúveis, de cronologia e, quanto à terceira, de autenticidade. Contudo, não temos tantos textos sobre a prudência que possamos deixar de considerá-los todos:[10] tomaremos por base a *Ética Nicomaquéia*, mas levando em conta as outras duas sempre que elas se esclareçam ou, ao contrário, se afastem.[11] Além disso, ainda que esse estudo seja suficiente por si mesmo, é evidente que mantém vínculos com a interpretação da *Metafísica* que propusemos em outro lugar.[12]

---

[10] A prudência só é tratada *ex professo* no livro VI da *Ética Nicomaquéia* (sobre as virtudes dianoéticas) e num capítulo da *Magna Moralia* (I, 34). O livro VI da *Ética Nicomaquéia* é um dos livros ditos "comuns" à *Ética Nicomaquéia* e à *Ética Eudêmia*, e que não tem, pois, "paralelo" nesta (o que, por outro lado, não quer dizer que ela ignore o conceito aristotélico de *phronêsis*).

[11] Admitiremos provisoriamente o que se segue: *a)* a *Ética Eudêmia* e a *Ética Nicomaquéia* são duas versões de um curso de Aristóteles sobre a ética, a primeira sendo, no conjunto, mais antiga que a segunda; *b)* a tese da inautenticidade da *Magna Moralia* prevaleceu por muito tempo. Entretanto, tratando-se de Aristóteles, os conceitos de autenticidade e inautenticidade são muito relativos: se a obra parece ter sido redigida por um discípulo tardio, sem nenhuma dúvida este utilizou "notas", talvez muito antigas, de Aristóteles. Portanto, pode-se admitir, com o mais recente exegeta da *Magna Moralia*, que ela é *"ein Werk des Aristoteles selbst, zum mindesten inhaltlich"* (Dirlmeier, F. *Aristoteles. Magna Moralia*, 1958, p. 146-7).

[12] *Le problème de l'être chez Aristote. Essai sur la problématique aristotélicienne*, Paris, PUF, 1962.

Enfim, um outro vínculo, e uma dívida, devem ser desde já assinalados: perceber-se-á que, para além da própria doutrina de Aristóteles, o problema da prudência remete ao famoso e obscuro debate que os Antigos denominavam "sobre os possíveis".[13] Os múltiplos aspectos desse debate, indissoluvelmente lógico, físico e moral, bem como suas ressonâncias sempre atuais, foram objeto não apenas de uma recente obra de P.-M. Schuhl,[14] como também de alguns trabalhos que ele dirige em seu Seminário de Pesquisas sobre o Pensamento Antigo, dos quais tivemos o privilégio de participar durante anos. Que esses trabalhos, notadamente sobre a noção de καιρός,[15] não tenham ainda sido todos publicados nos impõem o dever particular de dizer aqui o quanto de incitações nos foram feitas, quantas relações nos foram sugeridas, principalmente para o segundo capítulo da Segunda Parte de nosso estudo. Por essa dívida e ainda outras, exprimimos aqui nosso vivo reconhecimento a P.-M. Schuhl, que ainda é, após tantos anos, nosso mestre, e que de tantas formas se encontra na origem deste trabalho. Que nos seja permitido igualmente agradecer às duas instituições que facilitaram a redação e a publicação desta obra: a Fundação Hardt para o Estudo da Antigüidade Clássica, em Vandœuvres (Genebra), e ao Centro Nacional da Pesquisa Científica (CNRS), em Paris.

Besançon, 12 de março de 1962.

---

[13] "... *obscura quaestio, quam* περὶ δυνατῶν *philosophi vocant*"; "*illam... contentionem, quam* περὶ δυνατῶν *appellant*" (Cícero, *De fato*, I, 1; IX, 17).

[14] Schuhl, P.-M. *Le dominateur et les possibles*, Paris, PUF, 1960.

[15] Cf. *id., ibid.,* "De l'instant propice". In: *Revue philosophique*, 1962, p. 69-72.

NOTA À TERCEIRA EDIÇÃO

Esta terceira edição foi ampliada em dois Apêndices de extensão desigual que estudam o destino da *phronêsis*-prudência segundo Aristóteles. "A *phronêsis* nos estóicos": "La *phronésis* chez les Stoïciens" editado nas *Actes du VIIe Congrès* (Aix-en-Provence, 1963) *de l'Association Guillaume Budé*, Paris, Les Belles Lettres, 1964, p. 291-2. "A prudência em Kant": "La prudence chez Kant", publicado na *Revue de Métaphysique et de moral*, 1975, LXXX, p. 156-82. Agradecemos aos editores por autorizarem a reprodução desses dois textos.

PRIMEIRA PARTE

O PROBLEMA

Μηδαμοῦ ἄλλοθι καθαρῶς ἐντεύξεσθαι
φρόνησει ἀλλ' ἢ ἐκεῖ.
(Platão, *Fédon*, 68 b)

Θνητὰ φρονεῖν χρὴ θνητὴν φύσιν.
(Sófocles, fr. 590 Pearson)

§ 1. OS TEXTOS

Aristóteles, em diversas passagens de sua obra, fiel ao uso platônico, emprega a palavra *phronêsis* para designar o saber imutável do ser imutável, por oposição à opinião ou à sensação que mudam conforme seus objetos. Assim, no livro M da *Metafísica*, lembra que foi para salvar um tal saber que Platão admitiu a teoria das Idéias pois, uma vez reconhecido com Heráclito que o sensível está em perpétuo movimento, é preciso admitir a existência de coisas outras que não as sensíveis, se se quer que haja ciência e *saber* de alguma coisa, ἐπιστήμη τινὸς καὶ φρόνησις.[1] No *De Cælo*, ele louva os eleatas por terem sido os primeiros a descobrir essa verdade: "sem a existência de naturezas imóveis não se pode ter conhecimento ou *saber*", γνῶσις ἢ φρόνησις.[2] Uma fórmula análoga encontra-se na *Física*, onde Aristóteles retoma claramente, a seu modo, desta vez sem se referir a seus predecessores, a tese da incompatibilidade do saber e do movimento: daí retira a conseqüência de que não é por uma gênese mas "pelo repouso e pela parada", que o entendimento (διάνοια) "conhece e *sabe*", ἐπίστασθαι καὶ φρονεῖν, e que "é pelo apaziguamento da alma, após a agitação que lhe é natural, que alguém torna-se *sapiente* e conhecedor", φρόνιμον καὶ ἐπιστῆμον.[3] Enfim,

---

[1] *Met.*, M, 4, 1078b 15.
[2] *De Cælo*, III, 1, 298b 23.
[3] *Fís.*, VII, 3, 247b 11, 18.

nos *Tópicos*, Aristóteles recorre a uma associação de palavras análogas para lembrar que os exercícios dialéticos são úteis "para o conhecimento e o *saber* filosófico", πρός τε γνῶσιν καὶ τὴν κατὰ φιλοσοφίαν φρόνησιν.[4] Nesses quatro textos, Aristóteles se serve das palavras φρονεῖν e φρόνησις, constantemente associadas a ἐπιστήμη ou a γνῶσις, para designar a forma mais alta do saber: a ciência do imutável, do supra-sensível, em uma palavra, o saber verdadeiro, filosófico. Mesmo que Aristóteles não conceda a esse saber o mesmo conteúdo que Platão, mesmo que, diferentemente de seu mestre, acredite ser possível atingir no seio mesmo da física a exigência científica de estabilidade, resta que a *phronêsis* designa, nesses textos de Aristóteles, um tipo de saber conforme o ideal platônico de ciência e que em nada se diferencia do que Aristóteles descreve longamente no começo da *Metafísica* sob um outro nome, o de *sophia*. A prova é que, para caracterizá-la e mostrar que ela é a ciência primeira, arquitetônica, a que não tem em vista outra coisa que não a si mesma como seu próprio fim, não hesita em qualificá-la de *phronêsis*.[5]

Ora, na *Ética Nicomaquéia*, a mesma palavra *phronêsis* designa uma realidade completamente diferente. Não se trata mais de uma ciência[6] mas de uma virtude. Esta virtude é, por certo, uma virtude *dianoética*,[7] mas no interior da *dianoia* ela não é sequer a virtude do que existe de mais elevado. Aris-

---

[4] *Tóp.*, VIII, 14, 163b 9.

[5] *Met.*, A, 2, 982b 4.

[6] *Ética Nicomaquéia* (doravante citada como EN),VI, 5, 1140b 1: οὐκ ἂν εἴη ἡ φρόνησις ἐπιστήμη.

[7] Ἀρετὴ διανοητική: EN, I, 13, 1103a 6. Ἀρετὴ τῆς διανοίας: EN, VI, 2, 1139a 1 (cf. ἀρετὴ διανοίας: *Ret.*, I, 9, 1366b 20).

tóteles introduz, com efeito, uma subdivisão no interior da parte racional da alma: por uma destas partes consideramos as coisas que não podem ser diferentes do que são; pela outra conhecemos as coisas contingentes. Se esta é denominada por Aristóteles *calculativa* (λογιστικόν),[8] ou ainda *opinativa* (δοξαστικόν),[9] não surpreenderá que a primeira seja dita *científica* (ἐπιστημονικόν).[10] O mais estranho é que a *phronêsis*, que aparecia em outro lugar assimilada à mais alta das ciências, não só não é aqui uma ciência mas nem mesmo é a virtude do que há de científico na alma racional: a *phronêsis* designa, de fato, a virtude da parte *calculativa* ou *opinativa* da alma.[11] Outra variação não menos chocante: enquanto a *phronêsis* servia para opor, no começo da *Metafísica*, o saber desinteressado e livre, que não tem outro fim que a si mesmo, às artes que, nascidas da necessidade, visam a satisfação de uma carência, a *phronêsis* da *Ética Nicomaquéia* somente é reconhecida nos homens cujo saber é ordenado para a busca dos "bens humanos" (ἀνθρώπινα ἀγαθά),[12] e por isso sabem reconhecer "o que lhes é vantajoso" (τὰ συμφέροντα ἑαυτοῖς).[13] Enfim, a *phronêsis*, que era assimilada à *sophia*, aqui lhe é contraposta: a sabedoria diz respeito ao necessário, ignora o que nasce e perece,[14] portanto, é imutável como o

---

[8] EN, VI, 2, 1139a 12.
[9] *Ibid.*, 5, 1140b 26.
[10] *Ibid.*, 2, 1139a 12.
[11] *Ibid.*, 5, 1140b 26.
[12] *Ibid.*, 5, 1140b 21; 7, 1141b 8.
[13] *Ibid.*, 7, 1141b 5. Cf. *Magna Moralia*, I, 34, 1197b 8: Ἡ δὲ φρόνησις περὶ τὸ συμφέρον ἀνθρώπῳ.
[14] Οὐδεμιᾶς γάρ ἐστιν γενέσεως (EN, VI, 13, 1143b 20).

seu objeto;[15] a *phronêsis* diz respeito ao contingente,[16] é variável segundo os indivíduos e as circunstâncias.[17] Enquanto a sabedoria é apresentada, em outro lugar, como uma forma de saber que ultrapassa a condição humana,[18] a *phronêsis*, graças ao seu caráter humano, demasiado humano, agora desce do primeiro nível: "é absurdo pensar que a prudência seja a forma mais elevada do saber, se é verdade que o homem não é o que há de mais excelente no Universo".[19] Ora, ele não o é: "existem, de fato, outros seres muito mais divinos que o homem, por exemplo, para nos atermos aos mais manifestos dentre eles, os Corpos dos quais o Universo é formado".[20]

Se reconhece nessa concepção uma virtude que, sendo intelectual, evoca menos os méritos da contemplação que os do saber oportuno e eficaz, nesta modesta réplica em escala humana de uma sabedoria mais que humana, o que a tradição latina transmitirá ao Ocidente cristão sob o nome de *prudência*. Mas essa tradução tradicional, que teve por efeito isolar muito precisamente um dos dois sentidos da palavra, não deve nos ocultar o que teria podido surpreender os ouvintes e leitores de Aristóteles, nem o que ainda pode haver de problemático em empregar a mesma palavra, *phronêsis*, em duas acepções tão diferentes, para não dizer opostas, sem que nenhuma explicação venha justificar a coexistência desses dois sentidos ou a passagem de um a outro. Qualquer que tenha

---

[15] EN, VI, 7, 1141a 24.

[16] *Ibid.*, 5, 1140b 27; 6, 1140b 36; 8, 1141b 11.

[17] *Ibid.*, 7, 1141a 25.

[18] Cf. *Met.*, A, 2, 982b 28.

[19] EN, VI, 7, 1141a 20.

[20] *Ibid.*, 1141a 34. Esses "corpos" são os astros.

sido a indiferença dos autores antigos com respeito a fixações terminológicas,[21] há poucos exemplos na história da filosofia de uma tal desenvoltura, ao menos aparente, no manejo de um conceito filosófico que toca ao essencial: a natureza do saber humano, as relações entre teoria e prática, a relação do homem com o mundo e com Deus.

§ 2. A TESE DE W. JAEGER

É à filologia moderna que caberá formular um problema do qual os comentadores antigos e medievais parecem não ter se dado conta, pouco ciosos das confrontações críticas entre textos. Se as contradições de Aristóteles surpreenderam pouco os comentadores, elas forneceram o alimento essencial às hipóteses genéticas de W. Jaeger: Aristóteles não teria podido se contradizer *no mesmo momento de tempo*, e o que tomamos como teses contraditórias deveriam antes ser reconhecidas como momentos de uma *evolução*. Nessa perspectiva, as variações de sentido de uma palavra deixam de ser signos de incoerência para se tornarem o testemunho de uma gênese, sob a condição, é verdade, que se possa resgatar uma certa continuidade nessas variações. Tais são os princípios metodológicos que W. Jaeger aplicaria brilhantemente à noção de *phronêsis*, em seu grande livro de 1923, *Aristóteles*.

A tese de Jaeger, em resumo, é a seguinte. Aristóteles partiu da noção platônica de *phronêsis*, tal como se encontra desenvolvida especialmente no *Filebo*, onde ela designa a con-

---

[21] Cf. Platão, *Rep.*, VII, 533d-e: "Não é, penso, o momento de contender sobre uma palavra quando temos questões tão importantes a debater".

templação, não em si mesma mas como componente da vida boa e fundamento da ação reta. Este uso ainda platônico corresponderia à fase "teológica" do pensamento de Aristóteles. A teologia especulativa se prolonga em uma moral "teônomica", segundo a qual Deus, objeto de contemplação, valeria também como norma moral absoluta, da mesma forma que, em Platão, o conhecimento do inteligível fornecia o princípio e a norma da retidão da ação. Entretanto, o abandono da teoria das Idéias por Aristóteles provocou um primeiro abalo no universo moral do platonismo: "a unidade do ser e do valor desmorona. Metafísica e ética se separam... Então se completa o divórcio, pleno de conseqüências, entre a razão teórica e a razão prática, que ainda não estavam dissociadas na *phronêsis*".[22] Essa primeira crise se situaria, segundo Jaeger, entre o *Protrético* e a *Ética Eudêmia*. Mas, se Aristóteles renuncia às Idéias, não renuncia igualmente à transcendência do divino: com relação a Deus, Aristóteles "permanecerá platônico por toda a vida".[23] O Deus transcendente somente se afasta cada vez mais das preocupações e da atividade dos homens: "é apenas na distância que emerge o pólo imóvel indicando, no horizonte da existência, a direção última".[24] Se na *Ética Eudêmia*, cuja moral permanece "teônomica", Deus continua sendo o princípio regulador da ação humana, o mesmo não se dá no livro VI da *Ética Nicomaquéia*. Doravante, Deus está oculto ou mudo, o homem deve contar apenas com as suas

---

[22] Jaeger, W. *Aristoteles. Grundlegung einer Geschichte seiner Entwicklung*, p. 85. Citamos esta obra segundo a edição alemã (1923, nova edição inalterada: 1955), eventualmente levando em conta correções adicionais do autor à 2ª edição da tradução inglesa de R. Robinson (1948).

[23] *Id., ibid.*, p. 85, n. 1.

[24] *Id., ibidem.*

forças para organizar sua vida terrestre; a ação nada mais tem a esperar da teoria, isto é, da contemplação: "Aristóteles retira da *phronêsis* toda significação teórica",[25] para ver nela apenas uma espécie de senso moral, capaz de orientar a ação rumo ao que é imediatamente útil e bom para o homem, mas sem nenhuma referência à norma transcendente.

Com essa reconstituição, W. Jaeger não teve apenas o mérito de ordenar textos esparsos e aparentemente contraditórios, forneceu uma motivação, pode-se dizer, *dramática* a uma das teorias na qual a posteridade não viu senão a simples reação do "bom senso" ou do "empirismo" de Aristóteles contra os "excessos" do idealismo platônico. Jaeger poria o problema no único quadro onde pôde desenvolver suas verdadeiras dimensões: o das relações entre a teologia e a moral, entre a metafísica e a ética. Sugeria que uma ética da prudência deveria ter suas raízes em um afastamento progressivo das preocupações teológicas – ou, para ser mais exato, na teologia de um Deus longínquo –, em um divórcio entre o conhecimento metafísico e as normas imediatas da ação, ou, mais precisamente, em uma metafísica do divórcio e da cisão. Infelizmente, Jaeger não se manteve à altura de sua própria interpretação. Algumas páginas adiante, verá na teoria nicomaquéica da prudência apenas um retorno ao que Platão denominaria a "virtude popular" (δημοσία ἀρετή).[26] Esquecendo as motivações trágicas que, segundo sua própria interpretação, teriam forçado Aristóteles a esse retorno, não via mais que uma queda das alturas em que o discípulo não soubera se manter senão no *Protrético* e na *Ética Eudêmia*, quando ainda prolongava a grande tradição especulativa do plato-

---

[25] Jaeger, *Aristoteles*, p. 83.
[26] *Id., ibid.*, p. 250.

nismo. O que poderia ser entendido como uma filosofia da queda se encontrava restrito, conforme a interpretação tradicional, a uma queda da filosofia no empirismo, no "humanismo", na justificação do oportunismo ou, para retomar as palavras que Jaeger empregará a propósito de Isócrates, da prudência "pequeno-burguesa". Com isso, Jaeger autorizava o resumo que Taylor fizera de sua interpretação de Aristóteles: a de "um platônico que perdeu a alma".[27] Ilustrava, sem o saber, a propósito do caso particular de Aristóteles, as palavras cruéis de Péguy sobre a evolução da filosofia grega, a "degradação do místico em político".

De fato, é uma visão desse gênero que Jaeger, ampliando sua pesquisa, desenvolveria alguns anos mais tarde, num artigo sobre a origem e o ciclo do ideal filosófico da vida.[28] Mostraria que toda a filosofia grega se caracterizava pela oscilação entre o ideal de vida contemplativa e o ideal de vida política. Antes de Platão, o primeiro era representado por Parmênides, Anaxágoras e Pitágoras, o segundo pelos sofistas. A via socrática seria um primeiro ensaio de conciliação, tendendo a fundar o ideal prático sobre uma base reflexiva. Mas é Platão que propõe a verdadeira síntese dos dois ideais, fazendo do conhecimento das Idéias, em particular da Idéia de Bem, o fundamento da própria vida política. Aristóteles,

---

[27] Taylor, A. E. "Critical Notice on Jaeger's *Aristoteles*". In: *Mind*, 1924, p. 192-8.

[28] "Über Ursprung und Kreislauf des philosophischen Lebensideals". In: *Sitzungsberichte der preussischen Akademie der Wissenschaften*, philos.-hist. Kl., 1928, p. 390-421. Citamos esse artigo segundo a tradução inglesa de R. Robinson ("On the Origine and Cycle of the Philosophic Ideal of Life"), publicada na seqüência da 2ª ed. de sua tradução de *Aristoteles*.

separando novamente a teoria da prática, dissociando a vida "contemplativa", relegada ao plano do ideal longínquo, da vida propriamente "ética", inaugura uma "dissolução progressiva"[29] da síntese platônica, dissolução que será consumada na escola peripatética, onde se assistirá, segundo o testemunho de Cícero,[30] a uma polêmica decisiva entre Teofrasto, partidário da vida contemplativa, e Dicearco, partidário da vida ativa.[31] A falta de senso teórico do Liceu, sua indiferença a respeito da especulação, logo seguida da rejeição cética de toda teoria, dariam vitória, ao menos provisória, ao ideal prático. Mais tarde, Cícero somente poderá assimilar a filosofia grega à substância da cultura romana "negligenciando o profundo respeito que lhe inspiravam Platão e Aristóteles e adotando o ideal de vida política de Dicearco".[32]

É nesse quadro geral que W. Jaeger procede a uma nova reconstituição da evolução do sentido de *phronêsis*. Antes de Platão, a palavra teria tido um sentido essencialmente ético e prático. Sócrates teria sido o primeiro a lhe dar uma coloração teórica, fazendo dela uma espécie de intuição moral *(sittliche Einsicht, moral insight),* vista como unidade da teoria e da prática. Platão subordina a tal ponto a prática à teoria, a ação reta à contemplação das Idéias, que esquece que o conceito socrático de *phronêsis* comportava ainda a referência à ação, tornando-a sinônimo de σοφία, νοῦς ou ἐπιστήμη. Aristóteles conserva o sentido "teórico" de *phronêsis* no *Protrético* e na *Ética Eudêmia*: a prova é que Anaxágoras e

---
[29] "On the Origine...", p. 440.
[30] *Ad Att.*, II, 16, 3.
[31] "On the Origine...", p. 451.
[32] *Ibid.*, p. 461.

Pitágoras, símbolos tradicionais do ideal contemplativo, são citados como exemplos típicos da *phronêsis*.[33] Ao contrário, assistimos na *Ética Nicomaquéia* a uma "decomposição da concepção platônica da *phronêsis* em seus elementos originais": ela não significa mais do que "a intuição moral prática", e doravante todo conteúdo teórico será excluído.[34] A partir de então é preciso uma outra palavra para designar a contemplação e o ideal contemplativo; Aristóteles especializa nesse sentido a palavra *sophia*: é assim que, em contradição direta com o *Protrético* e a *Ética Eudêmia*, a qualidade de φρόνιμος é recusada a filósofos como Anaxágoras ou Tales. De agora em diante eles serão σοφοί e é Péricles, tipo político mais atento à ação eficaz que à teoria, que então ilustrará a personagem do *phronimos*.[35]

Enfim, a *Magna Moralia*, que Jaeger acreditava poder provar que é inautêntica e que teria nascido no meio aristotélico, quando muito sob o escolarcado de Teofrasto,[36] forneceria um testemunho pós-aristotélico da evolução do conceito. A separação entre *sophia* e *phronêsis* é considerada como coisa adquirida e o autor insiste, mais do que o próprio Aristóteles, na vocação prática, até mesmo utilitária, da *prudência*, em oposição à especulação desinteressada que representa a *sabedoria*. Ele chega a "se espantar que se faça menção à *sabedoria*",[37] onde se trata da moral e da pesquisa política.

---

[33] *Protrético*, fr. 11 Walzer, p. 49; 5 b W (1. 6 ss.) (sobre Anaxágoras e Pitágoras); *Ética Eudêmia* (doravante citada como EE), I, 4, 1215b 2 (para Anaxágoras); cf. 1215b 6-14; 5, 1216a 11-16.

[34] "On the Origine...", p. 437.

[35] EN, VI, 7, 1141b 2 (sobre Anaxágoras e Tales), 1140b 7 (para Péricles).

[36] "On the Origine...", p. 440, n. 1.

[37] *Magna Moralia*, I, 34, 1197b 28-30.

É verdade que, logo depois, restabelece uma relação de subordinação entre a *prudência* e a *sabedoria*, aquela estando em relação a esta como o administrador em relação ao senhor: assim como o administrador somente se ocupa dos negócios do senhor para lhe proporcionar o ócio correspondente à sua vocação liberal, da mesma forma a prudência, regendo as partes inferiores da alma, cria as condições que permitirão à sabedoria, liberada de cuidados subalternos, realizar sua obra própria.[38] Segundo Jaeger, com esta observação, o autor da *Magna Moralia* nada faria senão lembrar a estrita ortodoxia aristotélica contra discípulos demasiado zelosos que, ultrapassando o pensamento do mestre, teriam chegado a afirmar o primado da *prudência* sobre a *sabedoria*.[39] W. Jaeger crê até mesmo poder afirmar que a *Magna Moralia* retomaria um argumento de Teofrasto contra Dicearco: o primeiro, separando a contemplação da ação, não renegaria mais do que seu mestre o ideal contemplativo; o segundo, por uma interpretação abusiva da doutrina desenvolvida na *Ética Nicomaquéia*, teria apenas visto uma sobrevivência no elogio do ideal contemplativo, ainda presente em Aristóteles, e o teria definitivamente dispensado em favor da vida ativa.

Assim, a doutrina aristotélica da prudência não representaria senão um momento de uma história mais geral: a da evolução do ideal filosófico de vida, que caracterizaria uma espécie de alternância entre o elogio da vida ativa e o da vida de ócio. Se, dos pré-socráticos aos sofistas, a curva vai da contemplação à ação, Sócrates e sobretudo Platão a infletem em direção à vida contemplativa. Platão parecia até mesmo pôr

---

[38] *Magna Moralia*, I, 34, 1198b 9 até o fim.
[39] Uma tese desse gênero encontra-se na *Carta a Meneceu* de Epicuro: καὶ φιλοσοφίας τιμιώτερον ὑπάρχει φρόνησις (132, 8).

fim à concorrência entre os dois ideais ao fazer da contemplação uma *norma*. Mas esta síntese é novamente dissociada por Aristóteles. Certamente ele mantém a superioridade, de direito, da vida contemplativa, mas de uma forma tal que doravante ela parece posta para além da condição humana. O aristotelismo dos epígonos não poderá manter por muito tempo esse ideal demasiado longínquo e se dará por satisfeito com as virtudes menos elevadas da vida política.

§ 3. A CRÍTICA À TESE DE W. JAEGER

Essa reconstituição exige imediatamente, e sob vários aspectos, uma crítica, mesmo que se deva reconhecer que, como outras análises aristotélicas de Jaeger, trouxe um novo impulso à pesquisa. Nossas objeções são de três ordens: concernem à história das idéias, ao estudo das fontes e à própria interpretação.

I. *A história das idéias*

Sobre o primeiro ponto, o esquema que faz da doutrina aristotélica da prudência uma etapa rumo ao triunfo, mesmo que provisório, do ideal de vida política é pelo menos paradoxal. No momento em que a dissolução da cidade grega se consuma e o cidadão de Atenas, mesmo que se conservem algumas aparências, torna-se súdito de um Império cujo governo e leis não são mais submetidos à sua deliberação, mal se vê como poderia o elogio da vida política, em Dicearco, por exemplo, ser outra coisa que um tema escolar. De fato, freqüentemente se descreveu as conseqüências espirituais do desaparecimento da cidade grega em termos que contradizem a análise puramente literária de Jaeger. Se a unidade da vida privada e da vida pública caracterizava a era clássica da Grécia, a ruptura dos quadros da cidade em proveito de conjuntos mais vastos arruína tal unidade. Aristóteles ainda sustentava a coincidência entre a virtude do homem público e a do homem privado;[40] entretanto, esta se torna inútil numa sociedade que não mais espera do homem privado que participe nos negócios públicos. O filósofo – que, na *República* de Platão, simbolizava a unidade da teoria e da prática –, se encontra confinado na teoria pura a partir do momento em que a "prática" deixa de depender dele, para depender de um senhor externo. É o momento em que a liberdade do homem livre, que até então se confundia com o exercício dos direitos cívicos, se transmuta, na falta de algo melhor, em liberdade interior;[41] no qual o ideal de autarquia, que até então procurara satisfazer-se pela mediação da cidade, não reconhece mais outra via senão a ascese interior geradora da ataraxia;[42] no qual a especulação pura torna-se um refúgio e como que o substituto da uma ação obstruída. Tal atmosfera de retração,

---

[40] *Pol.*, III, 2.

[41] Essa evolução foi apresentada como resultado de uma lógica interna por H. Gomperz (*Die Lebensauffassung der griechischen Philosophie und das Ideal der inneren Freiheit*, Leipzig, 1904) e, em menor medida, por Max Pohlenz (*Griechische Freiheit. Wesen und Werden eines Lebensideals*, Heidelberg, 1955; tradução francesa, 1956). Pe. Festugière, ao contrário, insiste no papel determinante desempenhado pelas condições sociais e políticas nessa evolução (cf. *Liberté et civilisation chez les Grecs*, 1946, Cap. I).

[42] Sobre a evolução da noção de autarquia, cf. Festugière, *op. cit.*, p. 109 e ss.; *Epicure et ses dieux*, p. X, e nossas observações em *Le problème de l'être...*, p. 500-1 e 504, n. 1.

ou, como se disse, de "abstração",⁴³ é característica das filosofias helenísticas. Mas não se pode pensar que isso tenha acontecido sem transições em relação às pretensões unitárias da filosofia precedente, como se fosse suficiente tomar a ressurreição do ideal contemplativo por conta de uma misteriosa "alternância". De fato, foi possível mostrar recentemente que os temas helenísticos estavam já em germe na filosofia da Antiga Academia.⁴⁴ Assim, ao lado da manutenção em princípio das ambições políticas do platonismo, em Espeusipo se encontra, sobretudo, uma pregação da imperturbabilidade ou, como diz, da *alypia*. Xenócrates é conhecido por ter desenvolvido em sentido puramente especulativo as doutrinas, indissoluvelmente teóricas e práticas, do platonismo. Para nossa grande sorte, conservaram-se dele dois fragmentos concernentes à *phronêsis*. Ele escreveu o Περὶ φρονήσεως, onde a palavra devia ter o sentido geral de inteligência, pois a define como a faculdade "capaz de definir e de contemplar os seres".⁴⁵ Mas, segundo um outro fragmento mais explícito, ele distinguia duas espécies de inteligência: uma *teórica*, que se confundia com a sabedoria, "ciência das causas primeiras e do ser inteligível" e outra *prática*.⁴⁶ Uma tal distinção, que consagra a ruptura da teoria e da ação, não poderia ser platô-

---

⁴³ Marx, K. "Différence de la philosophie de la nature chez Démocrite et chez Epicure". Tradução de Molitor (*Œuvres philosophiques*, I, p. 31).

⁴⁴ Isnardi, M. "Teoria e prassi nel pensiero dell'Academia antica". In: *La Parola del Passato*, 1956, p. 401-33; cf. a resenha de P.-M Schuhl, *Revue philosophique*, 1958, p. 373-4 (reproduzido em *Études platoniciennes*, p. 129-31).

⁴⁵ Ὁριστικὴν καὶ θεωρητικὴν τῶν ὄντων, fr. 7 Heinze (Aristóteles, *Tóp.*, VI, 6, 141a 6).

⁴⁶ Fr. 6 H.

nica: Xenócrates teria pois tomado consciência do caráter "anacrônico" da unidade recentemente afirmada por Platão.[47] De fato, outros fragmentos nos mostram sua preocupação, antes de tudo, com a "saúde do indivíduo", com a "tranqüilidade da alma", com a "libertação dos tormentos",[48] ou ainda com a autarquia do sábio:[49] todos os temas que logo serão característicos do estoicismo e do epicurismo. Com Pólemon, Crântor e Crates, a Academia renunciará definitivamente a exercer uma função ativa numa sociedade que se tornara estranha à filosofia. Será a época da fuga do mundo, pregada concomitantemente pelas pequenas escolas socráticas; será também o começo da literatura de consolação, como se vê no pseudo-platônico *Axíoco*.

Além do mais, o próprio Aristóteles, por todo um aspecto de sua filosofia, parecia favorecer uma renovação do ideal contemplativo. Sabe-se da profunda impressão que as doutrinas da teologia astral exerceram sobre o jovem Aristóteles, no momento mesmo em que elas encontravam no *Epínomis* sua mais acabada expressão. Seria interessante, a propósito, estudar o uso da palavra *phronêsis* neste diálogo. Descobrir-se-ia facilmente que ela designa a contemplação, mas uma contemplação que não é mais a norma da ação reta,[50] e que de agora em diante satisfaz a si mesma ao desco-

---

[47] Isnardi, M. "Teoria e prassi nel pensiero...", p. 424-5.

[48] Cf. fr. 4 H e o comentário de Isnardi, p. 425.

[49] Fr. 77 H.

[50] É certo que o autor do *Epínomis* nos diz uma vez que aquele que a possuir será "um sábio e bom cidadão, que comandará e obedecerá com sabedoria e medida em sua cidade" (976d). Mas esse é um tema platônico tradicional, que o *Epínomis* repete sem convicção e rapidamente, o interesse sendo totalmente diverso do "político".

brir no espetáculo da ordem celeste a fonte de uma eterna fruição. A *phronêsis* é, desde o prólogo, oposta à arte da legislação, "sobre a qual já nos exprimimos detalhadamente" (973ab). O autor não dissimula que "a coisa mais importante a descobrir", a que faz do homem um sábio, não foi ainda descoberta. A seqüência do diálogo nos ensinará que o bem procurado é uma ciência e que "nenhum conhecimento que tem por objeto os negócios humanos merece ostentar esse nome" (974b). A ciência que se procura, isto é, a única que torna o homem sábio, será finalmente a ciência do número, ciência divina da qual o Céu é ao mesmo tempo fundamento e objeto (977a). Ora, essa ciência, que é ao mesmo tempo o maior dos bens, não é outra que a *phronêsis*, que designa, pois, a forma mais elevada do saber, isto é, a contemplação astral (977ab). Mais adiante, não é somente o homem de contemplação que será dito *phronimos*, mas os próprios astros (982bc); pois merece essa qualificação sobretudo "o que sempre age seguindo os próprios princípios, da mesma forma e pelas mesmas razões; ora, tal é a natureza dos astros".[51] Finalmente, é em termos de iniciação e de êxtase que o autor do *Epínomis* descreverá a descoberta progressiva da ordem admirável do Céu, cuja contemplação permitirá à inteligência humana participar do Intelecto (φρόνησις) divino (986d).

Se nos ativermos ao uso da palavra *phronêsis*, não imaginamos contraste mais surpreendente entre a inteligência contemplativa do *Epínomis*, que se vangloria de jamais se ocupar dos negócios humanos, e a *prudência* aristotélica. Mas seria um equívoco limitar a confrontação a uma questão de vocabulário e concluir daí uma total oposição do aristotelismo aos temas da teologia astral. W. Jaeger está entre os que mais

---

[51] 982e. Cf. Schuhl, P.-M. *Le dominateur et les possibles*, p. 43.

contribuíram para manifestar o parentesco de inspiração entre as obras de juventude de Aristóteles, notadamente o *Da Filosofia*, e os temas místicos do *Epínomis*.[52] Buscamos mostrar em outro lugar[53] que o tema astral – despojado, é verdade, de seus aspectos místicos – não só foi característico do jovem Aristóteles, como também continuou a animar toda sua teologia, dele recebendo seu sentido. Além disso, a divindade dos astros encontra-se expressamente invocada no livro VI da *Ética Nicomaquéia*, num contexto em que se trata de mostrar que a *phronêsis*, doravante entendida no sentido de prudência, não é a forma mais elevada do saber.[54] Isso tenderia a provar que a idéia aristotélica de *prudência* é tão pouco oposta ao ideal contemplativo da religião astral, mas que este, muito pelo contrário, fornece enquadramento e sentido à prudência. Porque a contemplação é progressivamente projetada para um outro mundo, que não é a simples duplicação inteligível deste, encontra emprego neste mundo um modo de conhecimento menos nobre e se torna *virtude* uma certa forma de se guiar segundo normas claudicantes. Portanto, seria vão opor ao ideal de vida contemplativa o ideal de vida política, que se confundiria com um pretenso ideal da prudência. Mesmo se os epígonos o tenham entendido assim, o problema jamais foi posto deste modo por Aristóteles: a própria *Ética Nicomaquéia*, como suficientemente o prova o livro X, não conhece outro ideal que o da vida da inteligência e do "ócio" estudioso, que continua a tomar suas tintas dos temas difundidos pela nova religião astral. Para Aristóteles, a prudência

---

[52] Jaeger, W. *Aristoteles*, Cap. II. Excetuamos o caso do *Protrético*, dado o caráter contestável de sua reconstituição (ver mais abaixo).
[53] *Le problème de l'être...*, Parte II, Cap. I, §1.
[54] EN, VI, 7, 1141a 20 e ss. (cf. acima, p. 24).

sempre será um sucedâneo, o *substituto* imperfeito de uma sabedoria mais que humana.

Então, não se pode explicar, como o faz Jaeger, a teoria aristotélica da prudência, nem as variações dessa teoria, no quadro de uma luta entre dois "ideais filosóficos de vida", e da alternância da vitória de um ou de outro. Pois em nenhum momento da carreira de Aristóteles se pode falar em um *ideal* da prudência, nem mesmo de um primado da vida política. Do ponto de vista da história das idéias, Aristóteles nem é o precursor da moral cívica que mais tarde será a dos romanos (e da qual Jaeger nos diz que Cícero a teria tomado a Dicearco), nem das morais do voltar-se sobre si e da salvação interior que serão as da era helenística. Aristóteles não opõe uma à outra, mas mantém ambas, a vocação contemplativa e a exigência prática. Apenas esta não encontra mais naquela seu modelo e seu guia, mas deve procurar em seu próprio nível uma norma que, entretanto, não cessa de ser intelectual ou "dianoética". A prudência representa, desde então, menos uma dissociação entre a teoria e a prática e a revanche da prática sobre a teoria,[55] do que uma *ruptura no interior da própria teoria*. Mas esses são problemas de interpretação interna

---

[55] Acessoriamente, poder-se-ia objetar a Jaeger que a revanche da prática não é necessariamente a da política. É um traço comum das doutrinas helenísticas, e já da Antiga Academia após Xenócrates, como do Liceu após Teofrasto, afastar-se da especulação; entretanto, menos em proveito da atividade política que da ascese moral. Assim, se desconfiará tanto da ação coletiva quanto das leis gerais para não se ocupar senão da "dieta" do particular (cf. Heráclito Pôntico, fr. 76-89 Wehrli) e, mais tarde, da salvação do indivíduo. É preciso então opor à vida contemplativa não mais um, mas dois tipos de vida ativa: a vida política e a vida propriamente moral, às quais se reduzirá cada vez mais, após Platão e Aristóteles, a herança da sabedoria socrática.

do aristotelismo, que o recurso aos ensinamentos psicológicos e sociológicos fornecidos pela história das idéias não são suficientes para esclarecer.

II. *As fontes*

W. Jaeger desentranhou, como se viu, uma pretensa evolução da doutrina da *phronêsis*, cujas etapas seriam: o *Protrético*, a *Ética Eudêmia* e a *Ética Nicomaquéia* (com a *Magna Moralia* prolongando a mesma curva, mas para além do ensinamento do próprio Aristóteles). O *Protrético* seria, neste como em outros pontos, o reflexo do platonismo do jovem Aristóteles. Portanto, é a partir da significação platônica da palavra, tal como ainda se encontra no *Protrético*, que W. Jaeger interpreta as doutrinas da *Ética Eudêmia* e da *Ética Nicomaquéia*, como mais ou menos afastadas do platonismo e, por isso, como mais ou menos recentes. Esse esquema levanta duas séries de problemas: o que vale a reconstituição do *Protrético* e o que se pode concluir quanto à evolução das concepções éticas de Aristóteles? Convém buscar na noção *platônica* de *phronêsis* a fonte a partir da qual se teria constituído, por reação, a doutrina aristotélica da prudência?

As reconstituições do *Protrético* de Aristóteles, quer se trate da de Rose,[56] de Walzer[57] ou de Ross,[58] são quase que inteiramente fundadas no *Protrético* do neoplatônico Jâm-

---

[56] *Aristotelis... fragmenta*, 1870 (Tomo V da edição da Academia de Berlim); Teubner, 3ª ed., 1886.

[57] *Aristotelis dialogorum fragmenta*, Florença, 1934.

[58] *Aristotelis fragmenta selecta*, Oxford, 1955 (Trad. inglesa em *The Works of Aristotle Translated into English*, T. XII, 1952).

blico. Desde Bywater, que está na origem dessas reconstituições,[59] parecia admitido que Jâmblico plagiara largamente a obra de mesmo nome de Aristóteles, a tal ponto que não se hesitava em transferir ao Estagirita passagens mais ou menos extensas do filósofo neoplatônico.[60] Não existiria nenhuma razão que detivesse esse pendor se um estudo recente de Rabinowitz[61] não tivesse vindo nos lembrar as regras da prudência crítica. Estudando os cinco primeiros fragmentos reunidos por Rose e conservados por Walzer e Ross, Rabinowitz rejeita quase que inteiramente a atribuição a Aristóteles e pode-se prever que suas conclusões relativas aos outros fragmentos não seriam menos negativas. Qualquer que seja o excesso verossímil dessa reação, ela não deixou de constranger os defensores da tese tradicional a reconhecerem que a atribuição a Aristóteles de longos fragmentos do *Protrético* de Jâmblico não repousa sobre provas, mas apenas sobre "convergências de probabilidades".[62] Mais recentemente, Düring, retomando todos os elementos do debate, mantém a atribuição a Aristóteles de uma larga fração do *Protrético* de Jâmblico,[63] mas admite que este tenha podido modificar, aqui ou ali, a terminologia e o estilo de seu modelo.[64]

---

[59] "On a Lost Dialogue of Aristotle", *Journal of Philology*, 1869, p. 55-69.

[60] Jaeger, *Aristóteles*, p. 65 ss.; Merlan, P. *From Platonism to Neoplatonism*, cap. VI; Festugière, *Revue philosophique*, 1956, p. 122 ss.

[61] *Aristotle's* Protrepticus *and the Sources of its Reconstruction*, Berkeley/Los Angeles, 1957.

[62] S. Mansion, resenha da obra precedente, *Revue philosophique de Louvain*, 1958, p. 316-20, particularmente, p. 319-20.

[63] Cap. V, p. 34, 5-36, 20; VI-XII, p. 36, 27-60, 10 Pistelli (Düring, I. *Aristotle's* Protrepticus. *An Attempt at Reconstruction*, 1961, p. 14, n. 3).

Essa última consideração bastaria para nos colocar em guarda contra uma utilização sistemática dos "fragmentos" do *Protrético* para o estudo da evolução de um *termo* aristotélico. Entretanto, mesmo que se admita que Aristóteles, escrevendo ainda na atmosfera do pensamento platônico,[65] não tivesse nenhuma razão para não empregar uma palavra cujo uso teria sido consagrado por seu mestre, restaria provar, se se quer fazer do *Protrético* o ponto de partida de uma evolução doutrinal, que Aristóteles tenha querido nos dar, nesta obra, uma *doutrina* da *phronêsis*; pois é somente sob esta condição que se poderia pôr tal doutrina em paralelo com as das *Ética Eudêmia* e *Nicomaquéia*. Ora, nada permite pensar que seja assim. Gadamer observou há muito tempo que o *gênero* Protrético enquanto tal exclui toda discussão propriamente doutrinal: tratando-se de exortar o não-filósofo à filosofia, seria evidentemente inoportuno expor as dissensões dos filósofos, como teria sido o caso se Aristóteles tivesse defendido suas próprias posições contra as posições correntes da escola platônica. É preciso reconhecer no gênero Protrético *"eine theoretische Anspruchslosigkeit"*, a ausência de toda pretensão teórica.[66] "Não se deve procurar ali uma posição filosófica mas a posição da filosofia em geral".[67] E Gadamer conclui: "um Protrético não é uma ética, nem mesmo um esboço de

---

[64] Düring, I. *op. cit.*, p. 17.

[65] Segundo Düring (p. 29), o *Protrético* teria sido escrito em torno de 350, quando Aristóteles era "um membro ativo da Academia".

[66] "Der aristotelische *Protreptikos* und die entwicklungsgeschichtliche Betrachtung der aristotelischen Ethik", *Hermes*, 1928, LXIII, p. 155.

[67] *Ibid.*, p. 145.

uma ética. O que não toma para si a responsabilidade do conceito não deve ser medido pelo metro do conceito".[68]

Sobretudo, Gadamer afirma uma lei geral, que se faria bem tê-la em conta cada vez que se estudasse a pretensa evolução de um conceito em Aristóteles, segundo a qual Aristóteles emprega palavras correntes em seu sentido tradicional e até mesmo se refere a teorias banais, que não são necessariamente as suas, toda vez que não as trata *ex professo*. Ora, não resta dúvida que a noção de *phronêsis* não é e não poderia ser o centro da argumentação do *Protrético*.[69] Tudo leva a crer, pois, supondo-se que Jâmblico tenha transcrito exatamente as passagens correspondentes de Aristóteles, que este último utilizava a palavra sem pensar em lhe dar uma significação

---

[68] *Ibid.*, p. 146. Mansion, S. ("Contemplation and Action in Aristotle's *Protrepticus*". In: *Aristotle and Plato in the Midfourth Century*, 1960, p. 68, n. 5) contesta esse ponto de vista, alegando que o *Protrético* defende "uma idéia bem definida da filosofia... por meio de argumentos que se enraízam em certas posições filosóficas bem precisas". Mas essa concepção "bem definida" não é outra que a *notio communis* da filosofia, tal como reinou nos círculos aos quais Aristóteles pertencia. O "estilo elevado" do *Protrético* bastaria para distinguir este escrito tanto das discussões escolásticas da Academia quanto das espinhosas pesquisas dos escritos esotéricos de Aristóteles, e mostrar que se trata antes de uma "obra popular" (Düring, I. *op. cit.*, p. 17).

[69] Não se pode sequer dizer com certeza que as passagens onde Jâmblico parece distinguir *sophia* e *phronêsis* (35, 8-9; 36, 9-10 Pistelli) sejam pós-aristotélicas, como o sustentou Jaeger, que as atribuía a Porfírio (*Aristoteles*, p. 62; Gadamer, p. 149). Seria suficiente admitir que Aristóteles retorna ao sentido popular de *phronêsis* (cf. mais abaixo, e Düring, I. *op. cit.*, p. 191, 195-6, que não vê razão para excluir esses textos daqueles que Jâmblico toma emprestado de Aristóteles, fragmentos 27 e 29 D).

técnica precisa,[70] reservando para as pesquisas "esotéricas" as fixações terminológicas que permitiriam distinguir a *phronêsis* de noções próximas como *nous, epistêmê, sophia* etc. De fato – e eis uma circunstância digna de nota, que impede a utilização das variações do sentido de *phronêsis* como critério cronológico –, a palavra só é empregada no sentido aristotélico de *prudência* nos tratados éticos e em nenhuma outra parte de qualquer obra de Aristóteles, mesmo as "esotéricas".[71] Citou-se acima os textos, especialmente a *Metafísica*, que provam que *phronêsis* é sinônimo de *sophia* ou de *epistêmê*, e designa o conhecimento por excelência, exatamente como no *Protrético*.[72] Tudo se passa como se Aristóteles, por uma espécie de negligência terminológica em função da qual se poderia encontrar nele outros exemplos, continuasse a empregar a palavra no sentido platônico, mesmo quando, no domínio ético, a ele já tinha renunciado há muito tempo ou mesmo criticado expressamente.[73]

---

[70] Cf. I Düring, *op. cit.*, p. 191 (a propósito da *phronêsis*): *"Aristotle avoids strict terminology in the* Protrepticus".

[71] É certo que se encontrará na *Retórica* (I, 9, 1366b 20) e nos *Tópicos* (V, 6, 136b 10; VI, 6, 145a 30; cf. a discussão de IV, 2, 121b 31, a definição de *phronêsis* como virtude da inteligência (λογιστικοῦ ἀρετή), mas não (o que seria decisivo) da parte *inferior* da inteligência (λογιστικόν, que só tem esse sentido restritivo na *Ética Nicomaquéia*).

[72] Não se vê o que teria podido levar Jaeger a escrever: "Enquanto o *Protrético* concebe a φρόνησις em um sentido inteiramente platônico, como o conhecimento filosófico em geral, a *Metafísica* não mais conhece esse conceito" (*Aristoteles*, p. 83).

[73] Além disso, o sentido platônico de φρονεῖν, φρόνησις, se encontra nas próprias *Éticas* quando não é tratado expressamente: cf. EN, I, 4, 1096b 17, 23; VII, 12, 1152b 15-16; 13, 1153a 21; EE, I, 4, 1215b 2; 5, 1216a 19.

Entretanto, convém corrigir em um ponto, como já se fez,[74] as observações tão oportunas de Gadamer. Seria falso acreditar que Aristóteles emprega a palavra *phronêsis* em seu sentido vulgar quando não a trata *ex professo*, ou ainda, nas obras exotéricas, e que reservaria o sentido erudito para as análises mais "científicas" das *Éticas*. Pois, na verdade, é o inverso que se produz. O sentido de "conhecimento filosófico" que se encontra no *Protrético* ou na *Metafísica* nunca teve o sentido corrente de *phronêsis*: só se encontram exemplos desse uso na literatura platônica. Nas *Éticas*, ao contrário, e singularmente na *Ética Nicomaquéia*, Aristóteles volta ao sentido popular da palavra. Essa correção, aliás, não contradiz a observação de Gadamer: quando não a trata *ex professo*, Aristóteles permanece fiel ao sentido filosófico banal, isto é, à época em que escreve, platônico; no contexto mais técnico da *Ética*, põe em relevo, não sem alguma afetação de simplicidade e arcaísmo, um sentido que os filósofos tinham há muito tempo repudiado como vulgar, exatamente como, atualmente, tal filósofo recorre de bom grado ao sentido pré-filosófico das palavras, reputado como mais essencial, porque mais original. Essa vontade de retornar às fontes para além das divagações "dialéticas e vazias"[75] dos platônicos é, de resto, uma constante da atitude aristotélica, como já citamos em outro lugar outros exemplos.[76] Ela encontra um campo de aplicação privilegiado na moral, onde se poderia estabelecer uma confrontação eloqüente entre as críticas freqüentemente

---

[74] A. Mansion, "Autour des 'Ethiques' attribuées à Aristote", *Revue néoscolastique de philosophie*, 1931, p. 222.

[75] EE, I, 8, 1217b 21.

[76] *Le problème de l'être...*, especialmente p. 82 e 97.

acerbas que Aristóteles dirige à doutrina platônica do Bem e o recurso complacente aos provérbios ou às citações de poetas gnômicos e trágicos, a respeito dos quais Aristóteles não está mais tão persuadido quanto Platão de que sejam "grandes mentirosos".[77] Esse antiplatonismo, destinado a descobrir mais acerca da filosofia na sabedoria popular que na filosofia dos filósofos, não poderia encontrar melhor ilustração do que a reabilitação, por Aristóteles, do sentido vulgar de *phronêsis*, injustamente negligenciado pelos platônicos. De fato, Aristóteles, em todo o livro VI da *Ética Nicomaquéia*, toma o cuidado de fazer referência aos usos: "O que, *segundo a opinião unânime*, caracteriza o prudente... *Todos pensamos* que Péricles e os que se assemelham a ele são homens prudentes... Considerar o que é um bem para cada gênero de ser, eis o que *se denomina* prudente... *Chamaremos* prudentes até mesmo algumas espécies de animais... Anaxágoras, Tales e outros como eles *passam por* sábios, mas não por prudentes".[78]

---

[77] Cf. o provérbio citado com alguma ironia por Aristóteles na *Metafísica* (A, 2, 983a 3).

[78] EN, VI, 5, 1140a 25, b 8; 7, 1141a 25, 27, b 5. No que concerne ao exemplo de Anaxágoras e Tales (e ao exemplo paralelo de Péricles) parece antes se tratar aqui de uma retratação de Aristóteles (cf. os textos citados acima, p. 30): se ele insiste tanto sobre o usual, é para melhor sublinhar o que havia de aberrante em anteriormente ter dito, a exemplo dos platônicos, que Anaxágoras era um *phronimos*, ao passo que o bom senso popular tem toda razão ao reservar tal qualificativo para homens como Péricles que, se jamais contemplaram a Idéia de Bem, ao menos souberam discernir "o que é bom para eles mesmos e para o homem em geral" (1140b 8). Através da reabilitação do sentido popular de *phronimos*, opera-se aqui, como já se disse, uma verdadeira "reabilitação dos homens de Estado" contra Platão, ou ao menos contra um certo platonismo, notadamente o do *Górgias* (Walzer, R. *Magna*

O próprio Aristóteles, pois, nos indica onde convém procurar as fontes de sua doutrina da prudência: *as fontes não são eruditas, mas populares*, não são platônicas, mas pré-platônicas. Para o autor da *Ética Nicomaquéia*, tudo se passa como se o uso platônico de *phronêsis*, ao qual ele próprio, aliás, chega a sacrificar, não fora mais que um acidente na história do conceito. Aqui, como em outros domínios, especialmente os da retórica, da dialética ou da política, Aristóteles se aplica em reatar com a tradição com a qual o platonismo tinha rompido. Evidentemente, é possível se interrogar sobre a realidade dessa pretensão, lembrando que as críticas com as quais Aristóteles acossa o platonismo estão freqüentemente prefiguradas em alguns textos do próprio Platão, e que este, por sua vez, conserva mais a herança de seus predecessores, notadamente os sofistas, do que deixa crer. Seria preciso, pois, nuançar, tanto nesse como em outros pontos, a oposição entre Aristóteles e Platão.[79] Quanto ao problema que nos ocupa, poder-se-ia

---

Moralia und aristotelische Ethik, p. 190). Aristóteles retorna ao ponto de vista de Górgias e reconhece uma certa grandeza na figura do político cujo êxito deve-se mais ao "golpe de vista" que à ciência.

[79] Sobre o problema geral das relações entre teoria e prática, Platão às vezes defende um relativismo mais próximo do aristotelismo do que da doutrina do *Górgias* ou da *República*. O Sócrates do *Ménon* chega a dizer que a ciência não pode servir de guia à ação política (οὐκ ἂν εἴη ἐν πολιτικῇ πράξει ἐπιστήμη ἡγεμών, 99b), que nesse domínio "a reta opinião não é menos útil que a ciência" (97c) e que, por isso, não é preciso ser sábio para governar as cidades (99b). Na outra extremidade da carreira de Platão, o *Filebo* reconhecerá que a ciência das Idéias não nos socorre quando se trata de reencontrar o caminho de casa (62b) e que, num mundo inexato, só técnicas impuras podem servir de guia. Entretanto, tanto no *Filebo* quanto no *Ménon*, Platão denomina *phronêsis* esta sabedoria bastante elevada da qual mostra a insuficiência

ressaltar todas as passagens onde Platão dá à *phronêsis* um sentido que, no entanto, não é o sentido "platônico", mas que parece anunciar o aristotélico. Porém, mesmo nesse caso, a *phronêsis* platônica não prenunciaria a *prudência* aristotélica senão no que esta segue a *phronêsis* da tradição.⁸⁰ É, pois, so-

---

prática (*Ménon*, 97bc; em todo o *Filebo*, *phronêsis* designa a sabedoria que se volta para o imutável, cf. esp. 59cd); portanto, pode-se admitir que a idéia de prudência, isto é, a de uma sabedoria inferior (cf. *Filebo*, 59c), mas necessária, já está presente nos textos de Platão, sob a reserva de que *phronêsis*, longe de designar a prudência, significa, ao contrário, o que a ela se opõe.

⁸⁰ Seria preciso distinguir dois casos: 1) Os textos onde Platão opõe sua própria concepção de *phronêsis*-contemplação à *phronêsis* da tradição. Percebe-se então que esta última foi entendida, bem antes de Aristóteles, como uma espécie de prudência calculativa. Assim, o Sócrates do *Fédon* escarnece da "tola temperança" (εὐήθη σωφροσύνην) (68e) dos que crêem renunciar a alguns prazeres para conservar outros: pois "para com a virtude, não é um modo correto de troca permutar prazeres por prazeres... Talvez, pelo contrário, haja apenas uma única moeda que valha e em relação a qual tudo isso deva ser trocado: o pensamento *(phronêsis)*" (69a). Não se pode duvidar que Platão tira partido das diversas acepções da palavra *phronêsis*, que designa a verdadeira unidade de "cálculo", mas não no sentido entendido pelo uso popular. Do mesmo modo, na boca de Cálicles, *phronêsis* e *phronimos* designam a sagacidade, o saber imediatamente eficaz e que torna poderoso aquele que o possui (*Górgias*, 490a, 492a); a discussão de 490bd é um bom exemplo da percepção da ambigüidade da palavra: Sócrates e Cálicles concordam que o homem mais "prudente" é ao mesmo tempo o melhor, τὸν φρονιμώτερον βελτίω, mas não o entendem no mesmo sentido. Cf. *Rep.*, I, 348d. 2) Os textos onde o próprio Platão toma *phronêsis* no sentido de uma sabedoria de segundo nível, menos pura que a *epistêmê*, porém mais próxima deste mundo sensível onde temos que viver e sobre o qual nossa ação deve se exercer. Nesse sentido: *Hípias Maior*, 28cd (onde já se encontra a oposição entre *sophia* e *phronêsis*,

bre isso que devemos fazer recair nossa investigação: a história da palavra já foi esboçada[81] e por ora não trataremos mais dela. O próprio Aristóteles nos põe no curso de uma investigação mais limitada porém, talvez, mais fecunda: se ele tão freqüentemente se refere, especialmente nas *Éticas*, a exemplos ou citações tirados dos poetas, não é proibido supor que entre outras fontes da moral de Aristóteles seja preciso arrolar também a fala poética, em particular a trágica que, em suas sentenças, talvez dissimule mais verdade sobre o homem, o mundo e os deuses do que a antropologia, a cosmologia ou a teologia erudita dos filósofos.

III. *A interpretação*

O estudo das fontes não dispensa a tarefa essencial que continua sendo a interpretação. Além disso, é a interpreta-

---

a propósito do exemplo clássico de Tales e Anaxágoras); *Leis*, 690e (onde *phronêsis* designa o sentido de medida, que ensina a tomar por verdadeiras as palavras de Hesíodo, segundo as quais a metade é freqüentemente mais que o todo); 693e (onde *phronêsis* é aproximada de σωφροσύνη). Também se pode citar a etimologia fantasista do *Crátilo*, pouco compatível com a acepção de "contemplação do imutável": a *phronêsis* seria φορᾶς νόησις (intelecção do movimento) ou φορᾶς ὄνησις (auxiliar do movimento). Sobre a *phronêsis* nos primeiros diálogos de Platão, cf. Hirschberger, J. "Die Phronesis in der Philosophie Platons vor dem Staate". In: *Philologus-Supplement*, 1933, XXV, p. 1-200 (embora, apesar do título, esse estudo se volte mais para a *idéia* de sabedoria, qualquer que seja a sua denominação, do que para a própria palavra *phronêsis*).

[81] Onians, R. *The Origins of European Thought*, Cambridge, 1931; Snell, B. *Die Entdeckung des Geistes*, 3ª ed., 1955. Cf. nossa Parte III.

ção, e apenas ela, que permitirá reconhecer as "fontes" como tais. Portanto, é por ela que é preciso começar. Os numerosos escritos suscitados por algumas páginas de W. Jaeger sobre a *phronêsis*, ao fim, pouco nos ensinaram sobre o sentido filosófico da doutrina da prudência. Ao querer, em reação à tradição da exegese, submergir Aristóteles em seu meio histórico e multiplicar as pesquisas sobre as fontes e a evolução, terminou por só ressaltar textos marginais, como os do *Protrético*, da *Ética Eudêmia* ou da *Magna Moralia*, e negligenciar o texto essencial que continua sendo o livro VI da *Ética Nicomaquéia*. Além disso, o trabalho filosófico de reconstituição das fontes e da evolução, se teve por efeito despertar de sua sonolência uma longa tradição de paráfrase banal e de amplificação piedosa, não contribuiu menos para desencaminhar a interpretação numa direção que deixa de lado o essencial.

Em suma, podemos resumir da seguinte forma nossa censura: desde os trabalhos de filólogos como E. Kapp[82] e W. Jaeger, substituiu-se o problema da interpretação da ética aristotélica no *conjunto* da especulação aristotélica pelo do lugar da *Ética Nicomaquéia* na história da ética aristotélica e, de modo mais geral, do lugar da ética aristotélica na história da ética. À compreensão, por assim dizer, horizontal, que multiplica as conexões com outras partes do sistema, preferiu-se a compreensão vertical dos diferentes momentos na história de uma noção ou de um problema: o resultado é que vendo

---

[82] Que abriu caminho com sua dissertação sobre *Das Verhältnis der eudemischen zur nikomachischen Ethik*, Berlim, 1912 (sobre *phronêsis*, p. 48-52). L. Ollé-Laprune já notara a diferença de tom entre as duas *Éticas*, a *Ética Eudêmia* revelando uma inspiração mais "religiosa" e mais "platônica" (*Essai sur la morale d'Aristote*, 1881, p. 5 e ss., 201-2), mas sem tirar conclusões "genéticas".

no aristotelismo uma simples etapa entre o pré-aristotelismo do jovem Aristóteles e o pós-aristotelismo dos epígonos, termina-se por esquecer o que há de específico no próprio aristotelismo. Tal é a desventura a que chegou a *phronêsis:* esquartejada entre a contemplação, da qual se separa, e a prática, rumo à qual se encaminha, a doutrina aristotélica da prudência não é mais do que uma figura de transição entre o idealismo de uns e o empirismo de outros, entre as filosofias da teoria e as da experiência e da ação. Assim, o método genético, sempre mais preocupado com processos do que com estruturas, sempre pronto a revelar mais as contradições de uma doutrina do que sua coerência, mais atento à instabilidade de um pensamento do que à sua pretensão de unidade, tenderia, mesmo sem o querer, a se transmutar em uma interpretação pejorativa, não vendo em toda parte senão transição e passagem entre extremos, lá onde o ponto de vista do autor talvez tenha permitido discernir um "ápice".

Portanto, que nos seja permitido retornar a uma interpretação interna dos textos aristotélicos, essencialmente da *Ética Nicomaquéia* e, acessoriamente, da *Ética Eudêmia* e da *Magna Moralia*, mas pondo-os em relação com o que constitui seu quadro natural: as doutrinas metafísicas de Aristóteles. O reconhecimento de tal relação e da necessidade de estudá-la pareceria evidente. Entretanto, não parece de modo algum ter tido até aqui um efeito prático. É que a maior parte dos intérpretes, supondo que uma especialização excessiva não os tenha impedido de estudar a um só tempo a *Metafísica* de Aristóteles e as suas *Éticas*, nunca foram bem sucedidos em estabelecer verdadeiramente uma relação entre uma metafísica que acreditam ser "sistemática" e uma ética que, especialmente através da noção de prudência, faz a defesa, se se ousa dizer, da assistematicidade. O resultado é que a tradição ou bem projetou sobre a prudência o estilo intelectualista que se acreditava ser o da *Metafísica*, insistindo então no caráter "intelectual" dessa virtude, ou bem, ao contrário, sem chegar a pensar nos quadros aristotélicos da ciência, lançou a prudência na esfera de um empirismo sem princípios, condenando-a a não ser mais que uma espécie de "perspicácia" dirigindo imediatamente a ação. Do primeiro tipo são as várias interpretações de inspiração tomista, ainda que, nesse ponto como em muitos outros, Santo Tomás tenha compreendido melhor Aristóteles que alguns de seus discípulos. Nessa perspectiva, se insistirá sobre a idéia de que a prudência, porque é um saber do particular, permite aplicar os princípios da moralidade, tais como são definidos pela consciência moral ou *sindérese*, à indefinida variabilidade das circunstâncias sobre as quais a ação tem de se exercer. Fala-se em "hiatos... entre as leis morais rígidas, uniformes, intangíveis e a mobilidade fugaz dos atos múltiplos e disparatados, engajados todos e cada um nas mais variadas circunstâncias que formam a trama de nossa vida". Mas confiando à prudência, termo médio no silogismo prático, realizar a "articulação", "preencher a distância entre ambos": ela é "o intermediário indispensável entre o fim e os meios, entre as intenções morais e as ações morais".[83] Por essa via, podia-se finalmente afirmar, com toda a serenidade, o "fundamento intelectual da moral em Aristóteles".[84] Mas isso seria, a bem da verdade, antes hipostasiar o problema do que resolvê-lo, e tomar desejos por realidades. Pois, se é requerido o conhecimento do singular para assegurar, em seu nível próprio, a retidão da ação, permanece aber-

---

[83] Noble, H.-D. "Introduction à la prudence (*Somme Théologique*, II^a II^{ae}, qq. 47-56)", ed. da Revue des Jeunes, 1ª ed., p. 8 (uma 2ª ed. desse opúsculo foi editada por T.-H. Deman, 1949).

[84] Trata-se do título de uma obra do padre Gillet (Fribourg, 1905).

ta a questão de saber se é possível em Aristóteles um tal conhecimento do singular e se, então, o "hiato" só pode ser preenchido por um engajamento que a inteligência nunca chegará a esclarecer completamente. Nessa interpretação "otimista", resta explicar que o objeto próprio da prudência é o *contingente*, ou seja, o que nenhum saber logrará penetrar completamente e, em primeiro lugar, prever, e que Aristóteles tenha tido tanto cuidado em opor a prudência à sabedoria, a qual, por ser somente teórica, não presta nenhum socorro à ação moral.

Compreende-se que essas dificuldades tenham geralmente suscitado a reação dos intérpretes modernos: J. Walter, Zeller e Jaeger na Alemanha, Robin na França, Ross na Inglaterra, são levados, muito mais do que ocorria antes, a insistir sobre o "hiato" entre o universal e o particular, logo, entre a teoria e a prática e, finalmente, entre a ciência e a prudência, esta última relativa menos à "dedução" que desce do princípio à aplicação, do que a um "empirismo" que se esforça, bem ou mal, por se orientar no âmago mesmo do particular. Uma nova reação contra essa posição não se fez esperar. Recentemente, o Padre Gauthier se pôs em guerra contra a interpretação antiintelectualista, cuja paternidade atribui a J. Walter,[85] para lembrar que, se a prudência é um conhecimen-

---

[85] É honrar demais esse volumoso panfleto (*Die Lehre von der praktischen Vernunft in der griechischen Philosophie*, Jena, 1874), cujo mau humor deve ser visto como um episódio da querela entre a escola de Kuno Fischer (da qual J. Walter foi discípulo) e a de Trendelenburg. Em suma, J. Walter consagra 573 páginas para demonstrar que a razão prática de Aristóteles (assimilada à *phronêsis*) não é uma *ciência* prática, isto é, um saber teórico dos princípios da ação, mas uma "faculdade racional deliberativa ou prática" (*"ein beratschlagendes oder praktisches Vernunftvermögen"*).

to de tipo especial requerido por seu caráter prático, ainda assim é um *conhecimento*. Por certo, na medida em que é "prática", ou seja, imperativa, inclui o desejo e a virtude; mas enquanto "intelectual", é determinação do fim e não somente dos meios: a escolha dos meios é apenas um dos momentos, o da eficácia, no interior de sua função total, indissoluvelmente teórica e prática. O pe. Gauthier, contrariando uma tradição, no entanto venerável, não hesita em traduzir *phronêsis* por *sabedoria*, sem dúvida querendo mostrar que a noção moderna de *prudência* é incapaz de exprimir as implicações intelectuais que a *phronêsis* conserva em Aristóteles. Conclui criticando a atribuição a Aristóteles "de uma espécie de *empirismo moral*, que consistiria em conferir à virtude e ao desejo a determinação do fim", "como se a inclinação da virtude fosse uma espécie de sucedâneo que substituiria o conhecimento e o tornaria inútil".[86] Aristóteles só corrigiria o intelectualismo socrático em um ponto, no fim das contas, secundário: a inteligência do bem não basta para determinar *imediatamente* a ação reta; é preciso "o aporte do desejo",[87] mas de um desejo que permanece subordinado à determinação intelectual do fim. Assim, Aristóteles se limitaria a completar e reforçar o intelectualismo socrático, fazendo descer a inteligência até as mediações afetivas e práticas que Sócrates havia negligenciado.

Intelectualismo ou empirismo moral: é, pois, a esta alternativa que se restringiu o debate, sempre recorrente, sobre o sentido último da prudência aristotélica. Tal problemática teve a vantagem de tomar como padrão uma posição clara: a teoria socrática da virtude-ciência e o desenvolvimento que

---

[86] *La morale d'Aristote*, p. 95, 94.

[87] *Ibid.*, p. 95.

Platão lhe havia dado, fazendo da ciência da Idéia a norma e o motor da ação reta. Dependendo da distância em que se situava em relação a este ponto de partida absoluto, julgava-se que Aristóteles pendia para o empirismo ou permanecia intelectualista. Essa problemática foi, como vimos, a de Jaeger. É também a do pe. Gauthier, que critica a resposta de Jaeger sem, contudo, criticar a própria questão. Ora, *é a própria posição do problema que é preciso pôr em questão*: não tem nenhum sentido, nem leva a lugar algum, falar em empirismo ou intelectualismo em Aristóteles, de sua propensão maior ou menor para a teoria ou para a prática imediatamente apoiada na experiência, enquanto não se perguntar *por que* Aristóteles faria a virtude depender do saber e, se assim for, de qual saber. Ora, a resposta a esta questão não se encontra, pelo menos em parte, nos tratados éticos, pois ela deriva da estrutura da ação humana em geral e, através dela, do ser do homem e do ser do mundo sobre o qual o homem tem de agir. Não se pode falar da prudência sem se perguntar por que o homem tem de ser prudente neste mundo, *prudente* mais do que sábio ou simplesmente virtuoso. O problema da prudência e, secundariamente, das diferentes variações de seu sentido, não poderia ser resolvido enquanto não se fizesse dele um problema metafísico. Entretanto, Aristóteles nos põe nessa via: a prudência tem por objeto o *contingente*, o qual atende pelo nome de *acaso*, quando somos afetados por ele; por outro lado, ela é sabedoria do homem e para o homem. Seria porque o mundo em que vivemos é contingente que a sabedoria dos deuses é impotente e muda? Seria porque o homem não é um deus que ele deve se contentar com uma sabedoria apropriada à sua condição? Esses problemas não eram novos e, *no entanto, não são platônicos*. A *tragédia* grega estava repleta de interrogações desse gênero: o que é permitido ao homem conhecer? O que deve fazer em um mundo onde reina o Acaso?

O que pode esperar de um futuro que lhe é oculto? Como permanecer nos limites do homem, nós que somos homens? A resposta, incansavelmente repetida pelos coros da tragédia, tem uma palavra: φρονεῖν. Para dizer a verdade, é espantoso que não se tenha divisado anteriormente uma filiação tão manifesta. Mas, porque sempre se viu Aristóteles à sombra de Platão, acabou-se por esquecer que ele era antes um grego, talvez mais Grego que seu mestre, mais próximo que este da *prudência* reverencial, verdadeira mensagem trágica da Grécia, da qual Platão acreditou enterrar os últimos escrúpulos, dissipar as últimas sombras, e que, no entanto, renasce no homem aristotélico que, num mundo dividido, não é mais dirigido pelo espetáculo de um Deus demasiado distante.

SEGUNDA PARTE

A INTERPRETAÇÃO

CAPÍTULO I

O HOMEM DE PRUDÊNCIA

> "*O impulso de saber, sem freios, é em si mesmo, em todos os tempos, tão bárbaro quanto o ódio ao saber, tanto que os gregos, por consideração à vida ... refrearam seu impulso de saber, em si insaciável – porque aquilo que eles aprendiam queriam logo viver*"
> (Nietzsche, *A filosofia na época trágica dos gregos**)

§ 1. DEFINIÇÃO E EXISTÊNCIA

A tradição moral do Ocidente pouco reteve da definição aristotélica de prudência. Enquanto as definições estóicas de *phronêsis* como "ciência das coisas a fazer e a não fazer" ou "ciência dos bens e dos males, assim como das coisas indife-

---

* Tradução de R. R. Torres Filho: *Nietzsche. Obras Incompletas*. Col. "Os Pensadores". São Paulo, Abril, 1974.

rentes",[1] facilmente se impuseram à posteridade,[2] a definição dada por Aristóteles no livro VI da *Ética Nicomaquéia* apresenta um caráter demasiado elaborado ou, se se prefere, demasiado técnico para poder conhecer a mesma fortuna. Ali, a prudência é definida como uma "disposição prática acompanhada de regra verdadeira concernente ao que é bom ou mau para o homem".[3] Conforme ao método familiar a Aristóte-

---

[1] As definições mais completas são dadas em Estobeu, *Eclogæ physicæ et ethicæ* (doravante *Ecl.*), II, 59, 4: φρόνησιν δ' εἶναι ἐπιστήμην ὧν ποιητέον καὶ οὐ ποιητέον καὶ οὐδετέρων ἢ ἐπιστήμην ἀγαθῶν καὶ κακῶν καὶ οὐδετέρων φύσει πολιτικοῦ ζῴου (SVF, III, 262). O traço expresso por essas três últimas palavras (provavelmente uma adição de origem peripatética) desaparece em outros testemunhos, além de também se omitir o καὶ οὐδετέρων (cf. Andrônico, SVF, III, 268; Alexandre de Afrodísia, SVF, III, 283; ao contrário, a definição conservada por Sexto Empírico, *Adversus Mathematicos*, IX, 153, SVF, III, 274, precisa: ἐπιστήμην ἀγαθῶν τε καὶ κακῶν καὶ ἀδιαφόρων).

[2] São encontradas em Cícero: *rerum bonarum et malarum neutrarumque scientia* (*De inventione*, II, 53; cf. *De natura deorum*, III, 15, 38), *rerum expetendarum fugiendarumque scientia* (*De officiis*, I, 43, 153; aqui parece-me, no entanto, que há uma confusão com a definição estóica de σωφροσύνη: ἐπιστήμην αἱρετῶν καὶ φευκτῶν καὶ οὐδετέρων; Estobeu, *Ecl.*, II, 59, 4; SVF, III, 262); em Santo Agostinho *(cognitio rerum appetendarum et fugiendarum, Liber 83 Quaestionum*, q. 61, n. 4; cf. *De libero arbitrio*, I, 13) etc.. Santo Tomás dará uma definição condensada de prudência, inspirada em Aristóteles: *recta ratio agibilium* (*Summa theologiæ*, II^a II^æ, q. 47, a. 2, *sed contra*), mas veremos que esta simplificação (sugerida, entretanto, por EN, VI, 13, 1144b 28) é contestável.

[3] Τὴν φρόνησιν ἕξιν εἶναι μετὰ λόγου ἀληθοῦς περὶ τὰ ἀνθρώπινα ἀγαθὰ πρακτικήν (EN VI, 5, 1140b 20) e ἕξιν ἀληθῆ μετὰ λόγου πρακτικὴν περὶ τὰ ἀνθρώπῳ ἀγαθὰ καὶ κακά (*ibid.*, 1140b 5). Aproximamos a segunda fórmula da primeira no que concerne a fun-

les, essa definição é apresentada como o resultado de um processo ao mesmo tempo indutivo e regressivo. Parte-se do uso comum,[4] constata-se que é chamado *phronimos* o homem capaz de deliberação;[5] lembra-se que só se delibera sobre o contingente, enquanto a ciência diz respeito ao necessário, portanto a prudência não é ciência. A prudência seria então arte? Não, pois a prudência visa à ação, πρᾶξις, e a arte à produção, ποίησις, logo, a prudência não é arte. Se, pois, a prudência não é nem ciência nem arte, resta (λείπεται) que seja uma *disposição* (o que a distingue da ciência) *prática* (o que a distingue da arte). Mas isso provaria, no máximo, que ela é uma *virtude*. Para distinguí-la de outras virtudes, em particular das virtudes morais, é preciso acrescentar outra diferença específica: enquanto a virtude moral é uma disposição (prática) que concerne à escolha (προαιρετική),[6] a prudência é uma disposição prática que concerne à *regra* da escolha. Não se trata da retidão da ação, mas da correção do critério, razão pela qual a prudência é uma disposição prática acompanhada de *regra verdadeira*. Mas essa definição é ainda ampla demais, pois poderia ser aplicada a qualquer virtude intelectual: se distinguirá, então, a prudência dessa outra virtude intelectual,

---

ção do epíteto ἀληθής. Apelt chega a corrigir ἀληθῆ por ἀληθοῦς (cf., além disso, a definição de arte em 1140a 21: ἕξις τις μετὰ λόγου ἀληθοῦς ποιητική); mesmo que se admita que a ἀληθῆ de 1140b 5 pode se dever a uma negligência do próprio Aristóteles, está claro que só o λόγος pode, a rigor, ser dito ἀληθής, não a ἕξις. Cf., nesse sentido, Dirlmeier, Tricot; em sentido contrário, Bywater, Ross, Gauthier.

[4] EN, VI, 5, 1140a 24.
[5] *Ibid.*, 1140a 31.
[6] Cf. a definição de virtude (EN, II, 6, 1106b 36) que citamos adiante (p. 69).

que é a *sabedoria*, precisando-lhe o domínio, que não é o Bem e o Mal em geral, ou o Bem e o Mal absolutos, mas o bem e o mal para o homem.[7]

Poderíamos reconhecer nesse processo, que procede menos por determinações positivas que por exclusão progressiva do que a prudência não é, uma aplicação do célebre método platônico da *divisão*. Há duas atitudes fundamentais do homem: o *saber*, que diz respeito ao necessário, e o *fazer*, que tem relação com o contingente. No domínio do *fazer* no sentido amplo (para o qual não existe, aliás, palavra em grego) há duas espécies de disposição: prática *ou* poiética. A disposição prática concerne à intenção *ou* à regra da escolha, cuja norma é ou o Bem absoluto ou o bem humano. Por sucessivas eliminações, chega-se à definição procurada que, em sua formulação, obedece ao esquema clássico da divisão do gênero em espécies através da diferença específica.

Mas isso é apenas aparente, pois Aristóteles não parte, com efeito, do *gênero* para descer, por sucessivas divisões, ao que quer definir. Seu ponto de partida não é uma *essência*, da qual convém analisar as possíveis determinações, mas um nome – *phronimos* – que designa um certo *tipo* de homem que todos sabemos reconhecer, que podemos distinguir de personagens aparentadas e, no entanto, diferentes, e do qual a história, a lenda e a literatura nos fornecem modelos. Todos conhecem o *phronimos*, mesmo que ninguém saiba definir *phronêsis*. Distinguindo *phronêsis* da ciência, da arte, da virtude moral e da sabedoria, o filósofo não fará senão delimitar cientificamente uma unidade semântica tal como lhe é dada

---

[7] Resumimos aqui o desenvolvimento que leva à definição de prudência (EN, VI, 5, 1140a 24-b 6, ao qual é preciso acrescentar as linhas 6 e 7, que são uma explicação do que precede).

pela linguagem, expressão da experiência moral popular. Compreende-se, então, que a busca da definição de prudência se inicie por esta frase: "A melhor forma de compreender o que é a prudência é considerar quais são os homens que chamamos *prudentes*".[8] A existência do *prudente*, tal como é atestada pela linguagem dos homens, precede a determinação da essência da prudência.

Esse modo de proceder poderia parecer um procedimento banal de pesquisa ou, em todo caso, de exposição, se fosse relativamente isolado na história da especulação sobre as virtudes. Se nos reportarmos à classificação platônica das virtudes, as mesmas que se tornarão, a partir de Santo Ambrósio, as virtudes *cardiais*,[9] perceberemos que tal classificação repousa, tanto quanto a definição de cada uma das virtu-

---

[8] EN, VI, 4, 1140a 24.

[9] Com efeito, a teoria das quatro virtudes (sabedoria ou prudência, justiça, coragem, temperança), já sugerida por Platão (ver nota seguinte), só se tornará clássica com os estóicos (ainda que presente no *Protrético*, fr. 52, p. 62, 2 e 58, p. 68, 6-9 Rose, e nas partes antigas da *Política*, VII, 1, 1323a 27 ss., b 33-36 e 15, 1334a 22, é ignorada nas *Éticas* de Aristóteles); ao que Platão chama indiferentemente σοφία ou, nas *Leis*, φρόνησις, e que designa a *sabedoria*, isto é, o conhecimento do inteligível, os estóicos substituirão por φρόνησις que, conforme ao sentido popular da palavra, designa uma virtude intelectual orientada imediatamente para a ação (os estóicos, que economizam o mundo inteligível, ignoram evidentemente o conceito platônico de σοφία). É Cícero que, para traduzir a φρόνησις *estóica*, recorreu à palavra *prudentia* (contração de *providentia*, que evoca a idéia de previdência, de saber eficaz) e é, finalmente, do *De officiis* de Cícero que Santo Ambrósio (*De officiis ministrorum*, I, 24, 115) e, através dele, toda Idade Média latina, toma a lista das quatro virtudes cardiais (que Santo Ambrósio chama *virtutes principales*).

des, sobre uma divisão prévia das partes da alma. A alma compreende três partes: apetitiva (ἐπιθυμητικόν), ativa (θυμικόν) e racional (λογικόν), correspondendo a cada uma delas três virtudes, a temperança (σωφροσύνη), a coragem (ἀνδρεία) e a sabedoria (σοφία ou φρόνησις), respectivamente,[10] sendo a quarta virtude, a justiça (δικαιοσύνη), responsável pela harmonia do conjunto.[11] Quanto aos estóicos, ao menos aqueles que não afirmarão, com Ariston, a unidade absoluta da virtude, reterão a mesma classificação das quatro virtudes fundamentais – com a diferença que substituirão definitivamente σοφία por φρόνησις – fundando-a, agora, na divisão de seus objetos: a prudência diz respeito aos atos a serem prati-

---

[10] *Rep.*, IV, 439d ss., cf. *ibid.*, 427e; *Banquete*, 196b; *Leis*, I, 631b (apenas o último texto fala de φρόνησις, enquanto os outros falam de σοφία). Sobre a origem dessa lista que remontaria ao século VI (mesmo que não possamos invocar Píndaro, *Nemeia*, 3, 72-75), cf. Schwartz, E. *Die Ethik der Griechen*. Stuttgart, 1951, p. 52-3.

[11] Mais tarde, Plotino retomará, sob o nome de "virtudes políticas", a lista das quatro virtudes, fundando-a na divisão platônica das partes da alma, mas chamará φρόνησις a virtude do λογιζόμενον, (I, 2, 1). Além disso, talvez sob a influência de Aristóteles, Plotino distingue φρόνησις e σοφία, a primeira estando subordinada à segunda que, sendo mais geral, lhe fornece as regras (I, 3, 6). Na tradição latina, *sapientia* e *prudentia* serão freqüentemente confundidas e empregadas uma em lugar da outra na lista das virtudes (um bom exemplo dessa confusão é fornecido por Santo Ambrósio, *De officiis*, 25, além disso fazendo coincidir a *prudentia* da tradição estóica com a *sapientia* das traduções latinas da Bíblia). Apenas Cícero se esforça por distinguir *prudentia*, *quae est rerum expetendarum fugiendarumque scientia*, de *sapientia*, mais teórica, que é *rerum divinarum et humanarum scientia* (*De officiis*, I, 43, 153), inspirando-se, sem dúvida, em textos de Posidônio e de Panécio (cf. também Plutarco, *Da virtude ética*, 443e-444a). Mas o próprio Cícero não se atém a esta distinção (cf. *ibid.*, I, 5, 15-6).

cados, a coragem, às coisas a suportar, a temperança diz respeito às coisas desejáveis, a justiça, às coisas a distribuir.[12] Nos dois casos, quer se trate de uma classificação subjetiva ou objetiva, a teoria das virtudes, partindo de uma totalidade dividida em suas articulações naturais, visa à exaustão, ao sistema.

Ao contrário, o caráter não sistemático da descrição aristotélica das virtudes foi freqüentemente sublinhado, seja para deplorá-lo,[13] seja para saudá-lo.[14] A Aristóteles satisfaz, como já o teria feito em outro domínio a propósito da lista das categorias, uma enumeração empírica, provavelmente de origem popular,[15] a qual faz referência a uma série de personagens erigidas em tipos pela linguagem comum. É pela descrição desses tipos, ou seja, de uma galeria de retratos, que se desenvolve a análise aristotélica das virtudes éticas nos livros III e IV da *Ética Nicomaquéia*. Alguns desses retratos atingem uma perfeição literária tal que contribuíram para acen-

---

[12] Cf. SVF, III, 262-263; I, 201.

[13] Cf. L. Robin, que escreve a respeito das virtudes éticas: "não podemos deixar de nos surpreender ... quando constatamos a pouca preocupação de Aristóteles em classificá-las com rigor e segundo princípios que ele mesmo estabeleceu, isto é, em relação às paixões e às ações" (*Aristote*, p. 235). Robin pretende, aliás, suprir tal lacuna (cf. também, nesse sentido, uma tentativa sistemática em Häcker, *Das Einteilungs – und Anordnungsprinzip der moralischen Tugendreihe in der Nikomakischen Ethik*, Berlim, 1863).

[14] "Aristóteles, o modelo inigualável da ética descritiva, apenas estudou as virtudes umas após outras e numa ordem bastante frouxa: isto porque o domínio das virtudes é imprevisível e assistematizável" (O. F. Bollnow, *Wesen und Wandel der Tugenden*, p. 27). Cf., no mesmo sentido, Nicolai Hartmann, *Ethik*.

[15] EN, II, 7, 1107a 28-1108b 10; EE, II, 3, 1220b 38-1221b 9.

tuar o caráter típico: é o caso da célebre descrição do *magnânimo*, onde alguns quiseram ver o retrato idealizado[16] ou, ao contrário, caricatural[17] do homem grego, ou mesmo o autorretrato de Aristóteles, no mínimo de seu eu ideal.[18] Razão pela qual, Aristóteles é, ao menos, tanto o iniciador de um gênero literário, o dos *Caracteres*, o qual será ilustrado por seu discípulo Teofrasto, ou, como se quererá, o primeiro representante de uma ética "fenomenológica" e descritiva, quanto o fundador de um sistema de filosofia moral.

Mas, com a devida atenção, percebe-se que na descrição das virtudes éticas dos livros III e IV da *Ética Nicomaquéia*, o procedimento do "retrato" não é utilizado por si mesmo, mas como via de acesso à determinação da essência da virtude considerada. Além disso, em geral Aristóteles começa sua exposição por um esboço de definição da virtude estudada. Assim, o capítulo sobre a liberalidade começa por estas palavras: "essa virtude parece ser o justo meio nos negócios que envolvem dinheiro",[19] o que evoca o caráter genérico da virtude, determinado pela diferença específica que constitui a relação particular num certo domínio da atividade humana. Na verdade, Aristóteles não se detém por muito tempo nesse plano lógico da definição da essência e a justifica rapidamente, não por uma classificação *a priori* dos domí-

---

[16] Cf. Jaeger, W. "Der Grossgesinnte, Aus der Nikomachischen Ethik des Aristoteles (EN, IV, 7-9)", *Die Antike*, 1931, VII, p. 97-105; Gauthier, R.-A. *Magnanimité. L'idéal de la grandeur dans la philosophie païenne et la théologie chrétienne*, p. 55 ss.

[17] Burnet e Joachim, em seus Comentários (*ad. loc.*).

[18] Allendy, *Aristote ou le complexe de trahison*, p. 36.

[19] EN, IV, 1, 1119b 22.

nios da atividade humana, mas pelo recurso à descrição, ao mesmo tempo fenomenológica e axiológica, do homem liberal e dos julgamentos de valor a seu respeito: "o homem liberal não é objeto de nossos elogios em relação aos trabalhos da guerra, nem no domínio em que se distingue o homem moderado, tampouco quando estão envolvidas questões relativas à justiça, mas no fato de dar e receber dinheiro".[20] Encontramos aqui, como no caso da prudência, um certo método das variações eidéticas que permite determinar empiricamente o conteúdo de um núcleo semântico que só aparentemente foi posto como uma definição *a priori*. Este método, que é *indutivo*, se quisermos, embora precisando que o ponto de partida não é um dado da experiência, mas um uso lingüístico – considerado ele mesmo, é verdade, como um modo de manifestação das próprias coisas[21] –, é habitual em Aristóteles quando se trata de definir virtudes ou afecções.[22] A teoria desse método aparece numa passagem dos *Segundos Analíticos*, onde ele toma precisamente o exemplo da virtude da magnanimidade: "se procuramos a essência da magnanimidade, é preciso focar nossa atenção sobre alguns homens magnânimos, que reconhecemos como tais, e considerar quais elementos todos eles têm em comum; por exemplo, se Alcibíades, Aquiles ou Ajax eram 'magnânimos', devemos nos

---

[20] EN, IV, 1, 1119b 23 (no original francês, trad. J. Tricot).

[21] É característico que Aristóteles designe pela mesma palavra φαινόμενα tanto os λεγόμενα quanto os fatos de observação. Cf. Owen, G. E. L. "Τιθέναι τὰ φαινόμενα". In: *Aristote et les problèmes de méthode*. Actes du IIe Symposium Aristotelicum, Louvain, 1961, p. 83-103.

[22] Cf., sobre a definição das afecções, Livro II da *Retórica* e nosso artigo "Sur la définition aristotélicienne de la colère", *Revue philosophique*, 1947, p. 300-17.

perguntar que elemento é comum a todos eles".²³ Pode acontecer, além disso, prossegue Aristóteles, que um outro grupo de homens ditos "magnânimos", tais como Lisandro ou Sócrates, nada tenham em comum com os primeiros: será preciso, então, distinguir duas espécies ou, para ser mais exato, dois gêneros de magnanimidade. Este texto põe em evidência, ao mesmo tempo, o mecanismo dessa indução semântica e seus limites: pode ser que as palavras sejam ambíguas e que o filósofo seja levado a fazer distinções (como entre a intolerância de Aquiles e a impassibilidade de Sócrates) que escapam ao vulgo. Mas, se o filósofo julga a linguagem, a corrige e, eventualmente, a complementa²⁴ é porque ele tem outras fontes de investigação e outros critérios dados pela aproximação mais imediata, mais essencial, da própria coisa. O método dos *tipos* é, finalmente, apenas um substituto imperfeito lá onde a essência não pode ser atingida pelo método lógico da divisão do gênero segundo suas diferenças. De fato, os dois métodos, o apriorístico e o indutivo, geralmente são utilizados conjuntamente, o segundo verificando e guiando as intuições do primeiro, que são necessariamente aleatórias em suas ocorrências, na ausência de um conhecimento exaustivo da totalidade a distinguir: o domínio indefinido da ação humana.

No caso da definição de prudência, Aristóteles chega a recorrer a uma divisão subjetiva das partes da alma, segundo o exemplo platônico: a prudência é a virtude da parte cal-

---

[23] *Seg. Anal.*, II, 13, 97b 15 ss.

[24] Há virtudes e vícios que Aristóteles menciona a título de pressuposições teóricas de sua análise (a teoria do justo meio, a qual implica a cada vez uma virtude e dois vícios simétricos) e que *não têm, no entanto, nome* (ἀνώνυμα) na língua corrente (EN, II, 7; EE, II, 3, 1220b 38-1221a 12).

culativa da alma intelectual.[25] Também distingue a prudência da sabedoria, no interior das virtudes dianoéticas, por uma distinção de seus objetos: a sabedoria diz respeito ao que não nasce nem perece, a prudência diz respeito ao contingente.[26] Voltaremos a essa importante distinção. Mas gostaríamos de mostrar que a definição, qualquer que seja, da *essência* da prudência pressupõe, não somente de fato (como é o caso para as virtudes éticas), mas também de direito, a existência do *homem* prudente e a descrição dessa existência. O recurso ao retrato não é um expediente, mas uma exigência da própria coisa. Com efeito, não podemos nos contentar em determinar a prudência como uma especificação da virtude em geral, pela razão essencial de que está a existência do homem prudente já implicada na definição geral de virtude. Para se convencer disto, basta reportar-se à definição geral de virtude proposta por Aristóteles no livro II da *Ética Nicomaquéia*: "a virtude é uma disposição da vontade, consistindo em um justo meio relativo a nós, o qual é determinado pela reta regra e tal como o determinaria o homem prudente".[27]

Este não é o lugar para comentar essa definição bastante densa, a qual retoma todos os elementos da doutrina aristotélica da virtude. Também não é necessário justificar a tradução de λόγος por "reta regra", após se ter mostrado de forma decisiva, parece-me, que λόγος não significava, em Aristóteles, a *faculdade* racional mas designava a regra que

---

[25] Cf. *supra*, Parte I, § 1.
[26] Cf. *ibid.* e cap. seguinte.
[27] Ἔστιν ἄρα ἡ ἀρετὴ ἕξις προαιρετική, ἐν μεσότητι οὖσα τῇ πρὸς ἡμᾶς, ὡρισμένῃ λόγῳ καὶ ὡς ἂν ὁ φρόνιμος ὁρίσειε (EN, II, 6, 1106b 36). Lemos ὡρισμένῃ e não ὡρισμένη, contrariamente aos manuscritos, mas conforme ao comentário de Aspásio.

serve de norma,[28] e que, empregado absolutamente, equivalia à noção de ὀρθὸς λόγος,[29] freqüente tanto em Aristóteles como em Platão. Da definição de virtude reteremos apenas o papel dado ao *phronimos*, cujo caráter exorbitante nem sempre foi destacado. A virtude consiste em agir segundo o justo meio e o critério do justo meio é a reta regra. Mas o que é a reta regra? Aristóteles não nos dá nenhum meio de reconhecê-la, senão apelando para o julgamento do homem prudente. Isso não teria importância, se o homem prudente tirasse sua autoridade da sabedoria ou da ciência, da qual ele seria apenas o instrumento: pois, assim, o universal se exprimiria por sua voz. Mas, como vimos, o prudente não é, enquanto tal, nem sábio, nem sapiente: não sendo dotado de nenhuma familiaridade especial com o transcendente, move-se no nível do particular e fixa a cada um o justo meio que corresponde a sua particularidade.[30] O prudente sabe o que é bom *para nós* (πρὸς ἡμᾶς): ora, a ciência do Bem em si ou da Mediania em si não lhe serviria mais para determiná-lo tanto quanto a ciência da Saúde em si não serve a nenhum médico quando se trata de curar Sócrates ou Cálias,[31] ou do mesmo modo, já para o *Parmênides* de Platão, a possessão da Senhoria em si não permitia ao senhor de carne e osso exercer sua dominação sobre o escravo "sensível".[32]

---

[28] Cf. a polêmica a esse respeito no comentário de Gauthier-Jolif, p. 147-8.

[29] Sobre a noção e suas origens platônicas, cf. a erudita dissertação de Dirlmeier *in Eth. Nic.*, p. 298-304.

[30] Cf. EN, II, 5, 1106a 36- b 7 (tal como a dieta alimentar fixada pelo mestre de ginástica, a qual não é a mesma para Milon e para o atleta iniciante).

[31] EN, I, 4, 1097b 9 ss.; cf. *Met.*, A, 1, 981a 18 ss.

[32] *Parmênides*, 133d-e.

Mas se a superioridade do prudente não repousa sobre um saber, isto é, sobre a participação em uma ordem universal, a autoridade da qual Aristóteles o investe não é arbitrária? Eis um homem que, apesar de todas as atenuantes,[33] não é apenas o intérprete da reta regra, mas *é* a própria reta regra,[34] o portador vivo da norma. Certamente Platão, no *Político*, tinha concedido uma primazia desse gênero do Homem sobre a Lei, mas o Homem investido do poder real afasta-se tão pouco da universalidade que, por oposição à generalidade abstrata e rígida da lei, era ele que figurava a universalidade viva, o Saber encarnado. "Os chefes são aqueles que sabem":[35] é porque possuem a ciência das primeiras coisas que são os primeiros na cidade. Mas o prudente de Aristóteles não tem nenhuma conivência com os princípios. De onde vem, então, sua primazia?

§ 2. A NORMA

Uma primeira resposta a essa questão consistiria em mostrar que Aristóteles conserva a letra das fórmulas platôni-

---

[33] Dirlmeier corrige καὶ ὡς para καὶ ᾧ e compreende: "num justo meio..., o qual é determinado pela reta regra, isto é, *por esta regra com a ajuda da qual o homem prudente o determinaria*" (*ad loc.*). Mas tal tradução suporia o que está precisamente em questão: a existência de uma regra transcendente ao homem prudente. O comentário de Dirlmeier não justifica de modo algum esta correção.

[34] Não basta dizer, como faz Santo Tomás, que a prudência é a *recta ratio*: pois isso não é a *prudência* (a qual não sabemos o que é) mas o *prudente*, apresentado, aqui, como a *recta ratio*.

[35] *Político*, 258b, 292c, 300c; cf. *Teeteto*, 170a.

cas, esvaziando-as pouco a pouco de seu conteúdo. O *phronimos* seria, então, o herdeiro do rei-filósofo platônico,[36] tendo perdido, porém, nesse meio tempo, a ciência das Idéias, que era o único fundamento de sua realeza: pálido herdeiro ou, antes, herdeiro abusivo! Um texto do *Protrético*, cuja importância foi enfatizada por W. Jaeger, forneceria o elo intermediário: "qual critério (κανών) ou norma para julgar o valor de uma coisa poderia ser mais exato que o *phronimos*? Pois aquilo pelo que este homem se decide, ao seguir a ciência (κατὰ τὴν ἐπιστήμην), é o valor e o contrário o não-valor".[37] Embora já se assista neste texto a uma personificação da norma, anunciando a fórmula da *Ética Nicomaquéia*, o *Protrético* guarda uma ressonância muito platônica: o *phronimos* só é privilegiado pela *exatidão* de seu saber; o *phronimos* não é a reta regra, ele a segue: em conformidade com o sentido platônico da palavra, o *phronimos* designa, pois, o homem de contemplação ou, ao menos, aquele que extrai a Norma transcendente de toda ação,[38] tendo contemplado a ordem da

---

[36] Cf. *Político*, 294a: τὸ δ'ἄριστον οὐ τοὺς νόμους ἐστὶν ἰσχύειν, ἀλλ ἄνδρα τὸν μετὰ φρονήσεως βασιλικόν.
[37] Fr. 52 R, 5a W (Jâmblico, *Protrept.*, VI, 39, 16-20 Pistelli).
[38] Cf. fr. 13 W (Jâmblico, X, 54, 22-55, 3 P). Esses textos do *Protrético* suscitaram abundante literatura, embora não pareçam pôr em questão, fundamentalmente, a interpretação dada por W. Jaeger (*Aristoteles*, p. 77-8, 87, 253), o qual acreditava poder discernir o propósito de constituir uma moral *more geometrico* (cf. nossa Parte I). Admite-se atualmente que o *Protrético* ignorava a teoria das Idéias (Wilpert, P. *Zwei aristotelische Frühschriften*, p. 65; Stark, R. *Aristoteles-Studien*, p. 9; Mansion, S. "Contemplation and Action in Aristotle's *Protrepticus*". In: *Aristotle and Plato in the Mid-Fourth Century*, p. 56 ss.): as Idéias são substituídas por expressões como "o verdadeiro", "a natureza", "o bem";

Natureza e da Verdade. Permanecemos na perspectiva de uma moral teonômica, onde o inteligível é a única Norma e onde a autoridade do *phronimos* é invocada apenas por aquilo que representa, não por aquilo que ele é: o *phronimos* remete a uma *phronêsis* transcendente; e figura, como expressamente se disse, "o representante terreno da Idéia".[39]

No entanto, quando não há mais Idéias, o *phronimos* se encontra reduzido apenas às suas forças e unicamente à sua experiência. Na *Ética Nicomaquéia*, o julgamento ético não será mais comparado ao saber do geômetra mas ao engenho

---

mas essas expressões designam, de um modo ou de outro, o divino (τὸ θεῖον) e é só isso que nos importa aqui (cf. fr. 13 W; 55, 23 e 27 Pistelli). Isto posto, contestar o caráter "matemático" de um tal saber é secundário (Düring, I. "Aristotle in the *Protrepticus*". In: *Autour d'Aristote*, p. 81-97), pois não será menos "exato", mesmo que se conteste legitimamente a exatidão de suas aplicações (Monan, D. J. "La connaissance moral dans le *Protreptique* d'Aristote". In: *Revue Philosophique de Louvain*, 1960, p. 185-219). Enfim, se quis ver na teoria do sujeito moral (φρόνιμος, σπουδαῖος etc.), erigido em norma absoluta e autônoma, uma constante do pensamento de Aristóteles (I. Düring, artigo citado). Porém, é preciso observar que já era uma idéia platônica (cf. o papel do filósofo na *Rep.*: κάλλιστα κρίνει, 582d; do político no *Político*, 309c-d etc.; do "grande homem", do "homem eminente", da "melhor alma" nas *Leis*, 659a, 730d, 732a, 950c, 964b, e os textos citados por F. Dirlmeier *in Eth. Nic.*, p. 299) apresentada também por Aristóteles nos *Tópicos* como um "lugar comum" (*Top.*, III, 1, 116a 14 ss.: é preferível que se escolha o homem prudente φρόνιμος, ou o homem valoroso, ἀγαθός, ou os homens excelentes, σπουδαῖοι, em cada especialidade). Mas, através da constância das fórmulas, importa discernir as justificativas dadas e perguntar, a cada vez, *por que o phronimos* se apresenta como norma: sobre este ponto, a evolução do platonismo ao aristotelismo e do *Protrético* à *Ética Nicomaquéia* é inegável.

[39] Walzer, R. *Magna Moralia...*, p. 236.

do carpinteiro,[40] e a exatidão matemática lhe será expressamente recusada em proveito da aproximação, sem dúvida escandalosa para um platônico, com a retórica.[41] Desse modo, seria instrutivo para nosso propósito, mesmo que Aristóteles não pronuncie expressamente a esse respeito o nome do *phronimos*, comparar as passagens nas quais Platão e Aristóteles, um depois do outro, denunciam a generalidade inumana da lei, ignorante dos casos particulares, e declaram preferir essa Lei viva e personalizada que se encarna, em Platão, no personagem do Rei, em Aristóteles, no Equânime. A letra das fórmulas é a mesma[42] em ambos os filósofos, mas o espírito é oposto. Platão opõe lei e ciência: a lei é comparada ao homem seguro de si mas ignaro;[43] a lei é o álibi da ignorância ou, ao menos, o substituto de um saber momentaneamente indisponível, tal como ocorre quando o médico viaja e deixa prescrições escritas.[44] Contrariamente, o chefe é o que não necessita de lei "porque põe sua própria ciência como lei":[45] sua disponibilidade infinita a respeito dos casos particulares

---

[40] EN, I, 7, 1098a 26. Cf. Jaeger, *Aristoteles*, p. 87. O *Protrético*, com efeito, já se comparava a norma moral à regra do carpinteiro para enfatizar a "exatidão" de sua arte (fr. 13 W; 54, 24 P), embora a inspiração diferisse daquela da *Ética*. Aliás, o exemplo do carpinteiro devia ser banal (cf. o texto supra citado: *Tóp.*, III, 1, 116a 18).

[41] EN, I, 1, 1094b 11-27; 13, 1102a 23; cf. II, 7, 1107a 29.

[42] Comparar Platão, *Político*, 294b e EN, V, 14, 1137b 25, que denunciam o caráter *absoluto* (ἁπλοῦν, ἁπλῶς) da lei, por oposição à "diversidade dos homens e das ações" (Platão) e à infinidade dos casos da espécie (Aristóteles). Cf. também Aristóteles, *Política*, III, 15, 1286a 9.

[43] Platão, *Político*, 294c.

[44] *Id. ibid.*, 295c.

[45] Τὴν τέχνην νόμον παρεχόμενος (*Político*, 297a).

manifesta a fecundidade de seu saber. Ao contrário, para Aristóteles, a ciência e a lei partilham o privilégio, mas também o inconveniente, de visar o geral. Nesse caso, tudo o que Aristóteles pode dizer contra a lei vale também, e pelas mesmas razões, para a ciência, ao menos desde que se trate de aplicar proposições da ciência, que são gerais, às circunstâncias da ação, que são singulares. Ou antes, a lei, que faz o que pode, não é mais condenável que a ciência, que não pode se constituir senão fazendo abstração dos casos particulares. Enquanto Platão não parece ter posto em dúvida que um saber suficientemente transcendente poderia abranger a totalidade dos casos particulares, Aristóteles nunca espera poder deduzir o particular do universal: "a falta, nos diz ele, não está na lei nem no legislador, mas na natureza da coisa, ἐν τῇ φύσει τοῦ πράγματος".[46] Onde Platão via uma fraqueza psicológica devido a ignorância dos homens, Aristóteles reconhece, como faz habitualmente, um obstáculo ontológico, um hiato que afeta a própria realidade e que nenhuma ciência poderá superar. Aristóteles não recorre ao sábio, menos ainda a um super-sábio, para corrigir as fraquezas inevitáveis da lei. Enquanto, para Platão, a ciência deveria, de direito, definir tudo na medida em que ela seria a perfeita determinação, Aristóteles retira da mesma situação a conseqüência inversa: se a indeterminação é ontológica, a lei só pode depender de uma regra, ela própria, indeterminada, τοῦ γὰρ ἀορίστου ἀόριστος καὶ ὁ κανών ἐστιν,[47] tal como a régua de chumbo de Lesbos, cuja inexatidão permite adaptar-se adequadamente aos contornos da pedra. O chefe platônico se dispen-

---

[46] EN, V, 14, 1137b 17.
[47] *Ibid.*, 1137b 29.

sava da lei porque carregava em si mesmo a ciência de uma ordem mais alta que toda lei; e distribuía em torno de si uma "justiça perfeita penetrada de razão e de ciência",[48] expressão de uma ordem matemática.[49] Para Aristóteles, ao contrário, a justiça abstrata, científica, via sua sorte ligada a da lei: é, pois, a justiça mesma que necessita ser corrigida pela virtude da *eqüidade*.[50] Se para Platão a lei era um substituto da infalibilidade da ciência, para Aristóteles, a eqüidade é um corretivo da falibilidade da lei. Enfim, o chefe, segundo Platão, teria os olhos fixos na Idéia de Bem,[51] tal como o piloto do navio "fixa sua atenção no bem da embarcação e daqueles que nela estão".[52] Mas sobre o que o homem equânime fixaria seus olhos, numa situação de colapso ou, ao menos, de exílio da Norma transcendente?

Percebe-se o paralelismo dessa problemática com a da prudência, ou antes, o encavalamento de ambas: se a prudência é a virtude intelectual que permite a cada vez definir a norma, o equânime deverá possuir no mais alto grau a virtude da prudência para aplicá-la em seu domínio próprio, o da distribuição dos bens e, mais geralmente, das relações entre os homens. De uma forma geral, a virtude moral consiste, como vimos, em aplicar a regra determinada pelo homem prudente: "a retidão das virtudes morais depende da

---

[48] Τὸ μετὰ νοῦ καὶ τέχνης δικαιότατον (*Pol.*, 297a-b).

[49] Cf. *Górgias*, 508 a.

[50] EN, V, 14, 1137b 12.

[51] A metáfora do piloto que guia seu caminho a partir das realidades imutáveis, aparece no *Protrético*, fr. 13 W, 55, 27 P (dada a aproximação deste com o *Político*, não vemos a necessidade da conjectura de Vitelli, que corrige ὁρμᾷ em ὁρμεῖ).

[52] *Pol.*, 296e-297a.

prudência".⁵³ Mas, do que depende a retidão do julgamento do prudente? A essa questão, Aristóteles parece dar às vezes uma resposta bem inquietante: o prudente, sendo o critério último, é seu próprio critério. Enquanto a sabedoria, tal como foi concebida desde Platão, é o reflexo de uma ordem transcendente na alma do sábio, a qual permite medi-la, a prudência, não tendo essência em relação a qual se definir, não pode senão se remeter à existência do prudente como fundamento de todo valor. Não é mais o homem de bem que tem os olhos fixos nas Idéias, somos nós que fixamos os olhos no homem de bem.

Sobre esse ponto, Aristóteles parece retornar, para além do intelectualismo de Sócrates e de Platão, a algum ideal arcaico do *herói*, o qual se impõe menos por seu saber do que por suas façanhas ou, simplesmente, seu "zelo". Em Aristóteles, não é casual que a personagem que serve de critério seja freqüentemente designada pelo vocábulo σπουδαῖος. A palavra evoca inicialmente a idéia de zelo, de ardor no combate, e posteriormente simplesmente a idéia de atividade séria: o *spoudaios* é o homem que inspira confiança por seus trabalhos, aquele com quem nos sentimos em segurança, aquele que se leva a sério. Embora essas determinações tenham progressivamente se interiorizado e que Aristóteles, tomando-o como exemplo, pense menos na força do *spoudaios* e mais na qualidade de seu julgamento,⁵⁴ ainda resta que o valor do

---

⁵³ EN, X, 8, 1178a 18.

⁵⁴ O ideal do *spoudaios* será igualmente interiorizado, mas em sentido oposto, pela tradição cínica e estóica, as quais insistirão sobretudo nos valores do esforço, da tensão, da ascese, do mestre de si; é nesse sentido "voluntarista" que serão valorizados especialmente os "trabalhos" de Hércules, símbolo da luta contra os inimigos interiores que são as

spoudaios não é medido por qualquer Valor transcendente mas ele próprio é a medida do valor. Proporemos, assim, chamá-lo o *valoroso*. A personagem aparece desempenhando o papel de critério e de fundamento da medida desde o primeiro livro da *Ética Nicomaquéia*. Aristóteles acabara de mostrar que a vida de virtude se confunde, bem compreendida, com a vida de prazer. Como se os argumentos teóricos que acabara de propor (tanto a virtude como os prazeres verdadeiros são atividades que têm seu fim em si mesmos) parecessem muito difíceis ao auditor, ele apresenta uma confirmação *ad hominem*: "as ações virtuosas são belas e boas, e o são no mais alto grau, se é verdade que o valoroso é bom juiz nessas matérias, εἴπερ καλῶς κρίνει περὶ αὐτῶν ὁ σπουδαῖος".[55] Porém, se Aristóteles recorre ao *spoudaios* apenas para con-

---

paixões. Cf. Epicteto, no retrato que faz do Cínico, *Conversações*, III, 22, 57; cf. I, 6, 36; II, 16, 44; IV, 1, 127. Sobre essa forma de interiorização do ideal arcaico, cf. Wilamowitz-Möllendorf, *Euripides' Herakles, Der Herakles der Sage*, p. 1-107, em especial, p. 41-3, 102-3; Jaeger, W. *Paideia*, II, p. 106 e nossa introdução aos *"Entretiens"* de Epicteto em E. Bréhier, *Les Stoïciens*, publicado por P.-M. Schuhl, Paris, 1962, p. 805.

[55] EN, I, 9, 1099a 22. A maior parte dos tradutores especifica abusivamente o sentido da palavra ao traduzirem σπουδαῖος por "homem virtuoso" (Tricot), "homem de bem" (Voilquin), "o virtuoso" (Gauthier), *"the good man"* (Ross). Ao contrário, Dirlmeier talvez exagere a ressonância "heróica" da expressão traduzindo-a por *"der vollendete Repräsentant edlen Lebens"*; esta tradução foi preparada por aquela dada antes, de φιλόκαλος (1099a 13) por *"Freund des Edlen"* e também pela comparação feita pelo próprio Aristóteles do homem virtuoso com o vencedor dos Jogos Olímpicos (1099a 3-7). O. Gigon traduz mais sobriamente por *"der Edle"*. De forma geral, a tradução da língua alemã, sob influência de Wilamowitz e, mais remotamente, de

firmar uma argumentação já persuasiva por si mesma, o próprio *spoudaios* é invocado em outros lugares como único critério. Aristóteles se pergunta, por exemplo no Livro III, se o objeto da vontade (βούλησις) é um bem real (neste caso tudo o que é desejado é bom, desaparecendo, então, o mal) ou se é um bem aparente (caso no qual o bem é aquilo que parece bom a cada um, não havendo, então, bem absoluto). E responde com uma afirmação espantosa: o bem real é aquele que aparece como tal à vontade do homem valoroso; nele, φαινόμενον ἀγαθόν e ἀγαθὸν ἁπλῶς coincidem; o que, de resto, sempre permite distinguir a verdade e a aparência é, pois, a decisão do *spoudaios*, cuja vontade é menos iluminada (pois, por quem ela o seria?) do que iluminadora: "pois o valoroso julga cada coisa corretamente e, em cada coisa, é o verdadeiro que lhe aparece...; sem dúvida o valoroso se distingue principalmente porque quer o verdadeiro em todas as coisas, como se fosse nisso a regra e a medida", ὥσπερ κανὼν

Nietzsche, é mais inclinada a sublinhar as origens aristocráticas da moral grega e as sobrevivencias da *Adelsethik* na moral clássica (cf., em especial, na obra supra citada de Wilamowitz, todo esmero das páginas (39-43) sobre a *"dorische Weltanschauung"* decorrente da figura paradigmática de Hércules: *"Die Heraklessage spricht zu dem dorischen Mann: nur für ihn ist sie das Evangelium; sie kennt keine Menschen ausser ihm, sondern nur Knechte und Bösewichter. Also spricht sie: 'Du bist gut geboren ..., aus göttlichem Samen entsprossen... Wenn du dich nicht fürchtest, wird der Sieg dein sein. Eitel Mühe und Arbeit wird dein Leben sei ... Für die* ἀρετή, *Manneskraft und Ehre, bist du geboren...' Ein Volk, das diesen Glauben im Herzen hat, ist jugendfrisch und jugendstark"*, etc... Wilamowitz acrescentava, é verdade: *"Seine Kraft wird er einstellen in den Dienst des Allgemeinen, in den Dienst der Gesittung und des Rechts"*). Cf., finalmente, a obra póstuma de Ed. Schwartz, *Griechische Ethik*, Stuttgart, 1951, especialmente, p. 41-66.

καὶ μέτρον ὤν.⁵⁶ Se essas palavras fazem recordar a famosa fórmula de Protágoras sobre o homem medida de todas as coisas, o contexto mostra que elas têm um significado completamente diferente. Aristóteles não cede nenhum lugar ao relativismo, o qual, ao contrário, quer superar. O que quer dizer é que nem todos os homens têm o mesmo valor, e que se não há mais, como para Platão, uma Medida transcendente que permitia julgá-los,⁵⁷ são os homens de valor que são juízes do próprio valor.⁵⁸ Aristóteles está tão consciente da arbitrariedade dessa posição que sugere no mesmo texto um "critério", embora seja necessariamente imanente: o da *saúde*. Assim como é preciso distinguir entre a sensação do homem saudável, que julga amargo, o amargo, e doce, o doce, e a do enfermo, que se precipita em direção ao que lhe é nocivo, do mesmo modo é preciso distinguir entre o homem valoroso e o homem de má qualidade (φαῦλος),⁵⁹ entre o homem

---

[56] EN, III, 6, 1113a 29 ss.

[57] É o que Platão opõe a Protágoras; cf. *Teeteto*, 152a, 160d; *Leis*, 716c.

[58] Nietzsche, como um bom conhecedor da Antiguidade, notou bem a origem "aristocrática" dos conceitos morais entre os gregos, daí a surpresa em ver subsistir esse traço no "pós-socrático" Aristóteles: "Foram antes os 'bons', eles próprios, isto é, os nobres, poderosos, mais altamente situados e de altos sentimentos, que sentiram e puseram a si mesmos e a seu próprio fazer como bons, ou seja, de primeira ordem, por oposição a tudo que é inferior, de sentimentos inferiores, comum e plebeu. Desse *pathos da distância* é que tomaram para si o direito de criar valores, de cunhar nomes de valores" (*Genéalogie de la morale* [no original francês] tradução de H. Albert, p. 30-1; sobre os gregos, cf. p. 37). [Aqui, reproduzo a tradução de R. R. Torres Filho: Nietzsche, *Obras Incompletas: A Genealogia da Moral*. Col. "Os Pensadores". São Paulo, Abril, 1974, p. 307].

[59] EN, III, 6, 1113a 25.

consumado[60] e o inferior, entre o homem servil e o homem livre.[61] Aristóteles procurou substituir o relativismo humanista de Protágoras[62] e o absolutismo platônico do Bem por um novo absolutismo que hoje, no entanto, nos parece bem relativo: o que recorre ao critério da superioridade física do homem "saudável" ou social do homem "livre".

Os demais textos sobre o *spoudaios* vão no mesmo sentido e seria vão citá-los todos. Mencionaremos apenas que, na *Ética Nicomaquéia*, o *spoudaios* intervém em muitas passagens no que se poderia chamar a problemática do *critério*[63] e que a comparação entre o valoroso e o saudável é, ainda uma vez, invocada para justificar a afirmação segundo a qual o valoroso é o critério do prazer *autêntico*, que não é definido por seu caráter intrínseco, como o prazer puro em Platão, mas pela qualidade daquele que o sente como tal, enquanto os

---

[60] Cf., no mesmo sentido, ὁ τέλειος (X, 5, 1176a 28).

[61] Cf. EN, IV, 14, 1128a 31: "O homem distinto e livre (ὁ χαρίεις καὶ ἐλευθέριος) é para si mesmo sua lei". Em uma passagem da *Política* (III, 13, 1284a 10 ss.), onde Hegel acreditava haver uma alusão a Alexandre (*Gesch. d. Philos.*, *Werke*, 1833, XIV, p. 401; sobre a improbabilidade histórica de tal alusão, cf. Weil, R. *Aristote et l'histoire*, Paris, 1960, p. 184-5). Aristóteles não se refere somente à superioridade de uma classe, mas àquela do grande homem que "tal como um deus entre os homens" não pode estar submetido à ordem comum: "Não se pode estabelecer leis para tais homens porque eles são a própria lei". A permanência desse tema em Aristóteles é atestada por Cícero, segundo o qual Aristóteles teria escrito (em sua juventude) um *Político* em dois livros: *de re publica* e *de proestante viro* (*Ad Quint.*, fr. III, 5, 1).

[62] Contra quem a diferença entre o julgamento do homem saudável e o do enfermo é invocada em *Metafísica*, Γ, 5, 1010b5.

[63] Cf. EN, IX, 4, 1166a 12 (ἔοικε γὰρ ... μέτρον ἑκάστῳ ἡ ἀρετὴ καὶ ὁ σπουδαῖος εἶναι); *ibid.*, X, 5, 1176a 17.

prazeres vergonhosos são prazeres apenas para as almas corrompidas.[64] Está claro que traduzir nessas passagens "*spoudaios*" por "homem virtuoso" ou por "homem honesto" supõe resolvida uma dificuldade que não pode deixar de aparecer a todo leitor desprevenido. Pois, mesmo se, de fato, Aristóteles assimila o valoroso ao virtuoso, é a virtude que é definida pela existência do valoroso, e não o inverso, como acontece também em tal moral contemporânea, onde o exemplo de herói ou de santo precede e funda a definição intelectual do valor.

Mas o que Aristóteles entendia exatamente por *spoudaios*? Na ausência de definição abstrata e intelectualmente controlável, que ideal de vida se dissimula sob este vocábulo ambíguo? Dirlmeier respondeu abruptamente esta questão, amplificando, como se fosse preciso, as ressonâncias inquietantes dos textos que acabamos de citar. Para Dirlmeier, o *spoudaios* é o "representante acabado de tudo o que é nobre"; nele se encontram erigidas em "norma última" as "tradições mais nobres de seu povo". O *spoudaios* seria, pois, a realização mais autêntica do homem grego, isto é, do homem *tout court*, oposto a não-humanidade do Bárbaro. E Dirlmeier prossegue: "sobre a questão de saber o quanto as tradições helênicas contêm algo de universalmente válido, Aristóteles não tem ainda suficiente distância para pô-la, e no conjunto se permanecerá assim até o fim da Antigüidade, incluindo os comentadores bizantinos".[65]

Sem dúvida, haveria muito a dizer sobre a última parte desse julgamento, que parece subestimar a contribuição do cosmopolitismo (pouco "grego", é certo, em suas origens)[66]

---

[64] EN, X, 5, 1176a 5-24.

[65] Dirlmeier, F. *in Eth. Nic.*, p. 284, a propósito de 1099a 23.

mas, em relação ao próprio Aristóteles, não se está indo muito longe ao propor uma interpretação "arcaizante"? Certamente não parece que Aristóteles tenha posto em questão os preconceitos da sociedade grega concernentes à superioridade dos gregos sobre os bárbaros. Além disso, sabe-se que Aristóteles ultrapassa as instituições de seu tempo, tentando fundar na natureza a distinção entre mestre e escravo.[67] Numa obra de juventude, *Sobre o bom nascimento* (Περὶ εὐγενείας), não tinha nem mesmo hesitado em explicar que a nobreza não pertence ao homem bom por natureza, como havia sustentado Eurípides,[68] mas aquele que é fruto de ancestrais "valorosos" (ἐκ πάλαι σπουδαίων), de modo que é a "excelência da raça" (ἀρετὴ γένους), e não a virtude individual, que define a verdadeira nobreza.[69] Mais tarde, na *Ética Nicomaquéia*, a reação anti-platônica de Aristóteles, o leva, por um cominho que já descrevemos, a recusar a autoridade dos "sábios" e voltar, não sem alguma afetação, ao "o que se diz" e ao "o que se faz", às opiniões e aos costumes populares. Enfim, abandonar a Norma transcendente do platonismo, obriga Aristóteles a procurar no seio da própria humanidade a norma de sua excelência. Dito isso, e no interior dos limites que permanecem os da consciência grega, não parece que Aristóteles

---

[66] De fato, em 1934, em um livro que não tem apenas um título infeliz, M. Pohlenz, acreditava ser seu dever "preservar" da imputação de cosmopolitismo pelo menos um dos estóicos, Panécio (*Antikes Führertum. Cicero De Officiis und das Lebensideal des Panaitios*, especialmente, p. 142-4, sobre o *Führerideal* (sic) de Panécio como "helenisação do Pórtico").

[67] *Pol.*, I, 4-5.

[68] Fr. 345 Nauck.

[69] Fr. 94 Rose, 4 Ross; cf. fr. 92 Rose, 2 Ross.

tenha renunciado definitivamente a toda determinação intelectual e, portanto, à universalidade do valor. O equívoco de F. Dirlmeier, que parece seguir aqui W. Jaeger, é, sem dúvida, ter acreditado que o abandono da teoria das Idéias privaria Aristóteles de todo critério objetivo, de todo ponto de apoio em um mundo deixado ao acaso e onde, tendo desabado os valores transcendentes, não subsistem mais do que os pálidos substitutos da transcendência que são a autoridade da tradição ou "a excelência da raça".

Na *Ética Nicomaquéia*, se não se abandonou as opiniões tradicionais e se a *eugenia* continua a ser mencionada, a título de bens exteriores, entre as condições da felicidade,[70] resta que os dados da consciência popular são doravante interpretados, e situados, segundo as perspectivas de um sistema mais vasto, cuja premissa mais constante é, agora, a análise da natureza humana e não o culto da particularidade étnica ou histórica dos gregos. Se permanece verdadeiro que Aristóteles, principalmente na análise das virtudes, explora "o tesouro paradigmático das tradições de seu povo", como escreve pomposamente Dirlmeier,[71] é necessário precisar que a própria multiplicidade de heróis, míticos ou históricos, que se oferece à admiração dos gregos leva o filósofo à obrigação *crítica* de escolher quais entre eles ilustram seu ideal moral. Aristóteles não se subtrai a esta exigência. Releia-se a passagem dos *Segundos Analíticos*, citada acima: veremos nas definições de "virtude" que o autor apresenta sua preferência por Lisandro a Aquiles ou a Ajax, e por Sócrates a Alcibíades. Os heróis da mitologia ou da história gregas são menos paradigmas no sen-

---

[70] EN, I, 9, 1099b 3. Cf. *Retórica*, I, 5, 1360b 19-20.

[71] Dirlmeier, F. *in Eth. Nic.*, p. 312, a propósito da definição de virtude (EN, II, 6).

tido estrito, na medida em que não há mais o inteligível do qual eles seriam a encarnação, do que tipos ou mesmo simplesmente exemplos, destinados a ilustrar uma teoria moral elaborada por outras vias.

De fato, se compararmos a definição geral da virtude do Livro II com os textos que citamos sobre o *spoudaios* veremos que o homem-critério assume aqui um outro nome: o de *phronimos*. Comparando as fórmulas, constata-se que se trata antes da mesma problemática: encontrar a regra, o ὀρθὸς λόγος, ou antes o critério vivo de uma tal regra.[72] Aristóteles, na definição de virtude, poderia igualmente designar sob o termo de *spoudaios* aquele cuja existência permite determinar a reta regra, visto que essa palavra parece designar o título geral de um tal privilégio. Especificando o *spoudaios* como *phronimos*, Aristóteles não pode ter tido senão uma intenção muito particular, que a significação da palavra, como todo o contexto, permite discernir facilmente: é porque a determinação em questão é uma determinação de essência *intelectual*, que o homem-medida é invocado, não pela excelência de seu exemplo, mas pela retidão de seu julgamento. Diferentemente da palavra *spoudaios*, que se refere originalmente a uma qualidade física, a palavra *phronimos*, tomada em sentido seja popular, seja erudito, designa uma qualidade intelectual. Que Aristóteles faça da *phronêsis*, além disso, uma virtude, não impede que esta virtude não seja ética: ela é uma virtude da inteligência e não do *ethos*. O prudente serve de critério apenas

---

[72] Aliás, o *phronimos* (e não mais o *spoudaios*) é invocado em diferentes passagens como critério: EN, I, 3 ("procura-se ser honrado pelos homens prudentes", e não por seja quem for); VII, 13, 1153a 27 (o fato de o prudente perseguir somente o que é isento de punição é invocado pelos adversários do prazer); 1153a 32 (Aristóteles corrige o argumento precedente mas sem contestar o valor normativo do prudente).

porque é dotado de uma inteligência *crítica*. Ele não é somente aquele a partir de quem se julga, mas aquele que julga. Ora, Aristóteles lembra mais uma vez, só se julga bem aquilo que se conhece, e é nisso que se é bom juiz.[73] Então, se Aristóteles rejeitou a subordinação platônica da virtude à ciência, entendida como ciência das Idéias ou dos números, no entanto, não rompeu com um certo intelectualismo socrático. Certamente, a "reta regra" se encontra individualizada na pessoa do *phronimos*, o que parece dar à prudência um fundamento existencial: desse modo, não é a prudência mas o prudente que é a *recta ratio*, visto que não há prudência sem prudente (ao passo que, nós o saberemos pelos estóicos, pode haver uma sabedoria e não haver sábios). Mas o prudente só é invocado como juiz porque tem julgamento, tem experiência, em uma palavra, um "conhecimento", mesmo que não se trate de um conhecimento do transcendente. Se a inteligência que aqui não se chama νοῦς, mas διάνοια, σύνεσις ou γνώμη, não é mais o reflexo do inteligível, não significa que não haja mais norma, mas que a inteligência é para si mesma sua própria norma. Mesmo que Aristóteles abandone a transcendência do inteligível, isso não significa substituí-la pela transcendência ilusória de qualquer irracional, mas pela imanência crítica da inteligência. Ele substitui a intelecção dos inteligíveis, como fundamento da regra ética, pela inteligência dos inteligentes, e a sabedoria das Idéias pela prudência dos prudentes, mas trata-se ainda e sempre, embora sob uma nova forma, de um fundamento intelectual. Aristóteles particulariza, individualiza, relativiza a inteligência, mas não renuncia ao intelectualismo. A substituição do *spoudaios* tradi-

---

[73] "Εκαστος δὲ κρίνει καλῶς ἃ γιγνώσκει, καὶ τούτων ἐστὶν ἀγαθὸς κριτής (EN, I, 3, 1094b 27).

cional pelo *phronimos*, que não é, no entanto, o sábio platônico, inaugura, tanto contra o empirismo da tradição popular quanto contra a filosofia platônica das essências, o que poderíamos chamar de um intelectualismo existencial.

§ 3. O TIPO

Resta pois que, mesmo entendida como virtude intelectual, a prudência nos remete à personagem do prudente, e a análise tipológica deve preceder à determinação da essência da prudência, como no caso das outras virtudes, e ainda mais – já que se trata de uma virtude fundamental implicada na definição geral de virtude. Ora, sobre esse ponto, já notamos que Aristóteles cita como tipo do *prudente* a personagem de Péricles,[74] desconsiderando expressamente os exemplos da mesma virtude anteriormente dados: Pitágoras, Parmênides e Anaxágoras.[75]

Se, na *Ética Nicomaquéia*, Aristóteles não retoma as personagens de Parmênides e Pitágoras, mas ao exemplo acrescenta Anaxágoras e Tales,[76] vê-se bem porque o autor recusa a esse gênero de homens a qualidade de *prudentes*: certamente, estes possuem a sabedoria, ou seja, a ciência das coisas mais elevadas, porém, e Aristóteles nos convida a admirá-los com alguma reserva, ignoram o que lhes é útil e, de modo geral, o que é útil aos homens, de modo que seu saber, embora "admirável, difícil e divino", permanece "sem utilida-

---

[74] EN, VI, 5, 1140b 7.

[75] *Protrético*, fr. 5b e 11 W; EE, I, 4, 1215b 6; 5, 1216a 11.

[76] As duas personagens já são associadas no *Hípias Menor* de Platão (281c), num contexto onde o senso prático dos sábios já era contestado.

de".⁷⁷ Se a lógica e a cronologia nos autorizam a ver aqui uma retratação de Aristóteles, é preciso acrescentar que a retratação diz respeito muito mais ao sentido da palavra *phronimos* do que ao fundo do problema. O caráter desinteressado da sabedoria, a qual não é imediatamente prática, sempre foi afirmado por Aristóteles, concomitantemente ao seu caráter divino.⁷⁸ Antes, essa inutilidade era reivindicada como a garantia da superioridade da sabedoria, que não é serva de fins estranhos a ela, mas é, em si mesma, seu próprio fim. Aristóteles não contesta o caráter eminente da sabedoria. Mas o que era então proclamado como superioridade *em si* aparece, do ponto de vista ético, como inferioridade *para nós*: o desinteresse é também desinteressado, a independência, indiferença e a sublimidade, inépcia, segundo o ponto de vista pelo qual são considerados. Essas observações são atualmente banais e também o eram para Aristóteles. Platão não havia enfatizado os ridículos do filósofo retornando à caverna,⁷⁹ do pensador genial incapaz de dobrar um cobertor,⁸⁰ e também não havia oposto as zombarias da serva trácia à sublime distração de Tales caindo num poço?⁸¹ Mas a intenção de Platão nestas passagens era bem diferente da de Aristóteles na passagem indicada aqui: tratava-se de opor a superioridade do filósofo à incompreensão dos homens, enquanto para Aristóteles os homens têm razão de seu ponto de vista. Aristóteles já não

---

⁷⁷ EN, VI, 7, 1141b 3-8.
⁷⁸ Cf. *Met.*, A, 2, 982b 20-983a 11; *As Partes dos Animais*, I, 5, 644b 22-645a 5; e já no *Protrético*, fr. 58 Rose (12 Walzer).
⁷⁹ *Rep.*, VII, 517d.
⁸⁰ *Teeteto*, 174a.
⁸¹ *Ibidem.*

opõe a virtude à não-virtude, a ciência à ignorância, mas a virtude mais que humana do filósofo à virtude mediana – mas que, à sua maneira, é uma excelência – de um homem qualquer. Aristóteles não está longe de dar razão, num certo plano, à diatribe de Cálicles contra a filosofia, que torna o homem "estranho a todas as coisas que é preciso conhecer para se tornar um homem realizado e reputado", também não está longe de considerar que os sábios enquanto tais "ignoram as leis que regem a cidade, ignoram a melhor maneira de falar aos outros nos negócios privados e públicos, nada sabem dos prazeres nem das paixões" e que, "numa palavra, suas experiências dos costumes (ἠθῶν) é nula".[82] A única diferença é que Cálicles nos convida a preferir à especulação inútil dos filósofos, a experiência dos "políticos",[83] ou daquele que ele já chamava o *phronimos*,[84] sem o qual, nos diz, nos deixaremos comandar injustamente, incapazes de nos defender diante do primeiro acusador que aparecer.[85] Aristóteles, ao contrário, não sacrifica a sabedoria à prudência mas parece vê-las como virtudes complementares, as quais não duvida que possam coexistir no mesmo homem. Na *Política*, Aristóteles narra de que maneira o mesmo Tales fez fortuna utilizando seu saber meteorológico para especular com azeite de oliva,[86] que-

---

[82] *Górgias*, 484c-d, (no original francês) tradução de A. Croiset modificada.

[83] *Ibid.*, 484e.

[84] *Ibid.*, 490 a. Cf., acima, Parte I, p. 47, n. 80.

[85] 486b. Isócrates opunha, no mesmo sentido, o *bom senso* (δόξα) à *ciência* (ἐπιστήμη), a qual não permite nos orientarmos nesta vida (*Contra os sofistas*, 7-8; *Antídosis*, 184, 262; *Panath.*, 9).

[86] *Pol.*, I, 11, 1259a 6-20.

rendo com isso mostrar a seus compatriotas do que a filosofia era capaz. Sabe-se, inclusive, que o próprio Aristóteles no fim de sua vida escapará, se não por sua eloqüência, ao menos pela fuga, a uma acusação de impiedade, explicando segundo uma tradição talvez suspeita, mas em todo caso significativa, que ele não queria fornecer aos atenienses a ocasião de "cometer um novo crime contra a filosofia".[87]

Mas, se pode ocorrer ao filósofo dar provas de prudência, não é nele que Aristóteles vê a ilustração mais típica dessa virtude, mas na personagem de Péricles e noutros desta espécie, isto é, "nos administradores de lares e cidades (τοὺς οἰκονομικοὺς καὶ τοὺς πολιτικούς)".[88] Esta menção a Péricles é única nas Éticas, de modo que é difícil, numa primeira abordagem, saber em que ele, mais do que qualquer outro, podia aparecer a Aristóteles como o representante da *prudência*. No entanto, a invocação de Péricles não parece uma predileção particular de Aristóteles, mas uma alusão clássica a uma personagem já tipificada pela tradição.[89] De resto, não é a primeira vez que a personagem de Péricles e, por meio dela, do político, fornecia a ocasião de um debate ético. No *Górgias*, o Sócrates de Platão não poupava críticas aos mais

---

[87] Fr. 667 Rose. Sobre essa tradição, cf. Düring, I. *Aristotle in the Ancient Biographical Tradition*, p. 341-2.

[88] EN, VI, 5, 1140b 10.

[89] Poder-se-ia estudar desse ponto de vista o primeiro discurso de Péricles, em Tucídides (I, 140-144): Péricles, "o primeiro dos atenienses, graças à sua capacidade eminente tanto para o discurso quanto para a ação" (139, 4), parece preocupado ao mesmo tempo com o detalhe (καθ'ἕκαστα) e com o conjunto (τὸ ξύμπαν) (145); o conjunto é a salvaguarda de um estado de direito, "o detalhe", o reconhecimento da "ocasião favorável" (καιρός) que, na guerra, não espera (142, 1).

célebres homens do Estado ateniense: Temístocles, Cimão, Miltiade e Péricles, homens que se preocupavam em "tornar grande a cidade", mas não justos os cidadãos.[90] "Encheram a cidade de portos, arsenais, muros e outras inutilidades", mas não cuidaram "nem da temperança nem da justiça":[91] são "hábeis", sem dúvida, talvez mais hábeis que os contemporâneos,[92] mas deve-se acreditar que, para Sócrates, a habilidade não fazia a virtude do homem de Estado, já que negava a Péricles a qualidade de "bom político"[93] para, paradoxalmente, atribuir esta característica a si, e só a si mesmo.[94] Certamente, Platão se mostrou, em outro lugar, mais equânime a respeito de Péricles: no *Fedro*, será louvado por ter sabido aliar a especulação, aprendida com Anaxágoras, à palavra e à ação.[95] Mas no *Ménon*, o elogio era ambíguo: se Sócrates lembrava que Péricles fora incapaz de tornar justos os seus próprios filhos,[96] era para mostrar que a virtude não pode ser ensinada, em particular a virtude do político, e que ela tem mais parentesco com a opinião verdadeira e com o delírio poético do que com a ciência. Assim, não poderia ser senão fruto de um "favor divino", onde a inteligência (νοῦς) não

---

[90] *Górgias*, comparar 518e e 516b.

[91] *Ibid.*, 518e.

[92] *Ibid.*, 517c.

[93] *Ibid.*, 516c-d.

[94] "Creio ser um dos raros atenienses, para não dizer o único, que cultiva a verdadeira arte política, e o único em nossos dias que põe em prática tal arte" (*ibid.*, 521c).

[95] *Fedro*, 269e-270a.

[96] *Ménon*, 94a-b; cf. *Protágoras*, 319e-320a; Aristóteles, *Retórica*, II, 15, 1390b 32.

tem nenhuma participação,⁹⁷ e graças à qual os políticos, tal como os profetas ou os adivinhos, "dizem freqüentemente a verdade sem nada saber a respeito do que falam".⁹⁸ De fato, no nível da cidade empírica, o político ao modo de Péricles é sem dúvida um mal necessário, semelhante aos artesãos cuja atividade é indispensável à satisfação das necessidades humanas.⁹⁹ Mas Platão sonhará com outra cidade e com uma virtude mais alta para seus chefes. Invocando Péricles em uma obra ética, no mesmo lugar onde outrora havia citado Anaxágoras ou Tales, Aristóteles não poderia deixar de afirmar, de uma forma que deve ter parecido provocante, sua oposição ao platonismo clássico: falou-se de uma reabilitação dos homens de Estado¹⁰⁰ por Aristóteles. Digamos antes que, numa perspectiva muito diferente do que será mais tarde a do maquiavelismo, o político simbolizado por Péricles encontra-se erigido em modelo de uma *virtude* da qual Aristóteles não diz que seja apenas política, e que se encontra desde então proposta à imitação do homem privado tanto quanto do homem público. Concedendo um lugar a Péricles na galeria de retratos éticos, Aristóteles reintegra a experiência propriamente política na experiência moral da humanidade.

Mas há políticos e políticos, e restará interpretar o caso de Péricles e, de uma forma geral, a idéia que Aristóteles fazia do bom político. Para o intérprete moderno é grande a tentação de substituir esses personagens distantes por referên-

---

⁹⁷ *Ménon*, 94a-b (sobre Péricles), 97b (sobre a passagem onde a opinião verdadeira é oposta à φρόνησις, cf. Parte I, p. 46, n. 79), 99b-100a.
⁹⁸ *Ibid.*, 99c-d.
⁹⁹ Sobre a comparação entre políticos e artesãos, cf. *Górgias*, 517d-e.
¹⁰⁰ Cf. acima (p. 45, n. 78) a citação de R. Walzer.

cias mais atuais. O pe. Gauthier, que condena aqueles que "ainda se obstinam" em traduzir *phronêsis* por "prudência" e tem preferência, como se sabe, pela tradução "sabedoria", acredita poder justificar tal tradução por uma observação terminológica, talvez sem se dar suficientemente conta de que, a seu modo, é uma interpretação. "Péricles pode muito bem passar aos nossos olhos pelo tipo do *sábio*, *phronimos*: não tivemos nós recentemente um 'comitê de sábios' que não era um comitê de filósofos mas de homens políticos, e o tipo do sábio não é, aos olhos de todos os franceses, antes Gandhi do que Einstein ou Bergson?"[101] Ao contrário, W. Jaeger, contra quem, aliás, é dirigida a interpretação do pe. Gauthier, não hesitou em invocar a *Realpolitik*: estudando a evolução da política aristotélica em direção ao realismo e ao empirismo, notava o papel que teria desempenhado "a longa freqüentação de um político realista (*Realpolitiker*) como Hérmias de Atarneu",[102] que viria a ser o tipo de político segundo Aristóteles. Gandhi ou Bismarque? Não se avançará muito afirmando que Péricles não foi nem um nem outro. E visto que a história prestaria pouco auxílio à interpretação de um pensamento onde a estilização típica desempenha maior papel que a verdade histórica, resta examinar as raras passagens da *Ética* onde Aristóteles descreve o político e que podem servir à defesa e à ilustração do *phronimos*.

* * *

---

[101] Gauthier-Jolif *in Eth. Nic.*, p. 463.
[102] *Aristoteles*, p. 303.

Observe-se inicialmente que Aristóteles, na passagem em que cita Péricles, só lhe confere a denominação de *phronimos* na medida em que ele possui um certo saber: "pensamos que os homens desse tipo são prudentes porque são capazes de *considerar* (θεωρεῖν) o que é bom para eles mesmos e para os homens".[103] O prudente se vê reconhecido por um certo tipo de superioridade intelectual – seria necessário dizer, transcrevendo exatamente Aristóteles, *teórico*, lembrando que θεωρεῖν tem o sentido de ver, sem que essa visão seja necessariamente do tipo contemplativo. Que Aristóteles nos tenha prevenido, um pouco acima, que o objeto dessa capacidade não pode ser o necessário, mas o contingente, que esse saber não pode, pois, ser dito nem ciência nem mesmo arte,[104] não muda em nada o fato de Aristóteles continuar a ver na virtude do político uma virtude intelectual. Observação que assume todo o seu sentido lembrando que Platão a descrevia no *Ménon* como um tipo de adivinhação, sem nenhuma necessidade de concurso da inteligência. É preciso, pois, admitir que Aristóteles reconhecia a existência de um outro tipo de conhecimento, ao lado da ciência e da arte, que se poderia chamar *opinião*, se nos lembrarmos de passagens onde faz da prudência a virtude da parte *opinativa* da alma.[105] Ainda mais, Aristóteles não contesta que esse conhecimento seja, a seu modo, um conhecimento do geral. O prudente conhece o que é bom para ele próprio, no caso da prudência privada, e para os homens em geral, no caso da prudência

---

[103] EN, VI, 5, 1140b 8.

[104] *Ibid.*, 1140a 31-b 4.

[105] *Ibid.*, 1140b 26; cf. VI, 2, 1139a 12. Platão, no *Ménon*, já invocava a reta opinião como guia da ação política; mas essa opinião deriva mais da adivinhação cega que do saber.

política, o que é, por certo, uma particularização da idéia platônica do Bem, mas não uma particularização arbitrária, abandonada à concepção de cada um sobre o bem. Aristóteles nos previne um pouco mais acima que o que ele chama "bom e vantajoso para si mesmo" não significa "bom e vantajoso de forma parcial (κατὰ μέρος), como o que é bom para a saúde e o vigor do corpo, mas absolutamente, como o que é bom para bem viver (πρὸς τὸ εὖ ζῆν)".[106] E se existem prudências particulares (περί τι) visando um certo fim (τέλος τι),[107] não é nesse sentido, mas pura e simplesmente (ὅλως), que serão ditos prudentes o bom ecônomo e o bom político, pois estes se põem como fim a vida feliz da comunidade que dirigem.[108] Ora, a vida feliz (quer se trate da cidade ou da casa, como do indivíduo) é a totalidade que transcende os fins particulares.[109] O prudente não é, então, o puro empírico que

---

[106] EN, VI, 5, 1140a 26-28. O contrário de κατὰ μέρος não está expresso aqui. Embora esta expressão seja correntemente oposta a ἁπλῶς ou a καθόλου (cf. Bonitz, *Index*, 455b 60 ss.).

[107] *Ibid.*, 1140a 29.

[108] Para as linhas 1140b 7-11, adotamos a interpretação de Greenwood, contra a de Burnet, para quem o chefe de família e o de Estado representavam exemplos de prudência *particular*.

[109] Deixamos de lado a questão de saber em que quadro o indivíduo atinge o melhor da vida boa (τὸ εὖ ζῆν): em si próprio, na família ou na cidade. Ao responder que na cidade (*Política*, I, 2, 1252b 30), Aristóteles concederá um certo privilégio à política sobre a ética e à prudência política sobre a prudência privada. Mas este não é o problema aqui: tanto a prudência política quanto a prudência econômica são citadas apenas como exemplos da prudência em geral. Um pouco à frente (especialmente 8, 1141b 23), Aristóteles mostrará que a prudência, em sua mais alta realização, coincide com a política, dada a natureza "política" do homem.

vive o dia-a-dia sem princípios e sem perspectivas, mas é o homem de visão de conjunto. E permanece, a seu modo, o herdeiro do συνοπτικός platônico, embora veja uma totalidade concreta – o bem total da comunidade ou do indivíduo –, e não essa Totalidade abstrata e, segundo Aristóteles, irreal que era o mundo platônico das Idéias.

Com efeito, no resto do livro VI da *Ética Nicomaquéia*, onde se trata sobretudo de opor a prudência à ciência e à intuição dos inteligíveis (νοῦς),[110] Aristóteles insistirá antes sobre o fato de o prudente conhecer *também* o particular,[111] mas esse "também" significa, antes de tudo, que não lhe é contestado um certo conhecimento do universal.[112] Bem mais, nas últimas páginas da *Ética Nicomaquéia*, cujo objetivo parece ser o de introduzir e justificar a obra política de Aristóteles, o autor parece aproximar-se de Platão em sua crítica aos políticos "empíricos". Após haver lembrado essa verdade da experiência (desconhecida, é verdade, pelos teóricos da virtude-ciência), segundo a qual os discursos edificantes não bastam para tornar os homens virtuosos, Aristóteles acaba por constatar – na intenção, parece, de o deplorar – o divórcio entre a prática política e as teorias políticas: de um lado, os teóricos ineficazes, como os sofistas; de outro, os políticos "dos quais se poderia pensar que agem por uma espécie de capacidade (δυνάμει) e pela experiência mais do que pelo raciocínio (ἐμπειρίᾳ μᾶλλον ἢ διανοίᾳ). A prova disto é que nunca se os vê escrever ou discorrer sobre tais matérias (o que seria, no entanto, uma tarefa talvez mais honrosa do que pronunciar discursos de pretorias ou de assembléia), tampouco

---

[110] Cf. principalmente EN, VI, 9, 1142a 24-25.
[111] Cf. principalmente EN, VI, 8, 1141b 15.
[112] EN, VI, 8, 1141b 14: οὐδ' ἐστὶν ἡ φρόνησις τῶν καθόλου μόνον.

os vemos fazer homens de Estado de seus próprios filhos ou de alguns de seus amigos".[113] Nisso, a política se distingue – deploravelmente, parece-lhe – de "outras ciências e de outras capacidades" que, tal como a medicina ou a pintura, podem ser ensinadas e transmitidas.[114] Por trás dessa descrição da política *de fato*, censurada por dela estar ausente a visão teórica, se reconhecerá sem dificuldade a polêmica platônica do *Ménon* e do *Protágoras* contra os políticos que, como Péricles, se mostraram incapazes de transmitir sua capacidade a seus descendentes.

Mas a política tal como a concebe Aristóteles não será totalmente diferente dessa política de fato. Deverá ser um equilíbrio entre a ciência e a familiaridade (συνήθεια) com os negócios. Ora, esse equilíbrio só poderá ser assegurado pela mediação do que Aristóteles chama precisamente, e dessa vez em um bom sentido, a *experiência* (ἐμπειρία), sem a qual a familiaridade é inacessível e a ciência impotente.[115] Esse texto só pareceu obscuro[116] na medida em que não se reconheceu o caráter intermediário da *experiência* aristotélica, que se situa a meio caminho da sensação e da ciência.[117] A expe-

---

[113] EN, X, 10, 1181a 1-6.

[114] *Ibid.*, 1180b 32-34.

[115] *Ibid.*, 1181a 10.

[116] Também para Rodier (*in Eth. Nic.*, X, p. 145) que não viu que a crítica da política "empírica" na passagem precedente era um lugar comum que Aristóteles não adotava inteiramente.

[117] Cf. *Met.*, A, 1, onde ἐμπειρία é claramente distinguida de αἴσθησις. Graças à memória, o homem (diferente dos animais) ascende à experiência e, por ela, à arte e à ciência: ἀποβαίνει δ'ἐπιστήμη καὶ τέχνη διὰ τῆς ἐμπειρίας τοῖς ἀνθρώποις (981a 2). Segundo Alexandre, a experiência já é um "conhecimento geral" (γνῶσις καθολική),

riência já é conhecimento: ela supõe a soma do particular e está, pois, na rota do universal. O que é censurável nos sofistas é, embora se reclamando de um saber demasiado geral e vazio, colecionar o particular sem possuir o mínimo de visão de conjunto que constitui a experiência: são como aqueles que, não tendo experiência musical, podem distinguir com precisão se uma obra é boa ou má, embora não saibam porquê.[118] As coletâneas de leis ou de prescrições médicas, que são apenas justaposições de casos particulares, não são de nenhum auxílio àquele que é desprovido de experiência,[119] pois lhe faltará a inteligência e o discernimento necessários para julgá-los.[120] O que Aristóteles chamava, noutro lugar, "a prudência legislativa" (φρόνησις νομοθετική),[121] e que é uma parte da política, a mesma cujo desenvolvimento Aristóteles anuncia para uma obra ulterior,[122] se encontra, assim, assimilada à *experiência*. Mas a *empiria* de Aristóteles evoca coisa totalmente diversa do "empirismo" dos modernos: entendendo por esta palavra uma ação mais que um saber e, mais que isso, uma ação sem princípios e sem perspectivas, que morre e renasce ao sabor das circunstâncias, se está do lado oposto da experiência aristotélica, a qual se opõe tanto à prática tateante e imediatamente utilitária quanto à ciência "inútil"

---

ainda que não seja um conhecimento *do* geral (4, 20 ss.). Sobre o caráter, de algum modo, "teórico" da *empiria* aristotélica, cf. Stark, R. *Aristoteles-Studien*, p. 4-19.

[118] EN, X, 10, 1181a 22.
[119] *Ibid.*, 1181b 2 ss., 5 ss.
[120] *Ibid.*, 1181a 18, b 8.
[121] *Ibid.*, VI, 8, 1141b 24 ss.
[122] *Ibid.*, X, 10, 1181b 12 ss.

dos princípios. A experiência não é a repetição indefinida do particular, mas já se introduz no elemento da permanência: é esse saber antes vivido do que aprendido, profundo porque não deduzido, e que reconhecemos naqueles dos quais dizemos que "têm experiência". Que um tal saber seja incomunicável, como o mostra o exemplo de Péricles e de seus filhos, prova que se trata de um saber enraizado na experiência de cada um, mas não que não se trata de um saber. A incomunicabilidade da experiência é apenas o avesso da sua singularidade insubstituível, singularidade que pertence a cada um conquistar por si mesmo, com paciência e trabalho. Se a ciência se endereça ao que há de menos humano no homem, de mais impessoal, o intelecto, e se sua transmissão se faz pelas vias universalizáveis do *logos*, é em um nível mais vital que se situa a experiência: nesse nível onde as faculdades intelectuais são responsáveis, não somente pela lógica de seu conteúdo, mas pela conduta do homem, do qual elas são o guia, nesse nível onde o próprio *logos* deve falar à linguagem da paixão (πάθος), do caráter (ἦθος), do prazer e da dor, se quer ser escutado por eles e elevá-los a seu nível.[123]

A prudência é, pois, como a experiência, e não por acaso ambas são atribuídas a políticos como Péricles que unem, numa síntese a cada vez singular, a capacidade de visão de conjunto e o senso do particular. É preciso doravante reto-

---

[123] EN, X, 10, 1179b 2-26 (que os discursos racionais não bastam para transformar o *ethos*). Cf. II, 2, 1104b 8-12 (sobre o papel do prazer e da dor na educação); *Magna Moralia*, I, 1, 1182a 15-23 (sobre o erro daqueles que, ao fazerem das virtudes, ciência, negligenciam o *pathos* e o *ethos*). Sabe-se que o livro II da *Retórica* é consagrado ao estudo do *pathos* e do *ethos*, na medida em que esse conhecimento é requerido para a eficácia do discurso.

mar em sentido positivo o que Platão opunha aos homens de Estado: a prudência não se transmite de pai para filho porque nela há mediações menos transparentes que aquelas dos discursos educativos, e menos obscuras, no entanto, que aquelas da hereditariedade. A relação entre a prudência dos pais e a dos filhos não é da ordem da transmissão, mas da *repetição*. Cabe ao filho recomeçar o pai e, por sua vez, envelhecer. Mesmo que se possa dedicar-se quando jovem às matemáticas, é preciso tempo para ascender à prudência:[124] tempo que não permite nem precipitação nem mesmo previsão, e se os filhos não se assemelham aos pais é a eles que devem se dirigir as censuras e não aos pais.

A prudência é um saber singular, mais rico em disponibilidade que em conteúdo, mais enriquecedor para o sujeito que rico em objetos claramente definíveis, cuja aquisição supõe não somente qualidades naturais, mas virtudes morais que este saber terá, por sua vez, a missão de guiar:[125] a coragem, o pudor (αἰδώς) e, antes de tudo, a temperança (σωφροσύνη), sobre a qual Aristóteles nos diz que é a salvaguarda da prudência (σῴζουσα τὴν φρόνησιν), jogando com

---

[124] EN, VI, 9, 1142a 13-17. Cf. *Política*, VII, 9, 1329a 15: Ἡ δὲ φρόνησις ἐν πρεσβυτέροις ἐστίν; EN, VI, 11, 1143b 11-14, onde são aproximadas as opiniões dos homens de experiência, dos idosos e dos prudentes e opostas àquelas que se apoiam sobre demonstrações. Que fosse preciso ser idoso para ser *phronimos* devia ser um lugar comum (remontando, sem dúvida, aos coros da tragédia), como testemunha o *Protrético*, fr. 11 W, 52, 3-6 Pistelli (onde a *phronêsis*, contudo, é empregada noutro sentido).

[125] Aristóteles afirma que não é possível ser virtuoso sem prudência, nem prudente sem virtude moral (EN, VI, 13, 1144b 31-32). Há nisso uma aparência de círculo vicioso sobre o qual nos explicaremos à frente.

a etimologia, assim como fizera Platão.¹²⁶ Razão pela qual se louva aquele que é prudente, como também se louva o virtuoso, mas não se louva o inteligente ou o que possui qualquer qualidade natural.¹²⁷

Esta última observação nos permitirá, para terminar, distinguir o prudente de outra personagem, com a qual a comparação com o político e com o ecônomo pode criar confusão: a personagem do *hábil* (δεινός). A habilidade é a capacidade para facilmente realizar fins, isto é, dado um fim, combinar os meios mais eficazes de atingí-lo.¹²⁸ Mas a habilidade enquanto tal é indiferente à qualidade do fim: "se o objetivo é nobre, é uma capacidade digna de louvor, mas se é perverso, ela é apenas astúcia".¹²⁹ A habilidade assemelha-se a esse "olho da alma", do qual falava Platão¹³⁰ e que, segundo Aristóteles, só vê o bem quando a virtude moral o faz voltar-se para o lado bom.¹³¹ A prudência é, pois, a habilidade do virtuoso.¹³² Um pouco à frente, Aristóteles retornará ao problema de um outro ponto de vista para mostrar que a pru-

---

¹²⁶ EN, VI, 5, 1140b 11; cf. *Crátilo*, 411e.
¹²⁷ Cf. *Magna Moralia*, I, 34, 1197a 17: ἐπαινετοὶ γάρ εἰσιν οἱ φρόνιμοι, ὁ δ'ἔπαινος ἀρετῆς.
¹²⁸ EN, VI, 13, 1144a 23.
¹²⁹ *Ibid.*, 1144a 26; cf. VII, 11, 1152a 11-14.
¹³⁰ *Rep.*, VII, 518c, 533d; *Banquete*, 219a; *Teeteto*, 164a; *Sofista*, 254a. A expressão é de origem homérica (B. Snell, *Entdeckung des Geistes*, p. 32, n. 1).
¹³¹ EN, VI, 13, 1144a 30. Sobre a metáfora do "olho da alma", cf. III, 5, 1114b 7; VI, 12, 1143b 14. Observe-se que, em Aristóteles, "o olho da alma" designa uma faculdade mais judicativa que contemplativa.
¹³² EN, VI, 13, 1144a 27, 36 (ἀδύνατον φρόνιμον εἶναι μὴ ὄντα ἀγαθόν).

dência é para a habilidade o que a virtude moral é para a virtude natural: a prudência é uma espécie de retomada ética da habilidade, do mesmo modo que a virtude moral é uma regeneração das disposições naturais (com temperança, coragem etc.) pela intenção do bem.[133] Mas esta análise se complica pelo fato de que, se a intenção do bem, enquanto intenção, depende da virtude moral, e somente por meio dela é permitido à habilidade tornar-se prudência, essa mesma intenção, enquanto intenção *do bem*, depende da virtude intelectual da prudência, que só a partir dela permite à virtude natural tor-

---

[133] EN, VI, 13, 1144b 5 ss. Seria interessante comparar a distinção aristotélica e a kantiana de *habilidade* e de *prudência* (para Kant, cf. *Fundamentação da Metafísica dos Costumes*, 2ª seção, [no original] tradução de V. Delbos, p. 127-9, 132-3). Kant e Aristóteles notam que a habilidade diz respeito à escolha dos meios e é indiferente aos fins: "se a finalidade é razoável e boa, não importa aqui saber, mas tão somente o que se tem de fazer para alcançá-la" (p. 126) [Aqui, reproduzo a tradução de P. Quintela: *Kant. Textos Selecionados. Fundamentação da Metafísica dos Costumes*. Col. "Os Pensadores". São Paulo, Abril, 1980^2, p. 125]. Mas o que inicialmente parecia ser para Kant, como para Aristóteles, uma indiferença moral a respeito do valor dos fins, é interpretado imediatamente depois por Kant como uma indeterminação ontológica, uma "possibilidade": a habilidade rege a escolha dos meios em relação a todo fim *possível*; a prudência aconselha a escolha dos meios em relação ao que é o fim *efetivo* de todos os homens, a saber, a felicidade. As regras da habilidade são os imperativos hipotéticos *problemáticos*, os conselhos da prudência, os imperativos hipotéticos *assertóricos*. A distinção entre habilidade e prudência não é, pois, em Kant, uma distinção ética, visto que ambas são imperativos hipotéticos e, por isso, estranhas à moralidade. Ao contrário, para Aristóteles, a prudência é oposta à habilidade, não apenas como o determinado em relação ao indeterminado, mas como o bom ao indiferente, isto é, como a virtude (que é "louvável") à natureza moralmente neutra.

nar-se virtude moral. Não há somente analogia, há conexão entre a prudência e a virtude moral: a prudência é mediadora entre a virtude natural e a virtude moral, mas a virtude moral é, por sua vez, mediadora entre a habilidade e a prudência. Encontramos por esse novo viés a verdade segundo a qual não há virtude moral sem prudência, nem prudência sem virtude moral.

Notou-se freqüentemente o aparente círculo vicioso que implicariam essas fórmulas. Mas só há círculo vicioso quando se procura uma gênese ali onde Aristóteles descreve uma concomitância na unidade de um mesmo sujeito. É porque uma única e mesma personagem é ao mesmo tempo virtuosa e prudente que se dirá da virtude moral que ela é a virtude natural do prudente e da prudência que ela é a habilidade do virtuoso. Está claro que Aristóteles não nos ensina com isso nem a nos tornarmos prudentes nem virtuosos, pois seria preciso já ser virtuoso para vir a sê-lo pela prudência, e já ser prudente para vir a sê-lo pela virtude. Ainda aqui, Aristóteles antes descreve um tipo prestigioso do que dá uma receita universal que permitiria imitá-lo: ninguém se torna facilmente um segundo Péricles, ainda que seja filho de Péricles. A educação moral deve reconhecer seus limites, que não são outros que os da imprevisibilidade dos destinos individuais. Os discursos éticos só têm eficácia sobre as almas bem nascidas.[134] Mas elas têm necessidade de discursos éticos? E, inversamente, de que maneira "o homem que vive segundo a paixão" poderá prestar ouvidos aos discursos que tenderiam a corrigi-lo?[135] Assim, na base da vida moral, há uma parte

---

[134] EN, X, 10, 1179b 8.
[135] *Ibid.*, 1179b 27-29.

irredutível de "boa fortuna",[136] de favor divino.[137] Embora o constrangimento se exerça sobre todos e ainda que um Estado bem policiado possa inculcar "bons hábitos" em todos os cidadãos, a participação imediata na moralidade, ou seja, a elaboração espontânea da reta regra, só é reservada durante a vida a um pequeno número de eleitos: os outros viverão talvez sob a reta regra, mas *não serão* a reta regra, que só o prudente encarna.

O *phronimos* permanece, em Aristóteles, o herdeiro de uma tradição aristocrática, que concede à alma "bem nascida" um privilégio incomunicável ao vulgo. Mas tal privilégio continua sendo o da intelectualidade, mesmo se não é intelectualmente definível nem transmissível por discursos racio-

---

[136] EN, X, 10, 1179b 23.

[137] *Ibid.*, 1179b 22. Todo o contexto contradiz a interpretação otimista de Rodier, segundo a qual essa parte de "divino" seria concedida a todos os homens, exceção feita aos "monstros". "Todo homem, cuja natureza é completa e não é mutilado, tem nele as condições fundamentais para a felicidade e para a virtude... Essa εὐφυΐα não é uma exceção, é a condição moral de todos os homens" (in: *Eth. Nic.*, X, p. 132, n. 2). Rodier pensa, sem dúvida, em I, 10, 1099b 19 (enquanto o texto ao qual remete, III, 7, 1114b 6, insiste nas dificuldades morais levantadas pela doutrina da εὐφυΐα). Mas, quaisquer que fossem as variações de Aristóteles, que insiste tanto no pequeno número de almas "bem nascidas", quanto na disponibilidade quase universal para a virtude, exceção feita aos "monstros", o problema permanece: havendo pelo menos um único "monstro" sobre a terra, e é um "acaso" haver como não haver, a virtude permaneceria, assim, subordinada a um acaso fundamental – o do nascimento. Os estóicos serão os primeiros a ensinar que todos os homens, porque têm uma parcela do Logos divino, nascem igualmente aptos à virtude. Mas a doutrina da universalidade do Logos é estranha à cosmologia de Aristóteles e, portanto, à sua antropologia.

nais. O *phronimos* de Aristóteles reúne traços que desaprendemos a associar: o saber e a incomunicabilidade, o bom senso e a singularidade, o bem natural e a experiência adquirida, o senso teórico e a habilidade prática, a habilidade e a retidão, a eficácia e o rigor, a lucidez previdente e o heroísmo, a inspiração e o trabalho. A personagem de Péricles não simboliza nem o idealismo político nem o oportunismo, mas um e outro a um só tempo. Nem "bela alma" nem Maquiavel, ela é indissoluvelmente o homem do interior e do exterior, da teoria e da prática, do fim e dos meios, da consciência e da ação. Ou antes, essas são oposições modernas que começam a aparecer no tempo de Aristóteles,[138] e às quais ele tenta opor, como um último dique, a unidade ainda indissociada do *prudente* da tradição.

---

[138] Como o testemunha, por exemplo, a *Antígona* de Sófocles.

CAPÍTULO II

COSMOLOGIA DA PRUDÊNCIA

Deus não é a causa de tudo.
(Platão, *República*,. II, 379 b)

§ 1. A CONTINGÊNCIA

I. *Prudência e Contingência*

"Uma disposição se define por seus atos ou por seus objetos".[1] Por esta fórmula, que encontramos no desenvolvimento sobre as virtudes morais, mas que pode se aplicar a toda ἕξις, Aristóteles manifesta a dupla face da virtude, que não se define somente por um certo tipo de disposição subje-

---

[1] EN, IV, 1, 1122b 1: Ἡ ἕξις ταῖς ἐνεργείαις ὁρίζεται καὶ ὧν ἐστίν.

tiva, mas também por referência a um certo tipo de *situação*. Ser virtuoso, não é apenas agir como é preciso mas também com quem é preciso, quando é preciso e onde for preciso.[2] A matéria da ação é tão pouco estranha à definição da moralidade que a virtude não pode ser definida sem seu objeto. O ato virtuoso não seria o que é, ou o que deve ser, se as circunstâncias fossem outras; a virtude em geral não seria o que é, talvez nem mesmo existisse, se o mundo fosse diferente.

De fato, em sua descrição das virtudes morais, Aristóteles sempre chama a atenção para as situações que dão ao homem a ocasião de ser corajoso, liberal, justo etc. Quando as situações não são dadas e, além disso, onde não há nenhuma possibilidade de serem dadas, não há nenhuma razão para que essas virtudes floresçam. Aristóteles extrairá, então, a conseqüência rigorosa, que devia parecer escandalosa aos platônicos e parecerá ainda mais a Plotino:[3] os deuses não são nem justos, nem corajosos, nem liberais, nem temperantes pois não vivem num mundo onde seja preciso assinar contratos, arrostar perigos, distribuir somas em dinheiro ou moderar seus desejos.[4] Os deuses não vivem no mundo da relação, da aventura e da necessidade, e querer atribuir a esses seres o que evidentemente não lhes diz respeito, sendo o que são e vivendo onde vivem, seria conceder à virtude um valor que ela não tem.[5]

---

[2] EN, II, 2, 1104b 26; 6, 1107a 17; 9, 1109a 28, 1109b 16; III, 15, 1119b 17.

[3] Cf. *Enéadas*, I, 2, (Das virtudes), onde Plotino se esforça em conciliar a tese platônica, segundo a qual a virtude torna o homem semelhante a Deus (*Teeteto*, 176a) e a de Aristóteles, segundo a qual Deus não é virtuoso.

[4] EN, X, 8, 1178b 9-18.

Logo, há um *horizonte* da virtude humana em geral, como há um tipo de situação próprio a cada virtude particular. Se a definição deste horizonte deve ser procurada em algum lugar, é evidentemente na definição do objeto da virtude prudencial, uma vez que esta não é uma virtude particular, mas a virtude retora, que determina a missão das outras virtudes. A prudência, sem dúvida, não é uma virtude *situada*, no sentido em que as outras o são, visto ser ela quem aprecia e julga as situações. Mas essa função da prudência não é possível senão num horizonte mais universal, condição para que uma situação em geral seja possível, horizonte em razão do qual o homem é um ser da situação, só podendo viver os princípios no modo da eventualidade e do singular. Aristóteles nomeia esse horizonte com uma insistência que os seus intérpretes não parecem ter levado muito em conta: *a prudência se move no domínio do contingente*, ou seja, no domínio daquilo que pode ser diferente do que é, τὸ ἐνδεχόμενον ἄλλως ἔχειν.[6] É exatamente por isso que a prudência se distingue o mais claramente da sabedoria, a qual, por ser ciência,[7] diz respeito ao necessário,[8] e por ser a mais alta das ciências[9] refere-se às realidades as mais imutáveis, ignorando o mundo do devir.[10]

---

[5] A virtude faz parte das coisas dignas de louvor, ἐπαινετά (cf. p. 101, n. 127), não dos bens transcedentes, τίμια. Sobre tal distinção, cf. abaixo, p. 154, n. 145.

[6] EN, VI, 5, 1140b 27; 6, 1141a 1; cf. 8, 1141b 9-11.

[7] *Ibid.*, 7, 1141a 19.

[8] *Ibid.*, 3, 1139b 19 ss.

[9] *Ibid.*, 7, 1141a 16.

[10] *Ibid.*, 13, 1143b 20.

A teoria da prudência é, pois, solidária de uma cosmologia e, mais profundamente, de uma ontologia da contingência, da qual é importante lembrar os delineamentos. Mas antes de nos remetermos a outros textos aristotélicos, vejamos como a *Ética Nicomaquéia* justifica essa intrusão de considerações, à primeira vista, estranhas à ética.

Aristóteles parece ter chegado a esse resultado por uma análise das condições da ação (πρᾶξις) e da produção (ποίησις). Agir e produzir é, de alguma forma, se inserir na ordem do mundo para modificá-lo; é supor, pois, que este mundo, que oferece tal latitude, comporta um certo jogo, uma certa indeterminação, um certo inacabamento. Tanto o objeto da ação quanto o da produção pertencem, pois, ao domínio daquilo que pode ser diferente.[11] Ora, se a disposição para produzir acompanhada de regra (ἕξις μετὰ λόγου ποιητική) chama-se arte (τέχνη), a disposição para agir (πρακτική) acompanhada de regra chama-se prudência.[12] A bem da verdade, Aristóteles quase não desenvolve o tema a propósito da prudência, o qual lhe parece evidente. Embora seja um pouco mais explícito a respeito do objeto da arte, visto no mesmo livro VI sob o título de "virtudes", ou seja, de "excelências" intelectuais. "A arte sempre concerne ao devir, e aplicar-se em uma arte é considerar o modo de trazer à existência aquelas coisas que podem ser ou podem não ser (τι τῶν ἐνδεχομένων καὶ εἶναι καὶ μὴ εἶναι), e cujo princípio reside no produtor e não na coisa produzida".[13] Tal texto pede duas considerações: ali o contingente é dito "o que pode ser ou pode não

---

[11] Τοῦ δ'ἐνδεχομένου ἄλλως ἔχειν ἔστι τι καὶ ποιητὸν καὶ πρακτόν (EN, VI, 4, 1140a 1).

[12] EN, VI, 5, 1140b 5. Cf. início do capítulo anterior.

[13] *Ibid.*, 4, 1140a 10-14.

ser", mas isso não é senão uma espécie de "o que pode ser diferente", da mesma forma que a mudança segundo a essência, o nascimento e a destruição (γένεσις καὶ φθορά) é apenas uma espécie da mudança em geral.[14] Quase não é necessário enfatizar que para Aristóteles, como para o pensamento grego em geral, o poder-ser não designa a possibilidade do surgimento a partir do nada, nem o poder-não-ser a possibilidade de um retorno ao nada, a *vertibilitas in nihil* de que falarão os cristãos.[15] Trata-se somente da possibilidade de uma matéria indeterminada receber uma forma e vir-a-ser, assim, uma essência, como da possibilidade dessa essência se dissolver nos elementos dos quais provêm. Se a arte é produtora de *seres* novos, ela não os tira do nada, mas do indeterminado.

A segunda consideração refere-se ao domínio do contingente, mais vasto que o da arte, visto que no interior das coisas contingentes, Aristóteles parece distinguir aquelas cujo princípio reside no produtor, os *artefacta*, e aquelas cujo princípio está na própria coisa produzida, os seres naturais.[16] Se está clara a situação dos objetos da produção, os *factibilia*,[17] onde situar os objetos da ação, os *agibilia*? Não parece que seja, propriamente falando, no domínio da natureza, pois se

---

[14] *Fis.*, III, 1, 200b 32; V, 1; *Met.*, Z, 7, 1032a 15; H, 2, 1042b 8 etc.

[15] Cf. Santo Tomás, *Summa Theologicæ*, III, q. 13, a. 2: *"omnis creatura est vertibilis in nihil"*.

[16] Cf. *Fis.*, II, 1, 192b 13-14, a definição de ser natural: "o que tem em si mesmo o princípio de movimento e repouso"; κίνησις tem aqui o sentido amplo de "mudança".

[17] Cf. EN, VI, 4, 1140a 14: "A arte não concerne às coisas que existem ou vêm-a-ser necessariamente [entre as coisas que restam, isto é, as coisas contingentes], tampouco aos seres naturais que têm neles mesmos os seus princípios".

é verdade que o agente tem em si mesmo seu próprio princípio e nisso se assemelha aos seres naturais, sua ação no mundo implica que ele substitua os agentes naturais e que introduza na natureza uma certa artificialidade. A ação imanente, a πρᾶξις, tem menos por objeto a natureza do que suas falhas ou inacabamentos; esta indeterminação é precisamente o que permite a Aristóteles classificar os processos naturais no domínio do "poder ser diferente".[18] Desse ponto de vista, o caso da ação não difere fundamentalmente do da

---

[18] É preciso notar que essa expressão pode ter dois sentidos: significa inicialmente que uma coisa pode *vir-a-ser* outra diferente do que é; mas significa também que uma coisa que é o que ela é *poderia* ser, atualmente, diferente do que é. No primeiro sentido, a expressão designa as coisas em movimento por oposição às imutáveis; no segundo, corresponde ao nosso conceito de contingência oposto ao de necessidade. Parece-nos que Aristóteles nem sempre os distingue claramente: algumas vezes o "contingente" é oposto ao eterno; em outras, no interior do mundo do devir, o contingente é oposto ao necessário, sendo então reconhecido que ele pode ter, no interior deste mundo, movimentos necessários (cf. τῶν ἐξ ἀνάγκης... γινομένων da linha 1140a 14). Mas esse deslizamento de sentido, da simples mobilidade à contingência no sentido estrito, não é fortuito: como mostramos em *Le problème de l'être...* (p. 418 ss., 468 ss.), o movimento é o fundamento da contingência no sentido estrito, dissociando o ser em potência do ser em ato e introduzindo, assim, o tempo, ou seja, a possibilidade do obstáculo entre a causa e o efeito (cf. *Seg. Anal.*, II, 12, 95a 24-b 1). O movimento que é "extático" (*Fís.*, IV, 13, 222b 16; cf. *Le problème de l'être...*, p. 433), isto é, que faz sair o ser de si mesmo, é o início da indeterminação, da aventura. O que Aristóteles chama "movimentos necessários" designam os movimentos dos astros, e somente deles, ou seja, os movimentos que, por sua circularidade, são a imitação da imobilidade. Mas é possível dizer que, no nível do mundo sublunar, há identidade entre mobilidade e contingência.

produção:[19] ambas são possíveis apenas no horizonte da contingência, a qual deve ser entendida, não como uma região do ser, mas como uma certa propriedade negativa afetando os processos naturais.

Assim, estamos autorizados a aplicar para a prudência aquilo que Aristóteles, para concluir, diz sobre a arte: "de certo modo, o domínio da arte e o do acaso são o mesmo, como também disse Agaton: *a arte ama o acaso e o acaso ama a arte*".[20] Pouco importa saber o que Agaton queria dizer com isso, provavelmente que a arte é fruto da inspiração, mais que o resultado de regras preestabelecidas. Mas não deixa de ser interessante notar que Aristóteles recorre uma vez mais à sabedoria dos poetas para lembrar, de uma forma voluntariamente velada, que as empresas humanas têm uma certa afinidade, ou talvez mantenham uma certa cumplicidade, com o acaso. Também seria, sem dúvida, mais inoportuno do que nunca esmagar este leve toque de Aristóteles sob comentários eruditos demais. Não se terá explicado nada invocando, por exemplo, os textos onde Aristóteles nos diz que a saúde é indiferentemente o fruto do acaso ou da arte,[21] pois isto provaria antes uma concorrência entre acaso e arte, cada qual rei-

---

[19] Veremos no capítulo seguinte as conseqüências dessa assimilação, que o padre Gauthier, por exemplo, enfatiza em seu comentário: "Aristóteles ... apenas ... aplica à ação moral noções primitivamente elaboradas para explicar a atividade produtiva" (p. 199, a propósito da análise da deliberação no Livro III, mas a observação valeria igualmente para o Livro VI).

[20] EN, VI, 4, 1140a 17 ss. A citação de Agaton (τέχνη τύχην ἔστερξε καὶ τύχη τέχνην) constitui o fragmento 6 Nauck.

[21] *As Partes dos Animais*, I, 1, 640a 28-29; *Ret.*, I, 5, 1362a 2-5; cf. *Fís.*, II, 5, 197a 5 e o comentário de Simplício (*in Phys.*, 327, 27-328, 6).

vindicando para si o resultado feliz, do que uma afinidade recíproca. Além disso, em outros textos, Aristóteles, conforme ao otimismo racionalista dos sofistas, nos ensina que o acaso deve se dissipar pouco a pouco frente ao progresso da arte.[22] Mas no Livro VI da *Ética Nicomaquéia*, a intenção de Aristóteles não é opor a arte ao empirismo tateante e casual mas, ao contrário, opô-la à ciência, a qual diz respeito ao que não pode ser diferente do que é, tal como Aristóteles acabara de lembrar.[23] O que Aristóteles quer dizer aqui é que, num mundo perfeitamente transparente para a ciência, ou seja, onde estaria estabelecido que nada pode ser diferente do que é, não haveria nenhum lugar para a arte nem, de forma geral, para a ação humana. Se estivesse cientificamente estabelecido que o doente deve morrer ou que deve sarar, seria vão chamar o médico: a universalidade da explicação científica seria a justificativa da preguiça humana.[24] Ao contrário, o fato de existirem no mundo acontecimentos casuais inexplicáveis e imprevisíveis constitui um convite sempre renovado à iniciativa do homem. Para compreender esse caminho do pensamento é preciso, evidentemente, se libertar da mentalidade moderna, que tende a ver na técnica uma *aplicação* da ciência.[25] Ademais, esta concepção só tem sentido porque a

---

[22] *Pol.*, I, 11, 1258b 35-36; cf. *Met.*, A, 1, 981a 3-5.

[23] EN, VI, 3, 1139b 20.

[24] Sobre o *argumento do preguiçoso*, conseqüência da necessidade universal, cf. Cícero, *De fato*, XII-XIII, 28-29 (ver *infra*, p. 151-2).

[25] Cf., por exemplo, Descartes, *Discurso do Método*, Parte VI: "conhecendo a força e as ações do fogo, da água, do ar, dos astros, dos céus e de todos os outros corpos que nos cercam, ... poderíamos empregá-los da mesma maneira em todos os usos para os quais são próprios, e assim

ciência moderna se contenta em seguir séries causais múltiplas na natureza, cuja própria pluralidade deixa espaço para a contingência e, pois, um campo para a atividade humana. Mas para um grego, a ciência é uma explicação total e só pode se desenvolver suprimindo a contingência. O excesso de ciência mata a arte e, inversamente, esta só tem lugar e sentido na medida em que a ciência não explica, *e não pode* explicar, todas as coisas. Assim, a arte não progride no mesmo sentido que a explicação científica: antes ela desapareceria à medida que a outra progredisse. Aristóteles, entretanto, está seguro de que a ciência não progredirá sempre, que chocar-se-á com irredutíveis obstáculos que se resumem na indeterminação da matéria, outro nome do contingente, e assim, a arte não terá ponto final. A arte não é, como será para Bacon, o homem ajustado à natureza, mas o homem se insinuando nas lacunas da natureza,[26] não para humanizá-la, mas para realizá-la nela mesma, naturalizá-la. Ora, a natureza do mundo sublunar sempre será separada de si mesma e suas lacunas jamais serão inteiramente abolidas. A filosofia aristotélica da contingência explica que a arte não tinha sua sorte ligada aos progressos da ciência, mas aos insucessos da ciência, e que só prospera numa atmosfera de acaso.

As observações precedentes não impedem que o acaso e a arte sejam – segundo a tripartição platônica retomada por

---

nos tornar como que senhores e possuidores da natureza" [Tradução de J. Guinsburg e B. Prado Jr., Col. "Os Pensadores", São Paulo, Abril, 1974, p. 71].

[26] "A arte termina o que a natureza não pode levar à bom termo" (*Fís.*, II, 8, 199a 15-17); seu papel é "ajudar" a natureza e "preencher suas lacunas" (τὰ παραλειπόμενα τῆς φύσεως ἀναπληροῦν) (*Protrét.*, fr. 11 W; IX, 50, 1-2 Pistelli). Cf. nosso *Le problème de l'être...*, p. 498-9.

Aristóteles,[27] a natureza, a arte e o acaso – causas eficientes distintas: a arte humana somente utiliza o acaso para suplantá-lo, e tanto o acaso quanto a arte não são senão aproximações da natureza, de modo que a tripartição natureza, arte e acaso, menos delimita três domínios diferentes do que distingue as três espécies de causas pelas quais a natureza inacabada do mundo sublunar tende com maior ou menor felicidade em direção a seus fins.

Por outro lado, a frase de Agaton não significa, no pensamento de Aristóteles, que a arte seja uma atividade adivinhatória e sem princípios: ela é, ao contrário, acompanhada de regra, μετὰ λόγου. Mas essa racionalidade, que é somente deliberativa, como veremos, jamais terá a exatidão da ciência. Aristóteles invoca aqui exemplos que, aproximando-nos dos domínios de aplicação da prudência, nos permitem melhor compreender seu pensamento: o da medicina, onde a complexidade dos casos sempre singulares escapa à generalidade das "prescrições médicas" e, mais ainda, o exemplo da estratégia ou da navegação que comportam, o que quer que se faça, uma grande parcela de acaso,[28] e que nenhuma ciência dispensa o homem de arte de compreender, por uma in-

---

[27] *Met.*, Z, 7, 1032a 12-13; cf. Λ, 3, 1070a 6-7 (onde τύχη é, não obstante, distinta de αὐτόματον; cf. *infra*). Na *Ética Nicomaquéia*, III, 5, 1112a 32-33, Aristóteles acrescenta a *necessidade* e substitui a arte pela inteligência (para esta substituição, cf. *Fís.*, II, 6, 198a 5-6; *Met.*, Λ, 6, 1071b 35. A assimilação de τέχνη e νοῦς já seguia o modelo platônico, cf. *Leis*, X, 888e-889a). Cf., também, *Protrético*, fr. 11 W, 49, 1-11 P; *De Philosophia*, fr. 21 W (Cícero, *De natura deorum*, II, 16, 44). Sobre a interpretação dessa doutrina em Aristóteles, cf. nosso *Le Problème de l'être...*, p. 426, n. 6.

[28] EE, VIII, 2, 1247a 5-7; EN, III, 5, 1112b 4-7.

tuição amadurecida pela experiência, mas a cada vez única, o terreno ou a ocasião favoráveis, ou ainda, o imprevisível vento que conduz o navio ao porto.

II. *Do Acaso divino aos fracassos da Providência*

Do que precede, assimilamos acaso e contingência, como o contexto nos convidava. Ao sairmos do âmbito da *Ética*,[29] necessariamente aproximativo nesse domínio, teríamos que recorrer às análises da *Física* sobre o acaso,[30] embora, aqui, nos ajudassem pouco. Parece estabelecido que a análise especializada da *Física* representa uma "elaboração tardia ... da noção primitiva e mais ampla, com a qual anteriormente o Estagirita se contentara",[31] enquanto o livro VI da *Ética Nicomaquéia* continua a se referir a essa noção primitiva, que é ao mesmo tempo a noção popular e religiosa do acaso. Além disso, a análise especializada da *Física* faz alusão, em muitas passagens, a essa noção. No exame preliminar das opiniões, Aristóteles lembra que, para alguns, "o acaso é uma causa oculta à razão humana porque seria algo de divino e demoníaco em um grau superior".[32]

---

[29] A ética se satisfaz com considerações esquemáticas, ὡς τύπῳ: EN, I, 1, 1094a 25; 1094b 20 ss.; 11, 1101a 27; II, 2, 1104a 1; 7, 1107b 14; III, 12, 1117b 21 etc.

[30] *Fís.*, II, 4-6.

[31] A. Mansion, *Introduction à la physique aristotélicienne*, 2ᵉ éd., p. 313.

[32] Δοκεῖ εἶναι αἰτία μὲν ἡ τύχη, ἄδηλος δὲ ἀνθρωπίνῃ διανοίᾳ ὡς θεῖόν τι οὖσα καὶ δαιμονιώτερον (*Fís.*, II, 4, 196b 5-7). A primeira parte da fórmula, sem dúvida clássica já nos tempos de Aristóteles, será encontrada com muita semelhança entre os estóicos, os quais definem o

1. *Ética Eudêmia*

Tal doutrina, mesmo que pareça estranha ao Aristóteles da *Física*, nem sempre fora negligenciada por ele. Na *Ética Eudêmia*, estuda longamente o conceito de boa fortuna (εὐτυχία) e se pergunta se o homem afortunado o é por natureza ou por outra razão qualquer. E responde que não poderia ser em função de suas próprias qualidades, morais ou intelectuais, pois a boa fortuna é algo irracional e não pode, portanto, ser explicada.[33] Tampouco se explicaria pela proteção divina que compensaria suas faltas naturais, pois seria indigno dos deuses dispensar seus favores aos maus.[34] Então, a boa fortuna não procede nem do mérito dos homens, nem da proteção dos deuses, mas é produzida pela natureza. Por outro lado, contudo, "a natureza é causa do que é sempre uniforme ou do que acontece freqüentemente, e o acaso (τύχη) é o oposto disso".[35] Tal objeção, no entanto, não repousaria sobre uma concepção errônea do acaso? Aristóteles o pergunta, para sugerir uma teoria segundo a qual "é preci-

---

acaso como αἰτία ἄδηλος ἀνθρωπίνῳ λογισμῷ (SVF, II, 965-973). Embora o sentido seja bastante diferente em um e outro contexto, passa-se da idéia de uma Causa oculta, porque trans-cendente, à ignorância das causas, ignorância que deve se dissipar ante os progressos do saber. A fórmula autoriza, pois, tanto uma concepção mística do acaso como sua negação em nome de uma concepção "determinista" da natureza. Aétius, I, 29, 7, atribui esta fórmula a Anaxágoras e a Demócrito; para tal, cf. Demócrito, fr. 119 Diels. Sobre ἄδηλος, cf. abaixo, p. 123, n. 48.

[33] EE, VII, 14, 1247a 14.

[34] *Ibid.*, 1247a 28.

[35] *Ibid.*, 1247a 31.

so rejeitar inteiramente o acaso e dizer que nada acontece por acaso, pois, quando dizemos que o acaso é uma causa, há, na realidade, uma outra causa, porém oculta para nós. É por isso que quando se define o acaso, o tomamos como uma causa impenetrável ao raciocínio humano (αἰτίαν ἄλογον ἀνθρωπίνῳ λογισμῷ), como se se tratasse de uma certa natureza".[36] Aristóteles visa, pois, a hipótese segundo a qual o acaso seria um nome dado à nossa ignorância das verdadeiras causas e, embora se recuse a debater esse problema fora de seu âmbito próprio – "pois, diz ele, trata-se de uma outra questão"[37] –, pressente-se sua simpatia por tal doutrina quando escreve a *Ética Eudêmia*. Mas a seqüência da passagem vai precisar em que sentido é preciso entender tal doutrina: essa causa oculta ao entendimento humano que se chama impropriamente acaso é, num certo sentido, uma causa natural – e, nesse sentido, é verdadeiro dizer que os homens afortunados o são por natureza.[38] Natureza, porém, que não deve ser entendida no sentido dos físicos: é a boa ou má natureza, o bom ou mau nascimento, que é um dom dos deuses, não para recompensar nossos méritos ou para complementá-los, mas o dom inicial constitutivo de nosso quinhão, que não é, pois, uma conseqüência mas a fonte de nossos méritos ou deméritos. Aristóteles vai ainda mais longe: a Divindade não se contenta em nos dar a existência, deixando-nos depois à nossa livre dispo-

---

[36] EE, VII, 14, 1247b 4-8. Observe-se a analogia da fórmula que aqui define o acaso com aquelas que citamos anteriormente. Os manuscritos apresentam ἀνάλογον, que não tem nenhum sentido, por isso corrigimos para ἄλογον. Parece, porém, uma falha ler: ἄδηλον (exatamente a fórmula que será retida pelos estóicos).

[37] *Ibid.*, 1247b 8.

[38] *Ibid.*, 1247b 28.

sição, ela a move em cada um dos seus instantes. Quando queremos o que é preciso, como é preciso e quando é preciso – é a própria definição da intenção virtuosa –, não se pode acreditar que se tem, em última análise, o resultado de uma livre deliberação, o que Aristóteles demonstra por absurdo, da seguinte maneira: "não se delibera após uma deliberação prévia, esta última pressupondo, ela mesma, uma deliberação, mas existe um ponto de partida (ἀρχή); e não se pensa após ter inicialmente pensado em pensar, e assim ao infinito. Pois, o pensamento não é o princípio do pensamento, nem a deliberação o princípio da deliberação. O que, então, poderia ser o princípio, senão o acaso? Portanto tudo acontecerá por acaso, se existe um princípio que não comporta outro princípio que ele mesmo... A questão é saber qual é o princípio do movimento na alma. A resposta é clara: na alma, como no universo, é Deus quem move todas as coisas; e se pode dizer que, em certo sentido, o que há de divino em nós move todas as coisas".[39]

Aristóteles, vê-se, tem em alta conta o acaso ou, ao menos, o que ele representa: é o nome que, em função de nossa ignorância, damos à Causa das causas, a que move todas as coisas sem ser ela mesma movida, o Princípio que se funda a si mesmo, isto é, Deus. Deus é o Primeiro Motor tanto de nossa alma como do universo; nesse sentido, é o Acaso fundamental ao qual nossa existência está suspensa. A conseqüência que extrai Aristóteles é que os homens afortunados não devem sua fortuna à sua inteligência nem, mais particularmente, à sua capacidade de deliberação: "para qualquer lado que se lançam, triunfam sem reflexão (ἄλογοι ὄντες);

---

[39] EE, VII, 14, 1248a 18-27.

deliberar não lhes serve para nada, pois têm neles um princípio que é melhor que o intelecto e a deliberação, enquanto os outros têm apenas o raciocínio; os afortunados não o tem mas são habitados pelo deus".[40] Dessa maneira, se é verdade que em certo sentido tudo é movido pelo acaso, isto é, por Deus, é preciso corrigir essa primeira afirmação, precisando que a Divindade inspira diretamente apenas os homens eleitos por ela: os outros são abandonados às mediações laboriosas do raciocínio e da deliberação. A boa fortuna ($\epsilon\vec{\upsilon}\tau\upsilon\chi\acute{\iota}\alpha$), o bom nascimento ($\epsilon\vec{\upsilon}\phi\upsilon\ddot{\iota}\alpha, \epsilon\vec{\upsilon}\gamma\acute{\epsilon}\nu\epsilon\iota\alpha$) tornam inútil o exercício do intelecto ($\nu o\hat{\upsilon}\varsigma$), e mesmo da virtude, que não é senão um "instrumento do intelecto".[41] Inversamente, as virtude intelectuais e as morais e, em particular, a virtude da *prudência*, que resume todas as virtudes, são apenas um substituto, um sucedâneo, que se esforça para encontrar, por meio da deliberação, os bens que os homens afortunados recebem imediatamente dos deuses.[42] Tais homens, "mesmo que pou-

---

[40] EE, VII, 14, 1248a 29-33.

[41] Ἡ γὰρ ἀρετὴ τοῦ νοῦ ὄργανον (EE, VII, 14, 1248a 29).

[42] O caráter de sucedâneo que Aristóteles atribui à prudência e às outras virtudes morais, encontra-se numa fábula que Santo Agostinho toma do *Hortensius* de Cícero que, segundo toda verossimilhança, por sua vez, a teria tomado do *Protrético* de Aristóteles: suponha-se que sejamos transportados à Ilha dos Bem-Aventurados; teríamos necessidade de eloqüência, se ali não há tribunais? De coragem, se não há perigos a arrostar? De justiça, se não há propriedade? De temperança, se não há desejos a refrear? De prudência, se não haveria necessidade de escolher entre os bens e os males? Não restaria senão a contemplação, "única coisa que torna louvável a vida dos deuses" (resumimos Santo Agostinho, *De trinitate*, XIV, 9, 12; Jâmblico, *Protret.*, IX, 53, 3 ss. P, fr. 12 W, também cita essa fábula, embora nos pareça que seu sentido tenha

co dotados para o raciocínio, reencontram (ἀποτυγχάνουσιν) os atributos dos prudentes e dos sábios e, principalmente, a aptidão à pronta adivinhação... Esta lhes permite ver o futuro e o presente, embora sejam homens cujo poder de raciocinar (λόγος) é fraco... Pois o Princípio parece agir tanto mais fortemente quanto mais o poder de raciocinar se relaxa".[43]

Freqüentemente se notou a coloração mística dessas passagens[44] que parece, à primeira vista, contraditória com o humanismo professado no livro VI da *Ética Nicomaquéia*. Ali, o acaso assimilado ao contingente parece, por sua própria indeterminação, solicitar a iniciativa produtora dos homens e autorizar a eficácia de suas deliberações. Na *Ética Eudêmia*, o acaso domina tudo e é a causa oculta do universo: a ação e a deliberação dos homens, mesmo virtuosas, não podem nem se opor a ele, nem mesmo concorrer com ele. Aqui, a prudência seria tão pouco ligada ao acaso como sua condi-

---

sido completamente alterado). É certo que esse texto insiste nas condições *objetivas* da virtude, enquanto a *Ética Eudêmia* insiste nas condições *subjetivas*; mas, em ambos os casos, trata-se de mostrar que Deus – ou o homem inspirado – escapa a essas condições, que são limitações, e por isso escapa à obrigação da virtude. A virtude nasce da finitude e desaparece com ela. O texto sobre a Ilha dos Bem-Aventurados evidentemente se aproxima de *Ética Nicomaquéia*, X, 8, 1178b 9-18 (cf. acima, p. 108). Sobre o tema de que Deus é "melhor que a virtude" (τιμιώτερον ἀρετῆς, βελτίων τῆς ἀρετῆς), cf. EN, VII, 1, 1145a 26; *Magna Moralia*, II, 4, 1200b 14.

[43] EE, VII, 14, 1248a 34-b 1.

[44] L. Ollé-Laprune, *Essai sur la morale d'Aristote*, p. 5, 11; W. Jaeger, *On the Origine and Cycle...*, p. 443. Ollé-Laprune não tira nenhuma conseqüência "genética" dessa constatação, mas Jaeger quis ver nisso a marca do caráter ainda platônico da *Ética Eudêmia*, cuja teoria do acaso evocaria a "doutrina platônica tardia da fortuna divina".

ção, que ela, ao contrário, somente seria requerida como expediente para os homens cegos ao Destino que os conduz. A prudência não é ainda a faculdade de prever, "o olho da alma", mas, ao contrário, a marca de sua ausência e seu substituto, a agitação derrisória de homens que tentam suprir com suas próprias forças a ausência de inspiração do deus, sem nunca conseguí-lo.

Mas a concepção de acaso sugerida por esse texto não é nem tão clara, nem tão isenta de dificuldades como poderia parecer à primeira vista. Pois já apresenta, ao lado da noção religiosa de acaso – Força oculta que a tudo dirige –, uma outra concepção que liga o acaso não mais à transcendência insondável da divindade mas às falhas de sua ação. Vimos nesses textos que o acaso é oposto à natureza, como o excepcional ao uniforme.[45] Um pouco mais longe, Aristóteles esclarece que o acontecimento casual é aquele que certamente deriva de causas, embora indefinidas e indeterminadas (ἀπείρων καὶ ἀορίστων), ou seja, do gênero de causas do qual não pode haver ciência.[46] Sem dúvida, o sentido geral do texto permite entender que Aristóteles toma facilmente o partido da impossibilidade de uma ciência do acaso, visto haver algo superior à ciência, que é Deus.[47] Mas o indefinido e o indeterminado nunca designam, em Aristóteles, nem na filosofia grega em geral, o correlato de nossa ignorância (expressa por ἄδηλος),[48] mas antes as propriedades objetivas das

---

[45] EE, VII, 14, 1247a 31.

[46] *Ibid.*, 1247b 12-13.

[47] Cf. *Ibid.*, 1248a 27-28: λόγου δ'ἀρχὴ οὐ λόγος, ἀλλά τι κρεῖττον.

[48] Sobre essa noção, cf. Schuhl, P.-M. "Adèla". In: *Homo*, Annales publiées par la Faculté des Lettres de Toulouse, 1953, I, p. 85-93.

coisas: é preciso admitir, pois, que o que é indefinido para nós, também o é em si, isto é, para Deus.

Mas a incerteza mais grave se encontra na concepção da relação entre o impulso divino e a deliberação humana. Toda deliberação, principia Aristóteles, é movida por Deus, o que pareceria significar que o sentimento de liberdade que a acompanha é ilusório e que a deliberação é, enquanto tal, ineficaz. Na seqüência, no entanto, Aristóteles parece distinguir duas categorias de homens: aqueles que deliberam e aqueles que não podem deliberar,[49] mas são habitados por deus. Então, a deliberação não está presente universalmente no homem e quando está deve ter um sentido. Mas qual seria este sentido? Se a deliberação é aparência, por que Deus, que "tudo move", não a economizaria, assim como o faz para os homens "afortunados"? Se não o faz, não é porque a teria *deixado* existir onde está ausente a inspiração, mesmo que ele não a provoque? Em outros termos, se tudo é movido por Deus, por que seu movimento se exerce tanto diretamente quanto mediatamente? Tal mediação não é o signo de que Deus não pode mover *imediatamente* todas as coisas e que ele necessita de intermediários? Mas esses intermediários não quereriam viver sua própria vida, substituírem Deus, de preferência a lhe serem dóceis – e por isso inúteis – agentes?

Por certo uma concepção desse gênero não é desenvolvida expressamente no capítulo em questão da *Ética Eudêmia*. Não obstante, permite compreender que Aristóteles, vendo na deliberação um modo de determinação menos elevado que a inspiração, não lhe contesta toda eficácia própria, na medida em que não é somente pela boa fortuna que se

---

[49] Οὐ δύνανται (EE, VII, 14, 1248a 34).

tem êxito,⁵⁰ mas também pela prudência e pela virtude.⁵¹ Certamente, melhor seria ser guiado por Deus, e não ter de ser prudente nem virtuoso; mas na ausência da boa fortuna, o homem deve contar consigo próprio, e ele o *pode*, visto que a ausência de boa fortuna não significa a má fortuna, mas uma indeterminação propícia à ação humana.

2. *Física*

No entanto, não é na *Física* que tais posições serão desenvolvidas, e que terminarão por fundar a ação sobre o contingente. O objetivo de Aristóteles nessa obra é apresentar uma teoria do acaso no âmbito de sua teoria geral da causalidade. Desse ponto de vista, se Aristóteles reconhece as implicações antropológicas tradicionais da noção de τύχη,⁵² não vê senão uma denominação extrínseca que não afeta a própria teoria. O acaso, que atinge tanto os seres dotados de escolha quanto os não dotados (no último caso, o acaso é dito αὐτόματον), não é para Aristóteles o encontro de duas séries causais, mas uma relação qualquer de causalidade e de interesse humano, ou ainda, o encontro de uma série causal real, dotada de uma certa finalidade, com uma finalidade imaginária, de tal modo que este encontro poderia ser retrospectivamente reconstruído a partir do resultado. É célebre o exem-

---

⁵⁰ Tal como Aristóteles parece dizer em EE, VII, 14, 1247a 12, 28.
⁵¹ EE, VII, 14, 1246b 37.
⁵² *Fís.*, II, 6, 197a 36-b 13, principalmente 197b 1 ss.: Ἡ μὲν γὰρ τύχη καὶ τὸ ἀπὸ τύχης ἐστὶν ὅσοις καὶ τὸ εὐτυχῆσαι ἂν ὑπάρξειεν καὶ ὅλως πρᾶξις. Διὸ καὶ ἀνάγκη περὶ τὰ πρακτὰ εἶναι τὴν τύχην.

plo do homem que vai ao mercado e lá encontra, por acaso, seu devedor:[53] tudo se passa como se ele tivesse ido ao mercado para recuperar seu dinheiro quando, de fato, foi por outro motivo; este motivo, o único real, é, pois, causa *por acidente* de um efeito que não era visado como tal, o ressarcimento da dívida. Como se vê, uma tal concepção do acaso não introduz nenhuma falha no encadeamento causal; o acaso apenas acrescenta uma intenção, a qual, sendo imaginária, de fato não acrescenta nem suprime nada à realidade do processo natural. O acaso, nesse sentido, é uma ilusão retrospectiva, a projeção de uma finalidade humana sobre uma relação causal que é, por si mesma, inteiramente estranha a esta finalidade.[54]

Desse ponto de vista, a teoria do acaso no Livro II da *Física* não parece ter relação com o problema da contingência[55] – a expressão ἐνδεχόμενον ἄλλως ἔχειν não é encontrada nem no Livro II, nem em qualquer outro lugar na

---

[53] *Fís.*, II, 5, 196b 33-197a 5.

[54] Note-se que a projeção da finalidade humana ou, mais geralmente, do interesse humano – constitutivo do acaso – também aparece no que Aristóteles chama αὐτόματον. Neste caso, com efeito, o sujeito é um ser inanimado ou, ao menos, não dotado de escolha (προαίρεσις), mas o efeito só é dito *casual* em relação ao interesse humano (assim, a trípode que tomba a seus pés, como "para servir de assento", *Fís.*, II, 6, 197b 17), ou por sua semelhança com uma finalidade humana (o cavalo parece encontrar sua salvação na fuga, *Fís.*, II, 6, 197b 15). A distinção entre τύχη e αὐτόματον parece-nos, pois, de pouca importância e, além disso, Aristóteles nem sempre a mantém.

[55] Cf. Mansion, *Introduction à la physique aristotélicienne,* p. 314: "Em uma noção mais estrita de acaso, a adjunção de uma nova nota – a de uma causa levando a um fim que não havia sido perseguido – não fornece nenhuma indicação suplementar que permita determinar o caráter necessário ou contingente da atividade oriunda dessa causa".

Física – e parece mesmo comportar antes uma interpretação determinista.

Porém, no próprio interior do desenvolvimento transparece outra forma de conceber o acaso: a que o encara não como causa mas como efeito. Assim, o acaso, *enquanto encontro* de uma série real e de um fim não efetivamente perseguido, aparece como um fato excepcional[56] e sem causas, ao menos determináveis. Nesse sentido, o acaso pertence ao domínio do indeterminado,[57] pois suas causas, sendo causas acidentais, são indeterminadas:[58] "a causa por si é determinada, a causa por acidente é indeterminada, pois a pletora de acidentes possíveis de uma coisa é infinita".[59] O acaso não aparece senão num mundo onde o acidente – ou seja, o que advém, συμβαίνει, a uma coisa – não se deixa reduzir à essência, um mundo onde nada é dedutível, onde a infinidade de acidentes possíveis de uma coisa tornam imprevisíveis as combinações que daí podem resultar.

3. *Acaso e vida humana segundo a* Ética Nicomaquéia

É esta terceira concepção de acaso, de um acaso que só seria possível sobre um fundo de indeterminação objetiva, isto é, de contingência, que pouco a pouco abre caminho a outra

---

[56] É a idéia banal de acaso (*Fís.*, II, 5, 196b 13-15, 197a 19-20; cf. 197a 30, sobre o caráter incerto, ἀβέβαιον, da fortuna), mas que Aristóteles endossa na definição científica que lhe dá (197a 32-35).

[57] Ἡ τύχη τοῦ ἀορίστου εἶναι δοκεῖ (*Fís.*, II, 5, 197a 9-10).

[58] *Fís.*, II, 5, 197a 8, 21: ὥστ' ἐπειδὴ ἀόριστα τὰ οὕτως αἴτια, καὶ ἡ τύχη ἀόριστον.

[59] *Ibid.*, 196b 27-29.

linha de pensamento, da qual o Livro VI da *Ética Nicomaquéia* seria um dos testemunhos. Poder-se-ia dizer que essa linha de pensamento é menos física do que teológico-antropológica, o mundo sendo visado aqui apenas como o lugar onde se institui a relação entre o homem e o divino. O ponto de partida parece ser a rejeição, por Aristóteles, da noção já tradicional de Providência. Algumas vezes se pretendeu que Aristóteles admitisse tal noção.[60] Entretanto, a passagem que geralmente invocam nesse sentido tem uma significação muito diferente: "se os deuses se preocupam com os afazeres humanos, assim como se admite ordinariamente (ὡς δοκεῖ), será talvez razoável pensar que eles põem sua complacência na parte do homem que é a melhor e a que tem mais afinidade com eles (que não seria outra que o intelecto), e que recompensam generosamente os homens que melhor amam e honram essa parte".[61] Trata-se aqui, como notam Zeller[62] e Dirlmeier,[63] não somente da alusão às crenças populares que Aristóteles não adota necessariamente, mas ainda esta alusão é apresentada sob forma hipotética: se há Providência, os sábios devem ser felizes.

Mas os sábios são felizes? Sabe-se que, sobre este ponto capital, Aristóteles diverge de toda tradição socrática, que assimilava a felicidade à sabedoria ou à virtude. São numerosos os textos, principalmente o Livro I da *Ética Nicomaquéia*, que fazem da virtude a condição necessária, embora não suficiente, da felicidade. É preciso incluir na definição de felicidade

---

[60] Cf., como caso mais recente, W. J. Verdenius, "Traditional and Personal Elements in Aristotle's Religion", *Phronesis*, 1960, V, p. 60 e n. 8.

[61] EN, X, 9, 1179a 24 ss.

[62] *Die Philosophie der Griechen*, II, 2, 1921, 4ª ed., p. 388-9.

[63] Em seu comentário, *ad loc.*, p. 597.

os bens exteriores e os bens do corpo, "o bom nascimento, uma feliz progenitura, a beleza física: não se é completamente feliz, com efeito, quando se tem um aspecto desgracioso, se é de baixa extração, se vive solitário e sem filhos".[64] Ora, tais bens não se adquirem pelo exercício ou mérito: eles dependem da boa fortuna (εὐτυχία). Por certo, a boa fortuna não basta para definir a felicidade (εὐδαιμονία), mas sem ela não há felicidade possível, em duplo sentido: inicialmente, porque a virtude necessita de uma matéria para se exercer e, como vimos, de um "mundo", ou seja, necessita de condições que não dependem de nós, como amigos, dinheiro, um certo poder político[65] e também de ocasiões, as quais não se oferecem a todos (Hércules teve a oportunidade de encontrar o leão de Neméia e a hidra de Lerna).[66] Mas, num segundo sentido, não pode haver felicidade completa sem a plenitude da vida (βίος τέλειος),[67] o que supõe, sem dúvida, uma duração *optima*, mas também a integridade do corpo e a prosperidade de nossos empreendimentos, o que os gregos resumem pela palavra εὐπραγία. É também sustentar uma tese paradoxal, a qual Aristóteles não adere de forma alguma, declarar feliz aquele que "sofre as piores torturas e os piores infortúnios".[68] É nesse sentido que Sólon sustentava que só se pode dizer de um homem que ele *foi* feliz, depois de morto, pois

---

[64] EN, I, 9, 1099b 2 ss. Cf. EN, I, 8, 1098b 12 ss.; EE, I, 2, 1214b 11-17; *Ret.*, I, 5, 1360b 18.

[65] EN, I, 9, 1099b 1.

[66] Sobre a ocasião, cf. § seguinte. Tema que será retomado por Epicteto (*Conversações*, I, 6, 36; II, 16, 44). Para ele, porém, todas as circunstâncias se equilavem, na medida em que se souber usá-las.

[67] EN, I, 6, 1098a 18; 10, 1100a 4; 11, 1101a 16; X, 7, 1177b 25.

[68] ... κακοπαθεῖν καὶ ἀτυχεῖν τὰ μέγιστα (EN, I, 3, 1096a 1).

enquanto viver estará submetido às vicissitudes do acaso,[69] como o prova o exemplo de Príamo que foi vítima dos piores males na velhice e "ninguém o qualifica feliz".[70] Enfim, só pode ser dita feliz a vida subtraída às incertezas do futuro, para nós oculto,[71] a vida transformada em destino pela morte.[72]

Certamente, essas afirmações que correspondem à consciência popular do trágico da vida e que retomam temas desenvolvidos tanto pelos poetas quanto pelos trágicos, a do sábio sempre exposto aos golpes da sorte, o do mundo e dos homens abandonados pelos deuses aos caprichos do acaso, ou ainda o quadro da injustiça triunfante, apenas são referidos por Aristóteles nos desenvolvimentos aporéticos e sob o benefício do inventário. De fato, essas advertências da prudência popular contradizem, a seus olhos, o que é um dos predicados essenciais da felicidade: a *estabilidade*.[73] A felicidade deve, pois, ser subtraída, já em seu conceito, à instabilidade do acaso,[74] sem o que o homem feliz seria semelhante a um *camaleão* ou a uma *casa ameaçando ruir*.[75] Ora, entre as

---

[69] EN, I, 11, 1100a 10, 17, 36 ss. É um lugar comum na tragédia (Ésquilo, *Agamenon*, 928; Sófocles, *Édipo Rei*, 1528-30; Eurípides, *Andrômaca*, 100).

[70] EN, I, 10, 1100a 8-9; 11, 1101a 8.

[71] Τὸ μέλλον ἀφανὲς ἡμῖν (EN, I, 11, 1101a 18). Cf. Sófocles, *Ajax*, v. 1418-20.

[72] Aristóteles ainda se pergunta se o homem morto não continua a ser afetado pelos infortúnios de seus descendentes (EN, I, 11, 1100a 18 ss.).

[73] Βεβαιότης (EN, I, 11, 1100a 13).

[74] Como se viu, é um predicado tradicional do acaso ser ἀβέβαιον (*Fís.*, II, 5, 197a 30).

[75] EN, I, 11, 1100b 6-7.

atividades do homem, nada há de mais estável do que as atividades virtuosas, especialmente a mais alta de todas: a contemplação.[76] O que isto quer dizer? De início, sem dúvida – e esse tema será longamente desenvolvido no Livro X –, que o sábio é de todos os homens o que mais basta a si mesmo, o mais autárquico, αὐταρκέστατος.[77] Mas também que, mesmo no exercício das virtudes morais, sempre se pode fazer da necessidade, virtude, isto é, seja suportando com resignação (εὐκόλως) os golpes da sorte, seja dela tirando partido para "sempre executar com os recursos disponíveis as melhores ações possíveis, tal como o bom general que utiliza na guerra as forças de que dispõe da forma mais eficaz, ou o bom sapateiro que, do couro que lhe dão, faz os melhores sapatos possíveis".[78]

Se reconhece, desta vez, temas que podem ser qualificados como socráticos: o tema antisteniano da autarquia, o tema cínico dos "trabalhos" que são propícios para o homem afirmar sua excelência. Porém, o que mais surpreende não é que Aristóteles desenvolva esses temas, sem dúvida tradicionais nas escolas filosóficas, mas a timidez, a falta de convicção com que o faz. Que se compare esse desenvolvimento aparentemente pouco consistente de Aristóteles com o rigor, acerca do mesmo tema, da moral estóica, herdeira da tradição socrática. A distinção entre as coisas que dependem de nós e aquelas que não dependem, com a exclusão das últimas da definição de felicidade, fornecerão, e só elas poderão fornecer, uma resposta peremptória à objeção clássica tirada do

---

[76] EN, I, 11, 1100b 12-18.
[77] *Ibid.*, X, 7, 1177b 1; cf. I, 5, 1097b 8, 14; X, 7, 1177b 21; 9, 1179a 3.
[78] *Ibid.*, I, 11, 1101a 2 ss.; cf. 1100b 31.

infortúnio do sábio: o sábio é feliz por definição, se a felicidade reside na virtude, se a virtude depende de nós e que todo o resto seja indiferente. Dada essa condição, e apenas ela, será realizada a ambição de todas as morais pós-socráticas que é, como marcadamente se disse, "libertar-se, através de uma atitude interior, de tudo o que os gregos concordaram em considerar como infelicidade":[79] não somente males interiores – o erro, a incerteza, a ignorância, os vãos pesares, a espera inquieta –, mas ainda os males externos, como as doenças, a pobreza, o luto, a escravidão, as violências, os insultos ou calúnias. Por isso, o próprio tempo, lugar da heteronomia e marca da minha impotência, nada pode contra minha felicidade: esta é atingida no instante da ação virtuosa, que vale uma eternidade de felicidade. "E não haverá necessidade de nenhum prazo para julgar se alguém foi feliz, como se fosse preciso esperar que se tivesse cumprido o último dia de sua vida".[80] A prudência de Sólon parecerá pouco sábia aos sábios do estoicismo.[81] Ademais, num segundo movimento que aperfeiçoa a universal "realeza" do sábio, o novo estoicismo irá fazer das circunstâncias, até então consideradas indiferentes, uma *materia virtutis*, uma ocasião sempre aberta ao exercício da virtude.[82] Assim, o mundo se dissolve na transparência e na disponibilidade: nada é ininteligível ao sábio, se ele se remete à Providência; nada é impossível para ele, se se

---

[79] Bréhier, E. *Chrysippe et l'ancien stoïcisme*, 2ᵉ ed., p. 219, n. 1 e p. 212. Cf., também, Pohlenz, M. *La liberté grecque*.

[80] Cícero, *De finibus*, III, 22, *ad fin*.

[81] *Ille unus e septem sapientibus non sapienter ... monuit (id., ibidem)*.

[82] Sêneca, *De providentia*, IV, 6. Cf. Goldschmidt, V. *Le système stoïcien et l'idée de temps*, em especial, p. 124.

libertou do medo da morte de uma vez por todas, único "mestre absoluto".[83]

Esse tom é estranho a Aristóteles, que não se resigna a considerar indiferentes os bens exteriores e os bens do corpo. Mas seria vão taxá-lo de pusilânime pequeno-burguês como se, assustado pelas conseqüências radicais do socratismo, tivesse permanecido a meio caminho em sua dedução.

Na realidade, o que opõe Aristóteles aos socráticos não é um maior ou menor rigor no desenvolvimento do mesmo tema, mas um divórcio radical na visão de mundo. A intuição fundamental de Aristóteles é a da *separação*, da distância incomensurável entre homem e Deus.[84] O homem, é certo, imita a Deus, sem, todavia, poder atingi-lo. Assim, o sábio é, de todos os homens, o que mais se assemelha a Deus.[85] É o mais autárquico, αὐταρκέστατος,[86] o mais caro aos deuses, θεοφιλέστατος,[87] o mais feliz, εὐδαιμονέστατος.[88] Mas essas expressões devem ser compreendidas por aquilo que valem, isto é, como superlativos *relativos* e não absolutos. O sábio, como já o admitia Platão, somente se assimila a Deus "na medida em que isso é possível" (κατὰ τὸ δυνατόν).[89] Para Aristóteles, a "possibilidade" não chega a atribuir-lhe, mes-

---

[83] Cf. as palavras de Diógenes citadas por Epicteto *(Conversações*, IV, 1, 29): "Há apenas um meio de assegurar a liberdade: é estar pronto para morrer." Cf. Hegel, *Phénoménologie de l'esprit,* I, p. 164.

[84] Cf. nosso *Le probléme de l'être...*, p. 305 e ss.

[85] EE, VII, 12, 1245b 15.

[86] EN, X, 7, 1177b 1.

[87] *Ibid.,* 9, 1179a 24, 30.

[88] *Ibid.,* 1179a 31.

[89] *Teeteto*, 176a-b.

mo em grau menor, perfeições que são atributos exclusivos de Deus, como a contemplação de si mesmo.[90] O sábio é autárquico, mas esta autarquia não o dispensa, tal como ocorre no caso de Deus, de ter amigos, pois se "Deus é para si mesmo seu próprio bem", "para nós o bem implica relação com o outro".[91] O sábio se imortaliza "tanto quanto possível", ἐφ' ὅσον ἐνδέχεται,[92] ou seja, ele pode atingir, no máximo, algum substituto de imortalidade. E se a contemplação é "mais contínua que qualquer outra ação",[93] essa continuidade nunca é total no homem,[94] já que é afetado pela fadiga,[95] sem contar que a vida contemplativa supõe a possibilidade do ócio.[96] Na sua falta, o homem moral se contentará com a virtude ética que, vimos, supõe ainda mais mediações. Ora, tais mediações não estão à disposição do homem; fazem parte de um mundo que talvez não esteja predisposto a oferecê-las e que, ao menos no desenvolvimento futuro dos episódios, permaneçam "ocultas" para ele. Dir-se-á que tudo é pretexto para o sábio manifestar seu valor e que a indeterminação do mundo lhe oferece uma plasticidade à qual poderemos sempre dar forma? Mas o que quer que seja, porém, não pode produzir

---

[90] EE, VII, 12, 1245b 14-19; Cf. *Magna Moralia*, II, 15, 1212b 33-1213a 7.

[91] *Ibid.*, 1245b 18-19. Sobre este problema, cf., também, EN, IX, 9; *Magna Moralia*, II, 15 (cf., abaixo, p. 283-90).

[92] EN, X, 7, 1177b 33.

[93] *Ibid.*, 1177a 21-22.

[94] *Met.*, Λ, 7, 1072b 16, 25; 9, 1075a 8-9.

[95] EN, X, 4, 1175a 3-4; cf. *Met.*, Θ, 8, 1050b 22 e a reserva de EN, X, 7, 1177b 22.

[96] *Ibid.*, 7, 1177b 4-26. Sobre a σχολή, da qual são privados os escravos (*Pol.*, VII, 15, 1334a 20-21), cf. *Pol.*, VII, 15, 1334a 11-b 5.

algo qualquer no universo tão diversificado da virtude. Não se pode ser corajoso na paz, justo na solidão, liberal na pobreza. É uma "sorte" ter uma guerra a fazer, contratos a assinar, riqueza a distribuir. A virtude depende do mundo, tanto quanto de suas condições de existência, e este mundo não depende de nós. Eis o virtuoso de Aristóteles, e mesmo o contemplativo – os quais são menos duas personagens distintas do que a mesma personagem em níveis diferentes de excelência – condenados à heteronomia, à dependência em relação ao "acaso", que Aristóteles, no entanto, parecia querer evitar.[97]

Mas, na realidade, os textos onde Aristóteles insiste sobre a autarquia do homem moral e aqueles onde reconhece sua dependência são menos contraditórios do que complementares. Uns definem a essência da felicidade, outros suas condições de existência. A felicidade basta a si mesma, mas, para atingir a felicidade que basta a si mesma, é preciso passar por mediações que não dependem de nós, de modo que, qualquer que seja nosso mérito, podemos não atingir a felicidade a que temos direito e que, com efeito, dependeria de nós *se a tivéssemos*. Há algo de trágico na vida moral, decorrente da união entre a felicidade e a virtude que não é, por assim dizer, analítica, como acreditavam os socráticos, mas sempre sintética porque depende, numa proporção irredutível, do acaso. Se esse traço não surpreendeu os comentadores é porque o trágico tem, em Aristóteles, um aspecto residual, de modo que se pôde ver nele a sobrevivência de uma prudência popular – nada além do que não ser preciso desafiar os deuses, proclamando em alto e bom som a autarquia e a "imortalidade" do homem –, da qual Aristóteles não teria inteiramente

---

[97] Ver, por exemplo, a discussão bastante embaraçosa de Aristóteles sobre os limites, *de fato*, da autarquia do sábio, em EN, X, 9, 1178b 33 e ss.

se libertado, ou simplesmente uma concessão puramente formal a esta mentalidade. Mas ao querer considerar como "maneira de falar" tudo o que, num filósofo, se encaminha no sentido da mentalidade popular, corre-se o risco de perder o sentido profundo do enraizamento desse pensamento na tradição e da retomada eventualmente original dessas bases do pensamento tradicional.[98] Em Aristóteles, o trágico é, pois, residual, porém, em sentido ontológico, no sentido de uma distância sempre estreitável, mas insuprimível, que separa o homem da felicidade, ou mesmo separa a felicidade do homem da felicidade *tout court*, e faz com que os homens possam ser felizes, mas "como os homens podem sê-lo";[99] que a verdadeira felicidade, a da contemplação autárquica, esteja acima da condição humana, κρείττων ἢ κατ'ἄνθρωπον,[100] e mesmo que o homem possa ultrapassar a si próprio, ele não o pode senão "na medida em que lhe é possível".

Já havíamos sublinhado esta última fórmula. Ela não é nova e aparece em todos os predecessores de Aristóteles[101] como expressão, algumas vezes até automática, quem sabe, da velha prudência grega, que interditava ao homem divinizar o

---

[98] Cometer-se-ia o mesmo erro acerca de um filósofo como Kant, tomando por negligenciáveis suas declarações de fidelidade à piedade e à moralidade populares. O mesmo problema se poria a propósito da religião de Descartes. Na história da filosofia, uma certa crítica racionalista está na origem desses contra-sensos, atribuindo a uma "prudência" mundana o que seria, talvez, nesse ou naquele filósofo, uma *reserva* bastante profunda a respeito do mundo, do homem e do divino.

[99] Tal parece ser o sentido da reserva μακαρίους δ'ἀνθρώπους (EN, I, 11, 1101a 20).

[100] EN, X, 7, 1177b 26.

[101] Cf. Parte III.

homem. Em todo caso, em Aristóteles essa fórmula banal está carregada de implicações filosóficas, como se ele tomasse ao pé da letra as advertências que seus predecessores tinham desaprendido a ouvir. Sem o que não se compreenderia a aporia, sempre recorrente, sobre a boa fortuna requerida tanto entre as condições do exercício da virtude, quanto para sua recompensa. Aristóteles confia na natureza e num Deus regulador, mas esta confiança é sempre acompanhada de alguma reserva. Assim, vimos que era preciso uma boa natureza, um bom nascimento, para ser virtuoso. Pelo menos em uma passagem, Aristóteles parece concedê-los liberalmente ao homem: a felicidade, diz, "deve ser acessível ao maior número, pois pode pertencer a todos aqueles que não são anormalmente inaptos à virtude (τοῖς μὴ πεπηρωμένοις πρὸς ἀρετήν), se nela investem algum estudo e alguma diligência".[102] Razão pela qual, todos são aptos à virtude e à felicidade, *salvo exceção*. Seja qual for o otimismo dos comentadores,[103] nos impressiona menos o universalismo de Aristóteles do que a exceção com que ele se obstina em limitá-las. Se houvesse apenas um monstro no mundo – e sabemos pelos tratados biológicos que há muitos –, isso bastaria para estabelecer que o homem não é mestre de sua própria vida e que está submetido ao Acaso fundamental, o qual, se pode criar monstros, ou seja, desafortunadamente nascidos, poderá *a fortiori* atingir inocentes e tornar prósperos os perversos.

A tragédia grega não dizia outra coisa e, antes dela, a poesia de Hesíodo ou Teógnis. Por mais que Aristóteles tenha restringido o trágico, não o eliminou inteiramente: é a distância que separa οἱ πολλοί de πάντες, o ὡς ἐπὶ τὸ πολύ

---

[102] EN, I, 10, 1099b 18-20.

[103] Cf. a citação de Rodier, p. 104, n. 137.

de ἀεί, o melhor possível do bem absoluto, o superlativo relativo do superlativo absoluto, o termo de nossos esforços de seu modelo inacessível.

4. O tema da "impotência" de Deus; ambivalência do tema

Então, se fosse demasiado "discordante abandonar o que há de melhor e mais nobre ao jogo do acaso",[104] isto é, a felicidade do homem, seria melhor que a questão não tivesse sido posta ou que se pudesse ao menos responder de outro modo que não pelo voto piedoso de ver a virtude acessível a *quase* todos e *quase* sempre recompensada.[105] Mas só seria assim sob a dupla condição de que o Deus de Aristóteles condescendesse em se ocupar do destino dos homens e que sua potência estivesse à altura de sua bondade. Ora, parece que toda a especulação teológica e metafísica de Aristóteles está dominada pelo duplo sentimento de indiferença de Deus em relação a um mundo que seria para ele "pior" conhecer do que ignorar[106] ou, pelo menos, de sua impotência para governá-lo no pormenor. Esse tema é bastante antigo na obra

---

[104] EN, I, 10, 1099b 23.

[105] A fórmula da linha 1099b 17 sobre a felicidade como "recompensa da virtude" (ἄθλον... τῆς ἀρετῆς) não parece significar outra coisa senão um ideal de que estamos separados pelos "acasos" deste mundo. A longa discussão de Ollé-Laprune buscando saber se Aristóteles não suprime a noção de *mérito* ao instituir uma relação *analítica* entre a virtude e a felicidade, não é apenas anacrônica, ela também desconhece as *reservas* que tornam essa relação problemática *(Essai sur la morale d'Aristote,* p. 154-70, especialmente, p. 165-7).

[106] *Met.,* Λ, 9, 1074b 27, 32.

de Aristóteles. No *De Philosophia*, ele criticava a idéia, desenvolvida por Platão no *Timeu* e sobretudo nas *Leis*, de uma Providência estendendo-se sobre o próprio mundo inferior, ainda que com o concurso de seres intermediários ("assistentes" ou "demônios"),[107] encarregados da mediação dos desígnios gerais da Divindade no nível do particular.[108] Não é que o Deus de Aristóteles não esteja preocupado com a ordem: assim como a Natureza, ele nada faz em vão,[109] e se poderia dizer também acerca dele o que Aristóteles diz sobre a Natureza, que age como um bom ecônomo, utilizando do melhor modo os recursos de que dispõe.[110] Mas esta metáfora exprime tanto os limites da ação de Deus sobre o mundo quanto a extensão de sua bondade. Deus quer o melhor mas faz o que pode e não pode tudo o que quer.[111] A dualidade de Deus

---

[107] *Leis*, X, 903 b; *Epínomis*, 984 d-985 a. Tais "demônios", e o papel que lhes é atribuído, parecem tomados de empréstimo da astrologia persa, que Aristóteles repele, retendo apenas, com Eudoxo, o princípio de explicação matemática dos movimentos celestes.

[108] Sobre a crítica dessa teoria no *De Philosophia*, cf. Allan, D. J. *The philosophy of Aristotle*, p. 23-6, 29.

[109] *De Cœlo*, I, 4, 271a 33; II, 11, 291b 14; *As Partes dos Animais*, II, 13, 658a 9; III, 1, 661b 24; *Política*, I, 8, 1256b 21, etc.

[110] *Geração dos Animais*, II, 6, 744b 16-17; cf. *As Partes dos Animais*, IV, 10, 687a 16.

[111] *Política*, I, 6, 1255b 2-3: Ἡ δὲ φύσις βούλεται μὲν τοῦτο ποιεῖν, πολλάκις μέντοι οὐ δύναται. Sobre a equivalência, nos textos desse gênero, das expressões "a natureza" e "Deus", cf. nosso *Problème de l'être...*, p. 349, n. 4, e Düring, I. "Aristotle on Ultimate Principles from 'Nature and Reality'". In: *Aristotle and Plato in the Mid-Fourth Century*, principalmente p. 43). Teofrasto se inquietará expressamente com aquilo que chamará "a impotência" (ἀσθένεια) do Primeiro Motor *(Met.*, 2, 5b 14).

e de um mundo que ele não criou implicam que, ao agir no nível do mundo, submete-se às condições deste, o qual talvez não esteja predisposto a receber sua lei. O Deus estóico tampouco criará o mundo; mas ele *será* o mundo, e é por isso que o problema da limitação da Providência não se colocará para os estóicos da época clássica, visto que a identidade de Deus e do mundo autoriza a perfeita racionalidade deste último e, antes de mais nada, há coincidência do poder de Deus com seu querer.

Não se pode duvidar que o tema teológico de um Deus distante, cujo poder decresce na mesma proporção de seu afastamento das coisas, esteja, em Aristóteles, na origem do tema cosmológico da contingência. A contingência aristotélica não é fundamental, constitutiva, como o será a contingência do mundo para os cristãos. A contingência é, uma vez mais, *residual*. Ela não é a ausência de lei, mas a distância – ínfima se se quiser, mas impossível de suprimir inteiramente – que separa a lei, que é geral, de sua realização no particular. Essa distância, que faz do particular um limite inacessível às determinações da lei, resulta da *matéria*, a qual, sendo potência indeterminada de contrários,[112] é sempre potência de ser diferente do que é. Ora, a matéria é, como procuramos mostrar em outro lugar,[113] requerida como condição de possibilidade do *movimento*, e quanto mais esse movimento se afasta da imobilidade do divino, mais refratário à determinação será a matéria que ele supõe. Compreende-se, então, que seguindo a justa expressão de Rodier, a contingência e a desordem crescem com a complicação e esta complicação se manifesta "quando se passa das esferas superiores à região

---

[112] *De Cælo*, I, 12, 283b 13; *Met.*, Z, 15, 1039b 29; 7, 1032a 22 etc.
[113] *Le problème de l'être...*, p. 429 e ss.

sublunar e dos elementos simples aos corpos compostos", pois, "quanto mais uma coisa contém de matéria ou de potências diversas, mais há nela de indeterminação e de ambigüidade".[114] Exprime-se a mesma idéia dizendo que a contingência provém da impotência da forma em dominar a matéria, a qual é dotada menos de um poder próprio de resistência do que de indeterminação, o que faz com que sua causalidade exuberante corra o risco de se desenvolver fora de todo controle, engendrando, então, monstros.[115] Alexandre exprimirá bastante bem essa extenuação do poder informador da Natureza, na medida em que se desce às regiões inferiores do mundo, dizendo que neste nível "o não-ser se mistura aos seres"[116] e como que "semeia entre eles".[117] Sem dúvida, não é preciso tomar ao pé da letra essas fórmulas, as quais não seriam aceitas por Aristóteles.[118] No entanto, elas ao menos têm o mérito de manifestar que a contingência aristotélica, que Alexandre chama acaso,[119] é menos

---

[114] Rodier, G. *Études de philosophie grecque*, p. 273, que remete aos *Meteorológicos*, I, 1 (início) e à *As Partes dos Animais*, I, 1, 641b 18. Cf., também, *Met.*, Γ, 5, 1010a 3: Ἐν τοῖς αἰσθητοῖς πολλὴ ἡ τοῦ ἀορίστου φύσις.

[115] Cf. os textos citados em nosso *Problème de l'être...*, p. 388-9.

[116] Ἔστιν δὲ τὸ μὴ ὂν ἐγκεκραμένον τοῖς οὖσιν (*De anima* in *Suppl. Aristot.*, II, 1, ed. Bruns, 171, 27).

[117] Ἐν τοῖς οὖσιν τὸ μὴ ὂν παρεσπαρμένον πως (*ibid.*, 170, 11). De forma geral, ver as passagens 170-175 (Bruns) e o comentário dessa passagem por Schuhl, P.-M. *Le dominateur et les possibles*, p. 45.

[118] Aristóteles rejeita as teorias que introduzem o não-ser no ser, sob o pretexto de explicar o movimento e a predicação. Cf. nosso *Problème de l'être...*, p. 151 e ss.

[119] Alexandre, *De anima* in *Suppl. Aristot.*, 171, 15 Bruns.

uma realidade positiva, um princípio de desordem, do que uma impotência da forma, da Natureza, ou seja, em última análise, de Deus.

Uma nova comparação com o estoicismo nos permitirá medir as conseqüências éticas dessa metafísica da contingência. Num mundo perfeitamente ordenado, como é o dos estóicos,[120] a ação moral não pode ser ação *sobre* o mundo: o mundo sendo racional, seria absurdo e, sobretudo, totalmente vão desejar mudá-lo. Assim, Bréhier, constatando a indife-

---

[120] Sem dúvida, não é preciso atribuir demasiada importância aos argumentos pelos quais os estóicos, pressionados pela necessidade de justificar a existência do mal, parecem às vezes limitar o poder da Providência. Assim, Crisipo se perguntava se o universo não se compara a uma grande casa, na qual nenhuma administração, por mais perfeita que seja, pode impedir que o som ou os grãos de trigo se percam (Plutarco, *De Stoic. repugn.*, 37; SVF, II, 1178). Segundo Filodemo (col. 7, 28 e 8, p. 156-7 Scott; SVF, II, 1183), Crisipo desculpará Deus pela seguinte razão: "ele não pode saber tudo" (col. 7, 28, 156 Scott) (mas o texto está muito alterado). Filodemo acrescenta: "Embora concedendo a Deus a onipotência, se refugiam, quando pressionados pelas objeções, na tese segundo a qual a conexão das circunstâncias (τὰ συναπτόμενα) faz com que Deus não possa fazer tudo (οὐ πάντα δύναται)". Porém, é preciso observar que os testemunhos provêm de autores hostis ao estoicismo (a última citação de Filodemo mostra claramente que ele não compreendeu a teoria do mal como παρακολούθημα). É Cícero, sobretudo, apoiando-se em fontes provenientes do médio estoicismo (onde a doutrina estóica pôde ser infletida por influências aristotélicas) que atribuirá aos estóicos a tese *Magna di curant, parva negligunt* (*De natura deorum*, II, 66; cf. III, 35, 86; 38, 90). Porém, esta tese conflita com a intuição fundamental do estoicismo, segundo a qual o próprio mal faz parte da ordem universal: γίγνεται καὶ αὐτή (= ἡ κακία) πως κατὰ τὸν φύσεως λόγον (Plutarco, *De Stoic. repugn.*, 35; SVF, II, 1181).

rença de Crisipo em relação a toda reforma social, nota que, de maneira geral, "os estóicos tinham ... uma razão ... para não buscar realizar a justiça no mundo, isto porque estão persuadidos de que a justiça já existe nele; a realidade cósmica é uma realidade cuja essência moral já contém nela a suprema sabedoria e a suprema felicidade".[121] O sábio, pois, não age sobre o mundo, mas o "segue", conforma sua vida privada à harmonia universal, consente com decretos da Providência, a qual, mesmo sob as aparências inevitáveis do mal, permanece a mais alta expressão do Logos. O sábio é uma parte do mundo do qual ele segue a ordem; tal como o mundo, cuja harmonia reproduz em si mesmo, ele *é* uma obra de arte. Os obstáculos à sabedoria não estão nas circunstâncias mas nas paixões, as quais nos fazem depender das circunstâncias e esquecermos que elas dependem de nós.

Ao contrário, o ideal moral de Aristóteles não pode consistir numa assimilação ao mundo em seu conjunto, visto que este só é racional em suas partes superiores, mas somente na imitação da ordem que nelas reina. O conhecimento dessa ordem, que não pode ser procurado na física, como para os estóicos,[122] mas na teologia, é o que Aristóteles nomeia *sabedoria*. Mas a vida segundo a sabedoria não é imediatamente acessível ao homem por uma ascese interior, pois ela depende também, em suas condições de realização, das circunstâncias

---

[121] *Chrysippe et l'ancien stoïcisme*, 2ᵉ éd., p. 213. Bréhier remete à SVF, II, 328, 1 (Díon Crisóstomo, *Orações*, 36, 29). Sobre a coincidência, nos estóicos, entre natureza e razão, ou ainda, entre necessidade física e necessidade lógica (a qual se confunde com a beleza moral), cf. também as observações de Rodier, *Études de philosophie grecque*, p. 273-4.

[122] Sobre as relações entre física e ética nos estóicos, cf. Cícero, *De finibus*, III, 22.

exteriores, as quais não são, nem na aparência nem profundamente, inteiramente racionais. O reino da sabedoria exige pois um domínio prévio das circunstâncias, domínio que não pode ser adquirido senão por uma ação técnica sobre o mundo. Se para os estóicos, a indiferença em relação às circunstâncias se justificará, em última análise, pela crença na Providência e na convicção correlata de que todo o real é racional, o homem de Aristóteles não saberá fingir indiferença a respeito de um mundo cuja indeterminação é a forma propriamente aristotélica do mal.[123] Porém, aqui se opera uma inversão que fornecerá o domínio e, no sentido mais forte do termo, a "chance" da ação moral: se a contingência é a fonte do mal, ela torna possível as iniciativas humanas em vista do bem; a indeterminação, signo da impotência da razão universal, é ao mesmo tempo abertura à ação racional do homem. Dissociação que teria parecido absurda aos estóicos, aos homens é dado agir por raciocínio contra a natureza;[124] e se eles o podem, é porque a natureza não é tudo o que ela pode ser, permanecendo possível corrigí-la. O homem de Aristóteles não pode se tornar indiferente às circunstâncias, mas lhe é permitido, na medida em que são moldáveis, moldá-las humanamente; e, se não é convidado a mudar antes seus desejos do que a ordem do mundo, é porque Aristóteles conta com o desejo racional para terminar de ordenar o mundo, tomando o lugar de uma Providência falível. Compreende-se então que, para Aristóteles, contrariamente aos estóicos, depende do homem mudar não somente seus desejos, mas o mundo, que só é ordenado de modo geral ou, o que quer dizer o mes-

---

[123] Cf. *Met.*, Θ, 9, 1051a 17-21.
[124] Πολλὰ γὰρ παρὰ... τὴν φύσιν πράττουσι διὰ τὸν λόγον (*Pol.*, VII, 13, 1332b 6-7), citado por Rodier, *op. cit.*, p. 274.

mo, em seu envoltório celeste.¹²⁵ A contingência é o mal, mas ela é também o remédio, se o homem assim o quiser.¹²⁶

Tais considerações poderiam parecer nos afastar da *prudência*. No entanto, nos aproximam dela, revelando o que une a concepção aristotélica de prudência à sua visão de mundo. Numa cosmologia unitária como a do estoicismo, a distinção entre duas virtudes intelectuais igualmente retoras não faria sentido algum: se é a mesma coisa ser físico ou teólogo, visto que o mundo é Deus, também é a mesma coisa ser sábio e prudente, já que se trata de pôr em prática apenas um único saber. Certamente, os estóicos distinguirão dois níveis na moral: o da ação reta, do κατόρθωμα, e o da ação simplesmente

---

¹²⁵ Alexandre, na passagem de seu *De anima* citada acima, mostra que a participação de regiões inferiores do ser no não-ser provoca, ao mesmo tempo, o acaso nas coisas exteriores e, em nós, "o que depende de nós": τοῦτο δὲ ἐν μὲν τοῖς ἐκτὸς αἰτίοις γενόμενον τὴν τύχην ἐποίησεν καὶ τὸ αὐτόματον, ἐν δὲ τοῖς ἐν ἡμῖν τὸ ἐφ᾽ ἡμῖν (171, 15). Cf. 170, 8 e o comentário de Schuhl, P.-M. *Le dominateur et les possibles*, p. 45.

¹²⁶ Cf. Rodier, *op. cit.*, p. 274: "O determinismo da razão ... é um remédio para a contingência que o determinismo da natureza deixaria subsistir". Para justificar o "determinismo da razão", Rodier lembra que, para Aristóteles, como para toda a tradição socrática, o homem quer o melhor (EN, VII, 4 ss., especialmente 1147b 9); (nós acrescentaremos: salvo a exceção da bestialidade, θηριότης, e mesmo do desregramento mórbido, ἀκολασία, cf. EN, VII, 1; 6, 1149a 4-20). No que concerne à contingência, seremos menos levados que Rodier, que pensa sobretudo no desenvolvimento sobre o acaso no livro II da *Física*, a atribuí-la ao simples entrecruzamento das séries causais, o que o autoriza ainda a falar do "determinismo da natureza". A intuição da impotência da Providência conduz Aristóteles, parece-nos, a admitir uma indeterminação mais fundamental, que torna tanto mais radical a responsabilidade do homem.

conveniente, isto é, dos deveres ou καθήκοντα, este segundo nível consiste em reintroduzir diferenciações entre as coisas indiferentes ou, dito de outro modo, restaurar na economia da moral a apreciação das circunstâncias. Mas essas máximas da conveniência concernem apenas, como se disse, "ao homem comum",[127] incapaz de compreender em sua unidade o princípio da sabedoria. O *preferível* (προηγμένον) é para os estóicos apenas uma visão confusa, de certo modo dispersa, do bem, o qual reside somente na retidão da vontade. Mas o preferível se deduzirá do bem se possuirmos o saber absoluto que nos permitirá coincidir com os desígnios da Providência. Sem dúvida é, em geral, *preferível* estar saudável que enfermo, ser rico a ser pobre, estar entre amigos à solidão, mas se *sabemos* que tais são, para nós, os desígnios da Providência, *quereremos* a enfermidade, a pobreza, a solidão etc.[128] A moral das preferências não é, pois, senão um corretivo da nossa ignorância, só é requerida pela imperfeição de nossa natureza, a qual, porque é apenas uma parte, não pode coincidir com o todo senão em intenção.[129]

---

[127] Bréhier, *op. cit.*, p. 231.

[128] Epicteto, *Conversações*, II, 10, 5.

[129] Nos estóicos, a *phronêsis* não parece mais ligada ao segundo aspecto da moral do que ao primeiro. Encontra-se, no entanto, em Estobeu (*Ecl.*, II, 60, 9; II, 62, 10 ss. W; = SVF, III, 264) uma definição de *phronêsis* como ἡ τοῦ καθήκοντος εὕρεσις, "procura do *conveniente*". Tal definição, tão diferente daquelas do antigo estoicismo, que faziam da *phronêsis* uma *ciência* do bem e do mal (cf. acima p. 60, n. 1), não remonta aquém de Panécio (cf. Philippson, "Das Sittlichschöne bei Panaitios". In: *Philologus*, 1930, p. 365-76; Grilli, A. *Il problema della vita contemplativa...*, p. 116, n. 1; Schuhl, P.-M. *Revue philosophique*, 1960, p. 234-5) e poderia relacionar-se a uma influência aristotélica.

Totalmente diferente é a relação que Aristóteles institui entre a sabedoria e a prudência, pela razão essencial que nenhum saber humano poderá jamais suprimir a distância entre uma e outra. Para Aristóteles, o que separa o homem da sabedoria e requer que ele aja, na falta de algo melhor, segundo as regra da prudência, não é apenas sua própria imperfeição, mas o inacabamento do mundo. Enquanto o sábio estóico é uma parte do mundo, o mundo, em razão de sua contingência, separa o homem aristotélico da sabedoria. A sabedoria do imutável não nos presta nenhum socorro num mundo onde tudo nasce e perece. Quando muito, a sabedoria só tem para nós o valor de um exemplo um pouco distante. Esperando poder realizar imediatamente em nós mesmos a ordem que vemos no Céu, cabe-nos ordenar o mundo, não negando-o em proveito de outro mundo, mas nos engajando nele, manobrando-o se preciso for, servindo-nos dele para acabá-lo. Tal é a tarefa provisória, mas sem dúvida indefinidamente provisória, que o homem deve assumir no mundo *tal como ele é* e que não se tornará inútil exceto no dia, sem dúvida sempre recuado, em que a razão e o trabalho do homem terão inteiramente dominado o acaso.[130] Ainda que Aristóteles distinga claramente *habilidade* técnica, indiferente a seus fins, de *prudência*, que é moral tanto em relação aos fins quanto aos meios, resta sempre a tentação de pensar a ação moral segundo o modelo da atividade técnica, porque se trata, em ambos os casos, de se insinuar na contingência e racionalizar, não apenas o homem, mas o mundo. A vida

---

[130] Assim como a arte humana, a divisão consecutiva do trabalho servil e da atividade livre se tornariam inúteis no dia em que "os teares tecessem sozinhos" (*Política*, I, 4, 1253b 33-1254a 1). Mas Aristóteles escreve essa frase como *irreal*.

moral não se confunde, para Aristóteles, nem com a contemplação, nem com a vontade reta, mas com o trabalho, ao qual é freqüentemente comparada, e comporta o duplo discernimento do possível e do desejável, a adaptação dos meios aos fins, mas também dos fins aos meios. O sábio estóico considera a si próprio como uma obra de arte, reflexo do mundo acabado. O prudente de Aristóteles está mais para artista que antes tem de *fazer* para viver num mundo onde pode *ser* verdadeiramente homem. A moral de Aristóteles, se não é por vocação, é ao menos por condição, uma moral do *fazer*, antes de ser e para ser uma moral do *ser*.

III. *Prudência e liberdade*

Poder-se-ia pensar que esses temas são estranhamente "modernos". Atualmente, estamos habituados a valorizar a indeterminação e a ambigüidade do mundo, e essa ausência de destino é ao mesmo tempo a aposta e a condição da liberdade do homem, mesmo se essa exaltação da contingência é, às vezes, amarga.[131] Mas tal não é, nem poderia ser, a sensi-

---

[131] O melhor a fazer aqui é reproduzir a descrição do herói contemporâneo, na qual transparecem curiosamente, e sem dúvida involuntariamente, temas "aristotélicos": "O herói dos contemporâneos não é cético, diletante nem decadente. Simplesmente tem a experiência do acaso, da desordem e do fracasso... Pertence a um tempo onde os deveres e as tarefas são obscuros. Experimenta mais do que qualquer um a contingência do futuro e a liberdade do homem. Considerando bem, nada está assegurado, nem a vitória, ainda tão distante, nem os outros, que traem freqüentemente. Nunca os homens verificaram tão bem que o curso das coisas é sinuoso, que é preciso muita audácia,

bilidade aristotélica: a "liberdade" do homem não está ligada à contingência mas, ao contrário, se opõe a ela. Numa passagem notável do livro Λ da *Metafísica*, o universo é comparado a uma casa (οἰκία) onde os homens livres representavam os astros porque "lhes é menos lícito agir ao acaso (ὅ τι ἔτυχε ποιεῖν)", e todas as suas ações ou, ao menos, a maior parte delas, são regradas (τέτακται), enquanto "os escravos e os animais", cujas "ações são raramente ordenadas ao bem comum (εἰς τὸ κοινόν) mas, ao contrário, são freqüentemente abandonadas ao acaso", simbolizam as partes inferiores do universo, isto é, o mundo sublunar.[132] Os escravos, pois, é que são "livres" no sentido moderno do termo, porque não sabem o que fazem, enquanto a liberdade do homem grego e sua perfeição se medem pela maior ou menor determinação de suas ações. Nesse sentido, é permitido pensar que Deus não é "livre", visto que tal liberdade implicaria hesitação e seria o sinal da ausência de conhecimento.[133] A excelência (τίμιον)

---

que estão sozinhos no mundo". Certamente, o objetivo do homem é "apreender em uma palavra precisa o discurso confuso do mundo. Os santos do cristianismo, os heróis das revoluções passadas não fizeram outra coisa. Simplesmente, tentavam acreditar que seus combates já estavam ganhos no céu ou na história. Os homens do presente não têm este recurso. O herói dos contemporâneos não é Lúcifer, nem mesmo Prometeu, é o homem" (Merleau-Ponty, M. "Le Héros, l'Homme". In: *Sens et non-sens*, Paris, 1946, p. 379-80).

[132] *Met.*, Λ, 10, 1075a 19-22.

[133] Cf. *Fís.*, II, 8, 199b 26, onde Aristóteles dissocia as idéias de *finalidade* e *deliberação*: o motor (pode-se dizer que Aristóteles já pensa no Primeiro Motor) não necessita deliberar para agir em vista de um fim, como o testemunha a arte, que não delibera (subentenda-se: quando é perfeita; o artista delibera sempre mais ou menos na proporção *inversa* de sua habilidade). Filopono (*ad. loc.*, 321, 2) nota que a deli-

está do lado da ordem, ou seja, *a parte subjecti*, do lado da ciência,[134] a única que pode tornar a ação necessária.

No entanto, ao menos numa passagem, Aristóteles parece inquietar-se com as conseqüências morais de uma filosofia da necessidade. É a célebre passagem do tratado *Da Interpretação*, onde mostra que é preciso abrir uma exceção no princípio de contradição para os casos de proposições singulares relativas ao futuro. Pois, admitindo-se que de duas proposições contraditórias relativas ao futuro, uma é verdadeira por toda eternidade e a outra falsa, se chegaria a "absurdos" (ἄτοπα)[135] e a conseqüências "impossíveis" (ἀδύνατα);[136] ora, aqui, a impossibilidade não pode ser de ordem lógica, visto que afeta, ao contrário, uma conseqüência bastante rigorosa da lógica. A impossibilidade traduz antes uma incompatibilidade com a experiência, pois "*vemos*, diz Aristóteles, que há um princípio dos futuros (ἀρχὴ τῶν ἐσομένων) que reside na deliberação e na ação".[137] Mas parece-nos que a constatação de experiência, o apelo ao "dado imediato",[138] se duplica num discreto protesto moral, quando Aristóteles escreve um pouco acima: em virtude deste raciocínio (sobre a necessidade dos futuros), "não haveria mais necessidade de

---

beração revela uma ἔνδεια φρονήσεως (aqui φρόνησις está sendo empregada no sentido platônico de *ciência*).

[134] Τῶν γὰρ ὡρισμένων καὶ τεταγμένων ἐπιστήμη μᾶλλόν ἐστιν ἢ τῶν ἐναντίων (*Protrético*, fr. 52 R, 5 W; 38, 5-6 P).

[135] *Da Interpretação*, 9, 18b 26.

[136] *Ibid.*, 19a 7.

[137] *Ibid.*, 19a 7 ss.

[138] Segundo a expressão de P.-M. Schuhl em *Le dominateur et les possibles*, p. 17. Ver, nesta obra, todo comentário à passagem, p. 14-8.

deliberar nem de se preocupar".¹³⁹ A tese necessitarista não conduz, pois, somente a uma impossibilidade "física", mas a um absurdo moral. E é, em parte, em nome da moral que Aristóteles a condena, embora não seja seu único argumento. Não é por acaso que a tradição ulterior chamará argumento *preguiçoso* (ἀργὸς λόγος, *ignava ratio*) a uma argumentação, da qual Aristóteles já fornece aqui o esquema, que consiste em mostrar que o fatalismo conduz à inação.¹⁴⁰ Ora, não parece que a preguiça, mesmo que "imite" a seu modo a imobilidade de Deus, tenha sido alguma vez considerada como digna de elogio,¹⁴¹ e, em todo caso, Aristóteles se exprime muito claramente a esse respeito tomando-a como contrária à natu-

---

¹³⁹ Οὔτε βουλεύεσθαι δέοι ἂν οὔτε πραγματεύεσθαι, onde δέοι marca não apenas uma exigência mas uma necessidade moral e onde πραγματεύεσθαι designa uma atividade séria e meritória (cf. EN, X, 6, 1176b 29, onde πραγματεύεσθαι se opõe a παίζειν).

¹⁴⁰ SVF, II, 957 (Orígenes, *Contra Celsum*, II, 20) e, sobretudo, Cícero, *De fato*, XII, 28. Não acreditamos, contrariamente a Gercke ("Chrysippea". In: *Jahrbücher f. Klassische Philol.*, Supplementband 14, 1885, p. 731), que se trate de uma invenção megárica: o argumento, como o próprio nome ressalta, tende principalmente a denunciar as conseqüências moralmente desastrosas da tese megárica sobre a necessidade dos futuros. A denominação do argumento parece ser, de fato, de origem estóica, embora não tenhamos testemunhos precisos disso.

¹⁴¹ No entanto, Aristóteles jamais fará dela um vício, provavelmente porque seu contrário não é uma virtude particular, mas a atividade (ἔργον) em geral (cf. a citação da nota seguinte), ou ainda porque os Antigos nunca valorizaram a atividade laboriosa dos homens, considerada, acima de tudo, um meio em vista do ócio (cf. EN, X, 7, 1177b 4: ἀσχολούμεθα ἵνα σχολάζωμεν; *Pol.* VII, 15, 1334a 15). Além disso, são mais propensos que nós à indulgência a respeito da preguiça (sobre as origens modernas da valorização da aplicação ao trabalho,

reza do homem.[142] Exaltando, ainda que timidamente, a virtude da deliberação e, por conseqüência, a possibilidade ética aberta ao homem pela contingência, Aristóteles não faria aqui, como em outros lugares, senão voltar à tradição moral popular para além dos hábeis paradoxos da filosofia platônica e pós-platônica. Assim, o autor do *Epínomis* luta contra a opinião da multidão, segundo a qual "aquele que faz sempre a mesma coisa da mesma maneira é desprovido de alma", enquanto a amável fantasia das ações humanas seria sinal de inteligência e vida. Na realidade, diz ele, é a perfeita determinação dos movimentos astrais que denota uma grande inteligência, ou seja, na sua linguagem, a *phronêsis*.[143]

Aristóteles estava demasiado ligado à teologia astral para recusar inteiramente essa forma de ver. É por isso que

---

Fleiss, diligentia, cf. O. F. Bollnow, *Wesen und Wandel der Tugenden,* p. 50 ss.). A preguiça não figura no catálogo dos vícios no tratado pseudo-aristotélico *De virtutibus et vitiis.*

[142] EN, I, 6, 1097b 28: "Seria possível que um carpinteiro ou um sapateiro tivessem uma função e uma atividade a exercer e que o homem [enquanto tal] fosse por natureza inativo (... ἀργὸν πέφυκεν)?" Nesse sentido, a vida de ócio não é, evidentemente, uma vida inativa, visto comportar o ἔργον da contemplação.

[143] *Epínomis,* 982 d. Cf. Parte I, p. 35-7. P.-M Schuhl, a esse propósito, nota a "mudança de sinal" que a idéia de liberdade conheceu nessa época, o que permite transmutar em "promoção" a "pretendida decadência" na necessidade (*op. cit.,* p. 42-3). Mas o texto do *Da Interpretação* (concordemente considerado tardio, cf. Nuyens, *L'évolution de la psychologie d'Aristote,* p. 98-100; A. Mansion, *Introduction à la physique aristotélicienne,* p. 10; Gauthier-Jolif *in Eth. Nic.,* Introd., p. 15, n. 41), mostraria que Aristóteles, após ter partilhado do entusiasmo dos neófitos pela teologia astral, voltaria, no fim da vida, a um ponto de vista mais próximo do sentimento popular sobre a liberdade.

sua posição sobre o problema pode parecer ambígua. No entanto, é possível esclarecê-la à luz de uma distinção semântica que Aristóteles toma da tradição. A prudência, virtude da deliberação, é, como todas as virtudes, digna de louvor, ἐπαινετόν,[144] mas não digna de veneração, τίμιον. Com

---

[144] *Magna Moralia*, I, 34, 1197a 16-18: Ἔστιν δ' ἡ φρόνησις ἀρετή ὡς δόξειεν ἄν, οὐκ ἐπιστήμη· ἐπαινετοὶ γάρ εἰσιν οἱ φρόνιμοι, ὁ δ'ἔπαινος ἀρετῆς. Esse texto contradiz *Magna Moralia*, I, 5, 1185b 10 (οὐδεὶς ἐπαινεῖται ... ὅτι φρόνιμος), embora este último tenda a mostrar que a *phronêsis*, assim como a *sophia*, não são louváveis, pois não implicam nenhum mérito daquele que as possui, na medida em que são qualidades intelectuais. Tal "contradição" tenderia a confirmar que, como escreve Dirlmeier (in: *Magna Moralia*, p. 209), Aristóteles nunca chegou a "dominar inteiramente o difícil tema das virtudes dianoéticas". Parece que a palavra ἀρετή já devia comportar, em seu uso corrente, uma referência ao mérito "moral": ora, seria possível objetar a Aristóteles, que mérito há em ser inteligente (φρόνιμος) ou sábio, isto é, sapiente (σοφός)? Sobre o *phronimos*, Aristóteles se dedicará, apoiando-se, aliás, na tradição popular, a mostrar seu valor não somente intelectual, mas moral. Porém, sobre o *sophos*, a demonstração será mais difícil: na *Magna Moralia*, a *sophia* nunca figura entre os ἐπαινετά; ela é o contrário em EE, II, 1, 1220a 6 e em EN, I, 13, 1103a 8, esta última tendendo a estabelecer que a *sophia* é uma *virtude* (ἐπαινοῦμεν δέ, diz o texto, καὶ τὸν σοφὸν κατὰ τὴν ἕξιν· τῶν ἕξεων δὲ τὰς ἐπαινετὰς ἀρετὰς λέγομεν). Mas Aristóteles percebe bem que a sabedoria só é meritória na medida em que ela não é uma ciência; ora, não se vê ao certo o que a distingue da ciência, da qual ela participa, ao mesmo tempo que participa do νοῦς (*Magna Moralia*, I, 34, 1197a 24-29). A *Magna Moralia* reduz-se a justificar da seguinte maneira que a sabedoria é uma virtude: se a prudência é uma virtude e é inferior à sabedoria (já que diz respeito às coisas inferiores, περὶ χείρω γάρ ἐστιν, 1197b 7), então está claro que a sabedoria é uma virtude, visto que a virtude é o que há de melhor (1197b 5-10). Isso, porém, é esquecer que há "alguma coisa de melhor que a vir-

efeito, esta última qualificação é reservada por Aristóteles a tudo o que é divino ou, ao menos, digno de Deus.[145] A sabedoria é digna de Deus, a prudência não é. E, no entanto, ou talvez por causa disso, ela é a virtude intelectual propriamente humana, aquilo que permite ao homem dirigir a si mesmo segundo o bem realizável no mundo tal como ele é. Melhor seria que o homem não precisasse ser prudente e que lhe bastasse ser sábio: nesse sentido a virtude da prudência não pode alçar-se ao absoluto e ser atribuída, mesmo eminentemente, a um Deus que não seria mais Deus se tivesse que "deliberar". Mas o mundo dos homens sendo como é, ou seja, entregue à contingência, é preferível que o homem seja prudente a não sê-lo. Os latinos não estavam pouco inspirados quando traduziram por *prudentia*, que Cícero nos lembra que se trata de uma contração de *providentia*,[146] a *phronêsis* de

---

tude" (βελτίον τῆς ἀρετῆς, *Magna Moralia*, II, 4, 1200b 14; cf. EN, VII, 1, 1145a 26) ou, ainda, que acima das ἐπαινετά (das quais fazem parte as virtudes) há as τίμια (nas quais parece, embora Aristóteles jamais o diga expressamente, que se deva classificar a *sophia*, que a tradição nos ensina pertencer principalmente a Deus, cf. *Met.*, A, 2, 983a 6).

[145] Sobre a distinção entre τὰ ἐπαινετὰ e τὰ τίμια, cf. EN, I, 12, 1101b 11 ss.; EE, II, 1, 1219b 8-13; *Magna Moralia*, I, 2, 1183b 20-27. Segundo Dirlmeier (*in Magna Moralia*, p. 187-8), tratar-se-ia de uma distinção tradicional, mas à qual Aristóteles dá um sentido preciso: o louvável (ἔπαινος) exprime um valor relativo (τῷ... πρός τί πως ἔχειν, 1101b 13), a veneração (τιμή) um valor absoluto (cf. EN, IV, 7, 1123b 17-20. Sobre o sentido filosófico dessa distinção, cf. Ollé-Laprune, *Essai...*, p. 130-1, 156).

[146] Cf. Cícero, *De republica.*, VI, 1; *De natura deorum*, II, 22, 58; *De divinatione*, I, 49, 111; *De legibus*, I, 23, 60.

Aristóteles e da tradição popular: a prudência é o substituto propriamente humano de uma Providência que falha. De início, ela é uma previsão que busca penetrar um porvir obscuro, porque ambíguo. A prudência é também a previdência que preserva os indivíduos dos perigos. Mas se fosse apenas isso, seria tão somente habilidade: ela é também *virtude,* na medida em que realiza no mundo sublunar um pouco do Bem que a divindade foi impotente para introduzir aqui. Virtude do mundo, e de um mundo que não é divino na nossa região, a prudência não é, certamente, o que se pode conceber de mais alto.[147] Mas, se o mundo fosse inteiramente perfeito, não restaria nada a fazer; ora, é no fazer ou agir, e não na imobilidade estranhamente comum às plantas e a Deus,[148] que o homem realiza sua ἀρετή, sua excelência propriamente humana. Saber nos desviaria do fazer, dispensando-nos de escolher; mas o homem nunca terminará por conhecer o mundo cambiante e imprevisível, por isso sempre terá de deliberar e escolher. A prudência será a virtude dos homens votados à deliberação num mundo obscuro e difícil, cujo inacabamento é um convite ao que decerto é preciso nomear como sua liberdade. A prudência, dirá a *Magna Moralia,* é uma "disposição para escolher e agir concernindo ao que está em nosso poder fazer e não fazer".[149]

---

[147] EN, VI, 7, 1141a 20.

[148] Sobre esse paradoxo, que explica que a vida vegetativa parece, ao menos exteriormente, à vida contemplativa, cf. *De cœlo,* II, 12, 292a 10-b 24. Cf., também, abaixo, Apêndice, p. 187-8.

[149] ‘Η φρόνησις ἂν εἴη ἕξις τις προαιρετικὴ καὶ πρακτικὴ τῶν ἐφ' ἡμῖν ὄντων καὶ πρᾶξαι καὶ μὴ πρᾶξαι (*Magna Moralia,* I, 34, 1197a 14).

§ 2. O TEMPO OPORTUNO (καιρός)

Enquanto a sabedoria diz respeito ao eterno (τὸ ἀΐδιον, τὰ ἀεὶ ὡσαύτως ὄντα), a prudência diz respeito aos seres submetidos à mudança (τὰ ἐν μεταβολῇ ὄντα).[150] O eterno é objeto de demonstração, como por exemplo, as figuras geométricas, as quais são invariavelmente o que são. Mas as coisas úteis, objeto próprio da prudência, não são tais que nunca mudem: "o que é útil hoje, não o será amanhã; útil para um, não para outro; útil em certas circunstâncias (οὕτως), mas não em outras (ἐκείνως)".[151] Não se percebeu suficientemente que essas notações introduzem na economia da moral aristotélica a dimensão da temporalidade. Enquanto a moral estóica nos convidará a escapar ao tempo que passa, lugar de queixas e esperas vãs, e procurar na retidão do instante virtuoso o equivalente da eternidade,[152] a moral aristotélica, nos convidando a realizar nossa excelência neste mundo, não pode desconhecer que o mundo dura e muda no tempo, que é o "número" de seu movimento.[153] Criticando aqueles que, nas escolas socráticas que posteriormente inspirarão o estoicismo, definem as virtudes como estados de impassibilidade e repouso (ἀπαθείας τινὰς καὶ ἠρεμίας), Aristóteles os censura por falarem de modo absoluto (ἁπλῶς) e por não acrescentarem à sua definição de virtude: "da forma que é preciso ou não é preciso e *quando é preciso* (ὡς δεῖ καὶ ὡς οὐ δεῖ καὶ ὅτε)".[154]

---

[150] *Magna Moralia*, I, 34, 1197b 8, 1197a 34-35.
[151] *Ibid.*, 1197a 38-b 1.
[152] Cf. Goldschmidt, V. *Le système stoïcien et l'idée de temps*, especialmente, p. 205-10.
[153] *Fís.*, IV, 11.

Um pouco além, lembrando que a virtude moral tem por matéria as afecções (πάθη) e ações (πράξεις), nas quais pode haver excesso, falta e justo meio, e definindo a virtude pelo justo meio, Aristóteles explicita essa noção dizendo que ela consiste em agir ou padecer "*quando* é preciso, nos casos em que e a respeito de quem é preciso, em vista do fim que é preciso e da maneira que é preciso".[155]

Embora só haja uma forma de fazer o bem, há muitas maneiras de errar.[156] Uma delas consiste em fazer cedo ou tarde demais o que teria sido preciso fazer mais tarde ou mais cedo. Os gregos têm um nome para designar essa coincidência da ação humana e do tempo, o que faz com que o tempo seja propício e a ação boa: é o καιρός, a ocasião favorável, o

---

[154] EN, II, 2, 1104b 24-26. Quem Aristóteles visa aqui? Sêneca (*Ad Lucilium Epistulæ*, 9, 1) atribui a Estilpon a paternidade do termo ἀπάθεια. Porém, tal idéia devia ser corrente em todos os círculos provenientes do socratismo (cf. EE, II, 4, 1222a 3); a ἀπάθεια do próprio Sócrates era, de resto, lendária (cf. *Seg. Anal.*, II, 13, 97b 23, e acima, p. 68).

[155] Τὸ δ'ὅτε δεῖ καὶ ἐφ' οἷς καὶ πρὸς οὓς καὶ οὗ ἕνεκα καὶ ὡς δεῖ, μέσον τε καὶ ἄριστον, ὅπερ ἐστὶ τῆς ἀρετῆς (II, 5, 1106b 21-23). Aristóteles explica, um pouco à frente, que nem todas as ações ou afecções são suscetíveis de justo meio nem, por conseqüência, de uso oportuno: assim, há um tempo oportuno para a cólera (1106b 18; 9, 1109a 28) e para o desejo (III, 15, 1119b 17) mas não para o adultério (6, 1107a 16). Pois são ações e paixões que são, por definição e sempre, excessivas. Sem dúvida, Aristóteles se antecipa à crítica que assimilaria sua teoria do justo meio a um "oportunismo" demasiado fácil, ou a uma casuística excessivamente sensível aos atenuantes das "circunstâncias".

[156] Como diz um poeta, de quem Aristóteles não nos dá o nome (EN, II, 5, 1106b 35).

tempo oportuno. A originalidade de Aristóteles certamente não consiste em tomar para si essa noção de origem popular, familiar, aliás, à sabedoria das nações, mas em lhe dar um lugar na definição de ato moral. Se a moral não é uma ciência exata é porque seu domínio "nada tem de estável (οὐδὲν ἑστηκὸς ἔχει)"; ou antes, pode bem legiferar em geral, mas "são os próprios atores que deverão se dar conta da oportunidade (τὰ πρὸς τὸν καιρὸν σκοπεῖν), tal como ocorre na medicina e na navegação".[157] Do mesmo modo, nos julgamentos que fazemos sobre as ações alheias, as quais só são louváveis ou censuráveis na medida em que são voluntárias,[158] convém dar-se conta das circunstâncias nas quais o ato se produz. Do mesmo modo que, durante uma tempestade, joga-se ao mar a carga da qual ninguém se desfaria a sangue-frio, ou quando somos prisioneiros de um tirano que tem em seu poder nossos entes queridos, cumprimos "voluntariamente", diz Aristóteles, atos que, em absoluto, desejaríamos por eles próprios.[159] De modo inesperado para nós, modernos, Aristóteles não invoca as circunstâncias para restringir a liberdade, logo, a responsabilidade, mas para ampliar o conceito: para julgar até que ponto um ato é voluntário (ἑκούσιον) não o tomamos em si mesmo mas em seu contexto, e percebe-se, então, que a "vontade" deve sempre se defrontar com algum constrangimento sem por isso desaparecer. O exemplo, cita-

---

[157] EN, II, 2, 1104a 8-9.
[158] *Ibid.*, III, 1, 1109b 31.
[159] *Ibid.*, 1110a 4 ss. A língua francesa clássica falará de *prudência*:
Et c'est toujours prudence en un péril funeste
D'offrir une moitié pour conserver le reste (Corneille, *Toison d'Or*, I, 2).
[Literalmente: "E é sempre prudente, num perigo funesto,
oferecer a metade para conservar o resto".]

do por Aristóteles, do homem prisioneiro de um tirano não é uma exceção, mas ilustra uma verdade geral que concerne à condição humana, pois não é somente em casos extremos que "o fim da ação é relativo às circunstâncias", ele sempre o é.[160] O objeto da vontade ou, em termos aristotélicos, da *escolha*,[161] não é o Bem absoluto, mas o bem relativo à situação, ao momento presente, sempre sacrificando alguma parte do Bem em relação a outra, definitivamente um mal menor.

O que surpreende, à primeira vista, nos textos sobre o *kairos* é o aparente amoralismo que daí emerge: não que Aristóteles absolva necessariamente aquele que comete uma ação vergonhosa para evitar um grande mal (ele o apresenta, ao contrário, como "responsável" por seus atos, *malgrado* as circunstâncias), embora se abstenha de condená-lo em absoluto. Não há (salvo exceções, como o adultério) regra universal que diga: tal ato é intrinsecamente mau. É ao juiz,[162] e antes ao agente, que cabe apreciar a cada vez a relação entre a qualidade da intenção e os inconvenientes ou os riscos que sua realização implicam. É um problema *técnico* de adaptação recíproca entre meios e fins, exatamente análogo àqueles que se põem cotidianamente ao médico e ao piloto. Toda intervenção médica, toda iniciativa na navegação, comporta um perigo: a única questão é saber se o perigo é menor que aquele que correria o doente ou o navio se nada fosse feito. Então, a má ação será aquela que se volta contra suas intenções, a boa

---

[160] Τὸ δὲ τέλος τῆς πράξεως κατὰ τὸν καιρόν ἐστιν (III, 1, 1110a 14).

[161] Cf., abaixo, cap. III, § 2.

[162] Note-se o caráter *jurídico* das análises de III, 1-3, onde se trata de determinar em quais casos o homem tem ou não inteira responsabilidade por seus atos.

ação será a ação "bem sucedida". A moral parece reduzir-se a uma questão de *tática*:[163] ressalta-se menos a definição de bem do que a realização do melhor possível.

Ao introduzir na moral a noção de *kairos*, a qual tinha sido elaborada antes de Aristóteles sobretudo pela dupla tradição retórica e médica,[164] Aristóteles, então, parece reduzir

---

[163] Saber perceber o *kairos* é uma das condições da ação militar ou política. Para o emprego da palavra nesses dois domínios, cf. *Pol.*, V, 11, 1314b 16; 10, 1312b 25, e já em Platão, *Carta VII*, 326a-327e (esperar o *kairos*, o qual, por um "favor divino", permitirá ao filósofo tomar o poder). Teofrasto escreverá as πολιτικὰ πρὸς καιρούς. Cf. Cícero, *De finibus*, V, 4, 11, segundo o qual Teofrasto foi mais longe que Aristóteles, ao estudar não somente "a melhor forma de Estado" (*optimus reipublicae status*) mas ainda, *"quae essent in re publica rerum inclinationes et* momenta temporum, *quibus esset moderandum, utcumque res postularet"*.

[164] No primeiro desses domínios, a importância do *kairos* foi enfatizada por Górgias, o qual escreveu um Περὶ τοῦ καιροῦ (cf. Dionísio de Halicarnasso, *De compositione verborum*, 45, 6 ss.) e por Isócrates. Substituem a técnica racionalista dos retóricos sicilianos, antes de tudo preocupados com a verossimilhança (εἰκός) do conteúdo, por uma técnica fundada na exploração das circunstâncias: não basta dizer uma coisa justa, é preciso dizê-la com propósito (Isócrates, *Panegírico*, 9; *Contra os Sofistas*, 13, 16; cf. Platão, *Fedro*, 272a). Alcidamas tirará uma conseqüência radical disso mostrando a superioridade do discurso improvisado, flexível às reações imprevisíveis do auditório, sobre o discurso preparado (*Sobre os Sofistas*, 10 ss.). Platão retoma essa idéia, mas com novo sentido, no *Fedro*, 275d-e. Sobre o *kairos* nos retóricos, cf. W. Süss, *Ethos*, Leipzig, 1910, p. 18-27; Robin, L. "Introd. au *Phèdre"*, p. CLXIV-CLXVII; Diès, A. *Autour de Platon*, I, p. 201 ss.; Untersteiner, M. *I sofisti*, p. 151-9, 215 ss., 239 ss.; Kesters, H. *Antisthène. De la dialectique*, p. 19-20; Mikkola, E. *Isokrates*, Helsinki, 1954, p. 154-6. Por outro lado, é lugar comum na medicina hipo-

o problema moral a um problema técnico, ou seja, estranho à consideração dos *fins*. Na realidade, seria natural que, no ardor de uma polêmica ainda não extinta, o autor da *Ética* insistisse em um aspecto que o platonismo clássico tinha aparentemente negligenciado. A distinção entre φρόνησις e δεινότης bastaria para nos assegurar que Aristóteles não foi ao extremo nesta redução. Mas, insistindo sobre a consideração do *kairos*, parece querer extrair uma certa estrutura da ação humana, que permanece idêntica quaisquer que sejam os fins dessa ação. A ação moral é apenas um caso particular da πρᾶξις e, por isso, não pode se subtrair à exigência de toda e qualquer *práxis:* realizar seu fim próprio, ser uma ação bem sucedida, εὐπραγία. Uma ação frustrada não é uma ação, não pode, pois, *a fortiori*, ser uma ação moral. Aristóteles simplesmente lembra, contra um certo platonismo, e sobretudo contra o socratismo difundido que iria desabrochar alguns anos mais tarde no estoicismo, que a moralidade não pode se alimentar da impotência e do fracasso, pela razão essencial que

---

crática a idéia segundo a qual são vãos os preceitos demasiado gerais e que é necessário adaptar a terapêutica à variabilidade dos indivíduos e das circunstâncias, apreendendo a cada vez o *kairos*; cf., por exemplo, Festugière, *De l'ancienne médecine*, p. 7; Littré, *Des lieux dans l'homme*, § 44, e os numerosos textos citados por Joachim *in Eth. Nic.*, p. 75-7 (a propósito de II, 2, 1104a 9); Souilhé, J. *La notion platonicienne d'intermédiaire*, p. 32 ss.; Bourgey, L. *Observation et expérience chez les médecins de la collection hippocratique*, p. 203, 223. O empréstimo da noção de *kairos* do vocabulário médico é atestado pelo próprio Aristóteles (1104a 9; cf. 1104a 5) em uma passagem destinada a introduzir a teoria do justo meio, cuja origem médica é evidente (cf., por exemplo, II, 5, 1106b 3 e o comentário de J. Souilhé *ad loc.*). O paralelismo entre as técnicas médicas e retóricas já havia sido invocado por Górgias (*Helena*, 14; cf. Platão, *Fedro*, 270b).

é a de que a moral não reside somente na vontade, mas na ação. Ora, se a intenção pode ser indiferente ao resultado, a ação deve contar com a imprevisibilidade do mundo.

Mas aqui Aristóteles se choca, como seus predecessores, com a impossibilidade de fornecer uma determinação racional do *kairos*, sem o discernimento do qual não pode haver, no entanto, boa ação. Dionísio de Halicarnasso lamentará, mais tarde, por nenhum filósofo ou retórico ter podido dizer nada de útil sobre o *kairos*. Contudo, endereçando sua censura principalmente a Górgias, "o primeiro a tentar escrever a respeito", acaba por fornecer involuntariamente a razão dessa carência. Com efeito, Dionísio nos diz, sem dúvida seguindo Górgias, que o *kairos* não pertence à ciência mas à opinião (οὐδ' ὅλως ἐπιστήμῃ θηρατός ἐστιν ὁ καιρός, ἀλλὰ δόξῃ)[165] e, por conseguinte, jamais poderíamos esperar uma "apresentação geral e metódica" da questão, menos ainda uma técnica de aplicação.[166] Isócrates desenvolverá o mesmo tema em *Antídosis*: não é por conhecimentos gerais mas pela opinião que nos familiarizamos com as circunstâncias (καιροί), as quais, em sua diversidade infinita, escapam à ciência.[167]

---

[165] *De comp. verb.*, 45, 17 Usener-Radermacher.

[166] *Ibid.*, 1. 16-17 e 13.

[167] *Antídosis*, 184: os pedotribas devem velar por aquilo que seus discípulos τῶν καιρῶν ἐγγυτέρω ταῖς δόξαις γένωνται. Τῷ μὲν γὰρ εἰδέναι περιλαβεῖν αὐτοὺς οὐχ οἷόν τ' ἐστιν· ἐπὶ γὰρ ἁπάντων τῶν πραγμάτων διαφεύγουσι τὰς ἐπιστήμας. Compreende-se aí a razão profunda que faz com que a retórica não seja uma τέχνη, entendida simplesmente como um conjunto de regras universalmente variáveis, e sim, como o diz Platão, em um sentido injustamente pejorativo, uma ἐμπειρία (*Górgias*, 463b), uma ἄτεχνος τριβή (*Fedro*, 260e). E Sócrates não pensa em tratá-la de outro modo quando, no *Górgias*, defi-

Ora, nas duas *Éticas*, *Eudêmia* e *Nicomaquéia*, Aristóteles desenvolve a respeito do *kairos* uma idéia que mantém relação com a precedente. Trata-se de mostrar, contra Platão, que o Bem não é uma Idéia comum à multiplicidade: οὐκ ἂν εἴη κοινόν τι καθόλου καὶ ἕν,[168] pois se assim fosse, o Bem seria dito de apenas uma categoria. Na realidade, há tantos sentidos de bem quantos há de categorias do ser: assim, o bem significa Deus e o intelecto na categoria de essência, a virtude na de qualidade, a justa medida (μέτριον) na de quantidade, o útil na de relação, a *ocasião* (καιρός) na de tempo, a localidade conveniente (δίαιτα) na de lugar,[169] o

---

ne a retórica como "uma prática estranha à arte, mas que exige uma alma dotada de penetração e audácia (ψυχῆς στοχαστικῆς καὶ ἀνδρείας) e naturalmente apta ao comércio dos homens" (463a). Isócrates não diz outra coisa quando assegura que o difícil na arte da oratória não é "adquirir a ciência dos princípios (τῶν μὲν ἰδεῶν... τὴν ἐπιστήμην), a partir dos quais pronunciamos e compomos nossos discursos", mas "escolher aqueles que convêm a cada tema (ἐφ' ἑκάστῳ τῶν πραγμάτων ἃς δεῖ προελέσθαι)" e "não perder as ocasiões (ἔτι δὲ τῶν καιρῶν μὴ διαμαρτεῖν)", pois para isto é preciso "uma alma audaciosa e perspicaz" (ψυχῆς ἀνδρικῆς καὶ δοξαστικῆς ἔργον εἶναι) (*Contra os sofistas*, 16-17). W. Süss aproxima as duas passagens (*Ethos*, p. 20) e conclui que a analogia provém de uma origem comum, que poderia ser uma definição gorgiana de retórica, insistindo sobre a *finesse* do tato necessária à apreensão dos imponderáveis, por oposição a um saber aprendido de cor. Os argumentos (λόγοι), aos quais faz alusão o *Fedro* (260e), que tendem a provar que a retórica não é uma arte, bem poderiam ser de Górgias. Mas é claro que, para ele, se ela não é uma arte é porque é *mais* que uma arte, um tipo de advinhação, uma "estocástica".

[168] EN, I, 4, 1096a 27-28.
[169] *Ibid.*, 1096a 24-27; cf. EE, I, 8, 1217b 32 ss.; *Tópicos*, I, 15, 107a 5-12.

ensinar e o aprender nas categorias de agir e padecer.[170] Essa enumeração fornece, de inicio, entre outras coisas, uma determinação da noção tão fugidia de *kairos*: o *kairos* é o bem segundo o tempo, ou ainda, o tempo enquanto nós o consideramos como bom.[171] Ainda mais interessante para nosso propósito é o comentário das duas *Éticas* a respeito da enumeração precedente: visto não haver Idéia comum de bem, haverá tantas ciências do bem quanto *gêneros* do bem, ou seja, de *categorias* segundo as quais o bem se diz. E mais, acrescenta Aristóteles, não há uma ciência única do bem no interior de uma mesma categoria, "por exemplo, da ocasião e da medida", pois "são ciências diferentes que estudam ocasiões diferentes" (ἑτέρα ἕτερον καιρὸν θεωρεῖ): a ginástica ou a medicina no domínio da saúde, a estratégia no domínio das ações guerreiras.[172] Portanto, há tão pouca ciência do Bem em geral que nem mesmo se pode falar cientificamente da ocasião ou da medida etc. em geral, mas somente de seus diferentes domínios de aplicação. Aristóteles não vai mais longe aqui, mas é possível perguntar se fragmentar assim a noção de *kairos* não levaria a uma diversidade irredutível de toda ciência, pois mesmo no interior da medicina ou da arte militar há tantas ocasiões quanto situações particulares. Poderíamos aproximar essas passagens daquela onde Aristóteles, na

---

[170] EE, I, 8, 1217b 33.

[171] Observe-se o paralelismo com a noção médica de divaita, que designa o gênero de vida, especialmente em função do lugar. Os hipocráticos não se preocupavam menos com a localidade favorável (cf. o περὶ διαίτης, II, 37) do que com o momento favorável. Cf., também, *Dos ares, das águas e dos lugares*, e Aristóteles, *Política*, VII, 7.

[172] EE, I, 8, 1217b 37-41; cf. EN, I, 4, 1096a 32-34.

Política, a propósito da virtude, adota claramente o partido de Górgias contra a ambição socrática de procurar definições comuns.[173] À questão de Sócrates, *o que é a virtude?*, Ménon, como se sabe, respondia exibindo uma "pletora de virtudes".[174] Ora, Aristóteles finge ignorar o ensinamento socrático enfatizando, por seu turno, que não há uma virtude, mas virtudes: assim, a virtude do escravo não é a mesma do mestre, "a temperança não é a mesma na mulher e no homem, nem tampouco a coragem ou a justiça, como pensava Sócrates"; por isso, "é enganar-se dizer que em termos gerais a virtude consiste na boa disposição da alma ou na retidão da conduta ou em qualquer outra coisa semelhante; muito melhor seria enumerar as virtudes, como Górgias, do que dar-lhe tais definições".[175] Quer se trate da virtude ou da ocasião é, pois, impossível falar *em geral*: a ciência deve fragmentar-se em tantas partes quantas comporte seu objeto; porém, ao fragmentar-se assim, é possível perguntar se ela ainda permanece uma ciência. Finalmente, as situações éticas sempre são singulares, incomparáveis: mais do que aos discursos gerais, será preciso se dirigir, pois, a outra faculdade diferente da inteligência dianoética para determinar, a cada vez, não somente a ação conveniente, mas também o tempo oportuno. Invocando não somente as lições da experiência médica, mas também a profunda percepção que os retóricos tinham da condição humana, Aristóteles, muito conscientemente, retoma uma corrente de pensamento que Platão tinha injustamente menosprezado.

---

[173] *Met.*, M, 4, 1078b 28.

[174] *Ménon*, 72a.

[175] *Pol.*, I, 13, 1260a 15-18 ([na edição francesa] tradução de J. Aubonnet).

Mas, se nenhuma ciência ou arte – pois a própria arte procede por julgamentos universais[176] – nos permitem discernir ou apreender infalivelmente o *kairos*, como explicar que certos homens o atingem, e o fazem mais que outros? No capítulo da *Ética Eudêmia* sobre a boa fortuna, que já analisamos,[177] Aristóteles foi tentado a dar a esta questão uma resposta irracionalista: vemos, ele diz, que alguns homens "desejam o que convém, *quando convém* e como convém", e isso "sem reflexão" (ἄνευ λόγου)[178] e mesmo "contrariamente a todos os ensinamentos da ciência e a todo raciocínio correto" (παρὰ πάσας τὰς ἐπιστήμας καὶ τοὺς λογισμοὺς τοὺς ὀρθούς),[179] e mesmo, de modo geral, estando inteiramente desprovidos de senso e raciocínio" (κἂν τύχωσιν ἄφρονες ὄντες καὶ ἄλογοι).[180] Poder-se-ia, neste caso, falar de boa fortuna (εὐτυχία)? Certamente, mas é preciso então observar que essa expressão tem dois sentidos: designa tanto um acaso, ou uma sucessão de acasos felizes, embora uma "sorte" deste tipo seja essencialmente precária e descontínua,[181] como também pode tratar-se de uma retidão duradoura do impulso (ὁρμή), e então é preciso convir que se trata de uma boa natureza (εὐφυΐα), ou seja, de um favor divino.[182] Mas, nos dois casos, coincidência ou dom dos deuses, o raciocínio não tem nada a ver com a questão.[183] Aristóteles tira, então,

---

[176] *Met.*, A, 1, 981a 5-7.
[177] Cf. p. 118-25.
[178] EE, VII, 14, 1247b 23-24.
[179] *Ibid.*, 1248a 3-4.
[180] *Ibid.*, 1247b 25.
[181] Οὐ συνεχής (1248b 7).
[182] *Ibid.*, 1248b 3; cf. 1247b 22. É a θεῖα μοῖρα do *Ménon* (99e).

a conseqüência extrema da imprevisibilidade do *kairos*: nem o estudo nem mesmo o exercício[184] nos permitem atingi-lo seguramente, mas somente o favor duradouro dos deuses. A contingência do mundo nos entregou ao arbítrio do decreto divino: não nos salvamos por nossas obras, ao contrário, somos joguetes do destino. Tal misticismo da predestinação, tal sentimento da irrelevância das iniciativas humanas, remetem aos mais sombrios temas da tragédia. A afirmação de um Acaso fundamental conduz à mesma conseqüência pessimista afirmada a partir da Necessidade universal, visto que, nos dois casos, o futuro não depende do homem. O Aristóteles da *Ética Eudêmia* parece fazer o caminho inverso daquele que Epicuro censurará mais tarde aos estóicos:[185] ele só renuncia à necessidade "natural" dos físicos para recair sob o jugo da Fatalidade religiosa.

Aristóteles, porém, não manterá esta posição.[186] Na *Ética Eudêmia*, mostra que o homem habitado por deus não tem a necessidade de deliberar (βουλεύεσθαι), já que existe

---

[183] Ἄλογοι δ' ἀμφότεροι (1248b 6).

[184] Enquanto Górgias e Isócrates, na ausência de técnica aprendida, se apoiavam no exercício. Cf. Dionísio de Halicarnasso, *De comp. verb.*, 45, 18-21; Isócrates, *Contra os Sofistas*, 17; *Antídosis*, 184.

[185] Cf. Epicuro, *Carta a Meneceu* (*ap.* Diógenes Laércio, X, 133-34): "antes seguir docilmente as lendas dos deuses do que ser submetido à fatalidade dos físicos, pois as primeiras nos propõe a esperança de inclinar os deuses pelas preces, enquanto a segunda comporta uma necessidade inflexível". Aristóteles escreveu em sua juventude uma obra intitulada *Sobre a Prece*, mas não se vê nenhum traço dela aqui.

[186] Ao contrário, Teofrasto, talvez porque tenha compreendido mal o sentido da doutrina aristotélica da *phronêsis*, voltará a essa predominância da τύχη, sem compreender bem, é verdade, ao que parece, suas resso

nele um princípio superior ao intelecto e à deliberação,[187] pelo qual atinge sem esforço a rapidez da adivinhação dos prudentes e sábios.[188] Tal argumentação, no entanto, não pode ser invertida? Onde falta inspiração, a deliberação, guiada pela prudência, não pode substituí-la, como na arte o trabalho freqüentemente substitui o gênio? No mesmo texto, é verdade, Aristóteles nos diz que a deliberação não é seu próprio princípio, seu princípio está em Deus.[189] Mas, como vimos, o Deus de Aristóteles torna-se mais e mais distante: permanece, evidentemente, o Primeiro Motor de todas as coisas e, especialmente, o princípio dos movimentos da alma,[190] mas, um vez impresso ou sugerido o impulso, os movimentos da alma escapam em seus detalhes à determinação divina. O que chamaremos, após Teofrasto, a impotência de Deus tem uma dupla face: incapaz de proteger os homens contra os acidentes, tampouco o escraviza ao destino; se a Providência é falível, a fatalidade não o é menos. Se o homem está entregue a si mesmo, também está confiado a si mesmo. Nesse sentido, o "acaso" que Aristóteles reconhece no mundo, e que tem por corolário a imprevisibilidade do futuro, liberta o homem ao mesmo tempo que torna sua existência precária e ameaçada. A τύχη da tragédia se laiciza e se humaniza abrindo-se à *deliberação*.

---

nâncias trágicas. Cf. Cícero, *De finibus*, V, 5, 12; 28, 85. Parece que Teofrasto havia subordinado a felicidade ao acaso, a εὐδαιμονία à εὐτυχία. Ele teria escrito um Περὶ εὐτυχίας (Diógenes Laércio, V, 47).

[187] Κρείττων τοῦ νοῦ καὶ βουλεύσεως (1248a 32).

[188] Φρονίμων καὶ σοφῶν, 1248a 35 (ainda se distinguia mal as duas palavras).

[189] EE, VII, 14, 1248a 19-29.

[190] *Ibid.*, 1248a 25.

Antes porém de estudar como a *prudência* humana responde, através da boa deliberação, tanto aos perigos quanto às solicitações da τύχη, faremos uma observação paralela a propósito do *kairos*. Parece que o *kairos* teve de início uma significação religiosa, remetendo às iniciativas arbitrárias de um Deus que "joga" com o tempo.[191] Paulatinamente, no entanto, ao mesmo tempo em que a noção de Deus se racionaliza e torna-se incompatível com a idéia de um comportamento caprichoso, a noção de *kairos*, não mais empregada em relação a Deus mas sempre traduzindo o caráter casual de nossa experiência do tempo, se laiciza e humaniza: o *kairos* não é mais o tempo da ação divina decisiva, mas o da ação humana possível, que se insere na trama frouxa de uma Providência razoável, porém distante. O *kairos* é o momento em que o curso do tempo, insuficientemente dirigido, parece como que hesitar e vacilar, para o bem ou para o mal do homem. Se o *kairos* terminou por significar a ocasião favorável, compreende-se que tenha podido significar o contrário, o instante "fatal" em que o destino se direciona para a infelicidade.[192] Mas no mundo onde tudo "pode ser e não ser", o ins-

---

[191] Cf. Heráclito, fr. 52 Diels. Um vestígio dessa concepção religiosa de *kairos* parece presente num exemplo citado por Aristóteles nos *Primeiros Analíticos*: "a ocasião não é o tempo oportuno (ὁ καιρὸς οὐκ ἔστι χρόνος δέων), pois a ocasião existe também para Deus, mas para ele o tempo não pode ser oportuno, porque para Deus não há nada que lhe seja útil" (*Prim. Anal.*, I, 36, 48b 35).

[192] Trata-se, aí, da transposição temporal de um sentido originariamente espacial: em Homero, o *kairos* designa "as partes do corpo onde uma ferida é eficaz e paralisa o adversário" (Schuhl, P.-M. "De l'instant propice". In: *Rev. Philos.*, 1962, p. 71); a ferida mortal é dita καίριος πληγή (*Ilíada*, VIII, 84, citado por Aristóteles, *Geração dos Animais*, V, 5, 785a 14-16).

tante da perdição pode ser também o da salvação. Porque é "extático",[193] isto é, porque faz sair os seres de si mesmos, impede-os de coincidir consigo próprio, o tempo comporta essa conseqüência "física" de ser destrutivo, desorganizador.[194] Embora fisicamente desvalorizado como degradação da eternidade, o tempo, em Aristóteles, é objeto de uma reabilitação antropológica, pois, em virtude de sua própria estrutura contingente, é o auxiliar benevolente (συνεργὸς ἀγαθός) da ação humana.[195] É preciso compreender ainda os "acasos" que ele nos oferece. Se é a ferida, é também o remédio. Mas há remédios que agravam a ferida quando são empregados a contratempo. E médicos que matam seus pacientes porque suas prescrições são gerais, ou seja, atemporais, enquanto se vive e morre *no tempo*. Qual "senso" que, como vimos, não é ciência e tampouco unicamente favor divino, nos permitirá, então, fazer o bem no tempo, ou seja, a tempo, ἐν καιρῷ? Píndaro já sugerira um nome: φρονεῖν.[196]

---

[193] Cf. os textos citados em nosso *Problème de l'être...*, p. 433, n. 1.

[194] *Fís.*, IV, 12, 221a 32-b 3.

[195] EN, I, 7, 1098b 24.

[196] *Néméennes*, III, 74-75: a vida humana comporta quatro virtudes: a da juventude, a da idade madura, a da velhice e, enfim, uma quarta que consiste em "apreender o que convém no instante presente", φρονεῖν... τὸ παρκείμενον (Dornseiff, *Pindar übersetzt und erläutert*, Leipzig, 1921, p. 121, comenta: *"die rechte Erkenntnis des Zeitgemässen"*; e Schwartz, E. *Ethik der Griechen*, p. 52-3, precisa: *"das moralische Denken, das erfasst, was der Augenblick gebeut"*). A ligação entre φρονεῖν e καιρός é igualmente atestada (desta vez isenta de toda idéia moral) por Isócrates, *Panegírico*, 9: τὸ δ' ἐν καιρῷ ταύταις [as ações passadas] καταχρήσασθαι... τῶν εὖ φρονούντων ἴδιόν ἐστιν. A importância da compreensão do *kairos* para a vida humana é um lugar comum da poesia. Cf. Hesíodo, *Os Trabalhos e os Dias*, v. 694: μέτρα φυλάσ-

σεσθαι, καιρὸς δ' ἐπὶ πᾶσιν ἄριστος; Píndaro, *Pítica*, IX, 78: ὁ δὲ καιρὸς... παντὸς ἔχει κορυφάν (sobre o *kairos* em Píndaro, cf. Untersteiner, M. *La formazione poetica di Pindato*, Messine, 1951). Numa tradição totalmente diversa, pode-se encontrar a relação entre *phronêsis* e *kairos* na parábola evangélica das virgens prudentes, (φρόνιμοι) (Mt, 25, 1-13) ou do servidor prudente (Mt, 24, 45), que velam esperando "o dia e a hora" ou, como é dito expressamente em Mc, 13, 33, o *kairos*. Mas o sentido dessa relação, aqui, é evidentemente diferente: o tempo dos gregos, se é imprevisível, não é, no entanto, irreversível e ignora a *unicidade* da ocasião; exige uma disponibilidade inventiva e multiforme e não a espera unívoca do momento decisivo, que será, ao mesmo tempo, o último. Sobre o *kairos* bíblico, cf. Cullmann, O. *Christ et le temps*, Neuchâtel, 1947; sobre suas relações com o *kairos* grego, cf. Jankélévitch, V. *Le je-ne-sais-quoi et le presque-rien*, p. 122-7.

CAPÍTULO III

ANTROPOLOGIA DA PRUDÊNCIA

§ 1. A DELIBERAÇÃO (βούλευσις)

Mostramos até aqui que a prudência só teria razão de ser num *mundo* contingente. Ora, se a encaramos não mais de um ponto de vista cósmico, mas humano, a contingência nos aparece como abertura à atividade dos homens, ao mesmo tempo arriscada e eficaz. Sem a contingência, a ação dos homens não seria apenas impossível, seria também inútil. É tal ação, ao mesmo tempo permitida e requerida pela contingência, em suas relações com a prudência que a guia, que se trata de analisar agora.

Não surpreenderá que encontremos aqui, em termos "subjetivos", o que tentamos extrair, acima, em termos "objetivos". A teoria da contingência e a da ação reta são apenas o direito e o avesso de uma mesma doutrina: é a indeterminação dos futuros que faz do homem princípio; o inacabamento do mundo é o nascimento do homem.

O prudente, vimos, é o homem capaz de deliberar (βουλευτικός) e, mais particularmente, de bem deliberar (καλῶς βουλεύσασθαι).¹ Esta última precisão é importante, à primeira vista, pois a deliberação (βούλευσις), enquanto tal, não é uma noção ética, encontrando emprego sobretudo nos domínios técnico e político. Mas aqui importa, como antes, estudar as condições da ação moral e considerar a estrutura da ação em geral. É por isso que Aristóteles, especialmente no livro III da *Ética Nicomaquéia* (onde estuda os requisitos da ação virtuosa, isto é, o início da própria ação), começa por nos dar uma teoria da deliberação.

Na realidade, tal teoria poderá parecer decepcionante para quem espera encontrar uma *psicologia* da deliberação. De modo algum Aristóteles descreve os estados de alma do homem que delibera (como os modernos o farão longamente, e mesmo Homero o fizera). Ele só se preocupa com o *objeto* da deliberação: onde esperamos uma análise psicológica da ação humana, somos novamente remetidos à ontologia dos *agibilia*, das πρακτά.²

Sobre esse ponto, a análise da deliberação apenas confirma e precisa o que já pressentíamos. Não se delibera sobre todas as coisas, mas somente sobre aquelas que dependem de nós (τὰ ἐφ' ἡμῖν),³ o que exclui: os seres imutáveis e eternos (como a ordem do mundo ou as verdades matemáticas), os seres cujo próprio movimento é eterno (os fenômenos celestes) e, do lado oposto, os eventos submetidos ao acaso fundamental (como as secas ou as chuvas ou a descoberta de um tesouro).⁴ Se nos referirmos à divisão platônica das causas:

---

[1] EN, VI, 5, 1140a 31, 26; VI, 10, 1142b 31.
[2] *Ibid.*, III, 5, 1112a 31.
[3] *Ibidem*; cf. EE, II, 10, 1226a 28.
[4] Resumimos EN, III, 5, 1112a 21-29. Seria preciso acrescentar que não deliberamos sobre os assuntos humanos com os quais não temos ne-

φύσις, ἀνάγκη, τύχη, νοῦς, a deliberação será classificada nesta última rubrica, a qual, esclarece Aristóteles, engloba "tudo o que é obra do homem" (πᾶν τὸ δι' ἀνθρώπου).[5] Aristóteles retira dessa divisão quadripartite das causas um corolário, ignorado por Platão: a incompatibilidade entre a iniciativa humana e a ciência das coisas, conseqüência da separação de seus domínios. A ciência diz respeito ao necessário, que engloba as duas primeiras causas de Platão (ainda que Aristóteles não se pronuncie sobre a questão de saber como a φύσις pode ser reduzida à ἀνάγκη). A atividade inteligente dos homens, ao contrário, concerne, senão ao acaso (como Aristóteles o dirá no Livro VI, enfatizando a afinidade entre τύχη e τέχνη), ao menos a um domínio apresentado aqui como intermediário entre a necessidade e o acaso: aquele das coisas que acontecem freqüentemente (ὡς ἐπὶ τὸ πολύ), mas de forma tal que seu resultado é incerto (ἀδήλοις δὲ πῶς ἀποβήσεται), e comportam indeterminação (ἀδιόριστον).[6]

Tal análise, que nos remete uma vez mais à doutrina da contingência, nos permite reconhecer na deliberação uma constante na relação entre homem e mundo, e não somente uma hesitação provisória devida à nossa ignorância. É verdade que deliberamos na proporção inversa da nossa ignorância, e a deliberação sobre o contingente não é senão a margem que nos separa do conhecimento do necessário: assim, "deliberamos mais sobre a navegação do que sobre a ginástica porque

---

nhum envolvimento (um lacedemônio não delibera sobre a constituição dos citas, e nós não deliberamos sobre os assuntos dos hindus: EE, II, 10, 1226a 29; isto foi escrito antes da expedição de Alexandre). Cf. EN, VI, 5, 1140a 31, 36.

[5] *Ibid.*, III, 5, 1112a 32-33.

[6] *Ibid.*, 1112b 8-9.

a primeira foi estudada com menos precisão que a segunda (ἧττον διηκρίβωται)".[7] Mas se foi menos estudada, talvez seja porque ela é menos estudável, pois sabemos pela *Ética Eudêmia* que a arte da navegação é uma dessas atividades que comportam uma parte irredutível de acaso.[8]

Contudo, na seqüência, Aristóteles nos propõe uma elucidação quase matemática da deliberação, aliás, o que mais foi preservado pela tradição. A deliberação é uma espécie de pesquisa, ζήτησις,[9] que diz respeito às coisas humanas. Consiste em procurar os meios para realizar um fim previamente posto.[10] Ela é, pois, a análise regressiva dos meios a partir do fim, do mesmo modo que nas matemáticas se procede à construção de uma figura: parte-se da figura supostamente construída, ou do fim supostamente adquirido, e pergunta-se quais são as condições para adquiri-la. Para agir, então, bastará inverter a ordem da análise: o que vem em último lugar na ordem da análise, será o primeiro na ordem da gênese.[11] Tal descrição refere-se ao método de *análise* tal como praticado pelos matemáticos da época de Aristóteles, e que será sistematizado mais tarde em uma célebre página de Pappus.[12]

---

[7] EN, III, 5, 1112b 3-6.

[8] Ἐν οἷς τέχνη ἐστί, πολλὴ μέντοι καὶ τύχη ἐνυπάρχει, οἷον ἐν στρατηγίᾳ καὶ κυβερνητικῇ (EE, VII, 14, 1247a 5-7).

[9] EN, III, 5, 1112b 22-25; cf. VI, 10, 1142a 31.

[10] Pois nunca se delibera sobre o fim: III, 5, 1112b 14; cf. *Retórica*, I, 6, 1362a 18.

[11] Τὸ ἔσχατον ἐν τῇ ἀναλύσει πρῶτον εἶναι ἐν τῇ γενέσει (1112b 23-24). Cf. 1112b 18-20: ... ἕως ἂν ἔλθωσιν ἐπὶ τὸ πρῶτον αἴτιον, ὃ ἐν τῇ εὑρέσει ἔσχατόν ἐστιν.

[12] "A análise é a via que parte da coisa procurada, considerada como concedida, para chegar por meio de conseqüências que dela decorrem a

No entanto, a questão é saber até que ponto a analogia vale para a deliberação. Com efeito, a *análise* matemática supõe, para ser aplicável, um certa homogeneidade operatória, uma "reversibilidade incondicional"[13] entre o antecedente e o conseqüente, na medida em que ela consiste em deduzir o antecedente (conhecido) do conseqüente (desconhecido e somente suposto), para poder fazer depois a verdadeira demonstração em sentido inverso. Descartes expressará sua admiração por essas "longas cadeias de razões" que se pode percorrer nos dois sentidos. No entanto, elas supõem um universo homogêneo que possa ser deduzido em todo o seu conjunto a partir de qualquer uma de suas partes. Ora, a ação humana se desenvolve num tempo irreversível. Não se poderia assimilar inteiramente a relação entre meio e fim à das proposições matemáticas entre si, de tal modo que se pudesse *ad libitum* deduzir o fim do meio ou o meio do fim. E isso não acontece, por duas razões: em primeiro lugar, um mesmo fim pode ser realizado por muitos meios diferentes; em segundo, enquanto o fim não é verificado pela experiência, a causalidade

---

algo já admitido como resultado de uma síntese. Pois na análise supomos dado o que é procurado e nos perguntamos por sua condição e, mais uma vez, por sua causa antecedente, até atingirmos algo já conhecido ou pertencente à classe dos primeiros princípios; chamamos um tal método *análise*, na medida em que constitui uma solução pela ordem inversa (ἀνάπαλιν λύσιν)". A "síntese" é o processo inverso pelo qual se restabelece "a ordem natural" dos antecedentes e consequentes (*Collection mathématique*, VII, Préface, 634, 10 ss. Hultsch). Pappus faz remontar este método a Euclides e mesmo a Platão (cf. também Proclo, *Comentário sobre Euclides*, III). De fato, o método parece conhecido dos pitagóricos. Cf. Heath, Th. *Greek Mathematics*, I, p. 168; II, p. 400-1; *idem. Mathematics in Aristotle*, p. 271-2.

[13] Heath, Th. *Greek Mathematics*, II, p. 401.

instrumental do meio é apenas uma causalidade suposta, e isso por duas razões: primeiro, entre a causa e o efeito podem se interpor eventos imprevisíveis, criando obstáculos à causalidade do meio e impedindo, de forma geral, o estabelecimento de silogismos concludentes, *no tempo*, da causa a um efeito não simultâneo.[14] Em segundo, e inversamente, a causalidade do meio pode exceder a finalidade procurada: o meio não é somente meio *para* um fim, ele também tem sua causalidade eficiente e se não puder ser dominado, ou simplesmente previsto, corre o risco de viver sua própria vida e passar ao largo, ou ir além do que se esperava. Assim, o remédio ou a operação cirúrgica são meios em vista da saúde, mas ocorre também que matem o enfermo.[15] Matam-no, é verdade, *por acidente*, e "do acidente simplesmente não há ciência",[16] o que não é, em absoluto, desculpa para o médico, que deve se lembrar que vive num mundo em que está sempre presente a possibilidade do acidente, que não é inteiramente transparente à sua ciência.

De fato, Aristóteles distingue dois casos: quando há apenas um meio de realizar um fim posto, e quando o fim pode ser realizado por muitos meios. No primeiro caso, há apenas uma solução e trata-se de encontrá-la. Mas neste caso, a relação entre o fim e o meio é recíproca e necessária; relação que será, pois, objeto de ciência, e a "deliberação" que precede a solução não será senão a medida de nossa ignorância ou, ao menos, de nossa dificuldade em atualizar nosso saber. Quando a solução é única, se não a encontrarmos não temos

---

[14] Cf. *Seg. Anal.*, II, 12, 95a 24-b 1.
[15] Cf. *Met.*, E, 2, 1027a 22-27.
[16] *Ibid.*, 1026b 4.

ninguém para responsabilizar a não ser nós mesmos: o bom matemático não delibera, tampouco o bom gramático.[17] Todavia, pode-se perguntar se este caso privilegiado (que no texto de Aristóteles conduz à comparação com a análise matemática) encontra aplicação freqüente nas atividades humanas, por exemplo, "nas questões de medicina ou nos negócios".[18] Dado o fim (curar ou enriquecer), a dificuldade virá do fato de existirem muitos meios de realizá-lo: o embaraço nasce, então, não da ausência de via, mas da pluralidade de vias que se abrem,[19] das quais não estamos assegurados de sua eficácia. É aqui que a deliberação encontrará seu emprego, já que se trata de saber ou, sobretudo, prever (não se trata de ciência, mas de opinião)[20] a eficácia respectiva dos meios possíveis e também os riscos da causalidade adjacente e parasita que eles comportam. Aqui, a matemática – ao menos a matemática grega que ignorava os problemas do *optimum*[21] – não será de nenhum auxílio. O homem está reduzido a

---

[17] EN, III, 5, 1112b 1.

[18] *Ibid.*, 1112b 4.

[19] Esta relação dialética que faz nascer a *aporia*, não da ausência de vias, mas de sua pluralidade, é bem observada pelo coro de *Antígona* (v. 360), para quem o homem é um παντοπόρος ἄπορος (contrariamente à ed. Mazon, não separamos por vírgula as duas palavras e lemos: παντοπόρος ἄπορος ἐπ' οὐδὲν ἔρχεται).

[20] Cf. *infra*, p. 183.

[21] Leibniz é o primeiro a encontrar nas matemáticas o modelo que permite interpretar a deliberação e a escolha: as matemáticas permitem, com efeito, determinar, por aproximações, um *optimum*, ou seja, obter, segundo a "lei de determinação máxima", "o máximo de efeito com o mínimo de esforço" (cf. *De rerum originatione radicali*, VII, 303 Gerhardt; 79 Schrecker).

conjecturas, e somente comparando-as deverá procurar, entre os meios possíveis, qual é "o mais rápido e melhor".²²

Finalmente, a comparação da deliberação com a análise matemática não tem outro objetivo senão o de manifestar o caráter *regressivo* da pesquisa dos meios a partir do fim. Seria um erro ver mais do que isso e concluir uma estrutura quase matemática da ação, tentação contra a qual Aristóteles, aliás, nos adverte.²³

* * *

Mais instrutiva é a alusão que, um pouco mais à frente,²⁴ Aristóteles faz às origens políticas da noção. A palavra βούλευσις, que Aristóteles é o primeiro a empregar com sentido técnico, remete à instituição da βουλή, a qual designa, em Homero, o Conselho dos Anciãos e, na democracia ateniense, o Conselho dos Quinhentos, encarregado de preparar por deliberação prévia as decisões da Assembléia do Povo: o Conselho delibera (βουλεύεται), o povo escolhe ou, ao menos, ratifica. Invocando a prática homérica, Aristóteles pretendia simplesmente lembrar que não há decisão (προαίρεσις) sem prévia deliberação. Mas lembra também, nem que seja apenas pela escolha da palavra βούλευσις, que a deliberação consigo mesmo é apenas a forma interiorizada²⁵ da

---

²² Διὰ τίνος ῥᾷστα καὶ κάλλιστα [γίγνεσθαι] ἐπισκοποῦσιν (1112b 17).

²³ EN, I, 1, 1094b 25-27.

²⁴ *Ibid.*, III, 5, 1113a 7.

²⁵ Interiorização que começa com Homero, o qual emprega freqüentemente a expressão βουλεύειν θυμῷ. Cf. *Odisséia*, XX, v. 5-30, a descrição desta "deliberação consigo mesmo".

deliberação em comum, do συμβουλεύειν, tal como se praticava, senão na Assembléia do povo, ao menos no Conselho dos homens de experiência, dos φρόνιμοι.

Aristóteles expôs a teoria desse discurso deliberante na *Retórica*. Com efeito, nesta obra o autor distingue três gêneros do discurso, segundo o auditório para o qual é dirigido. Quando o ouvinte não é somente espectador (θεωρός), mas julga (κριτής), e seu julgamento não diz respeito ao passado (τῶν γεγενημένων), mas ao futuro (τῶν μελλόντων), ou seja, quando se é claramente membro de uma Assembléia (ἐκκλησιαστής), então o discurso será dito deliberativo (συμβουλευτικός).[26] Se há três gêneros oratórios, e antes, três categorias de ouvinte, é porque há três atitudes do homem a respeito do tempo. O raciocínio retrospectivo sobre o *passado*, chamado gênero *judiciário;* a atitude de espectador, não crítica, a respeito do *presente* favorece o panegírico e a invectiva, objetos do gênero *epidítico;* enfim, o cuidado precavido com o *futuro* suscita o gênero *deliberativo*.[27]

Sob o pretexto de a deliberação pertencer ao tratado de retórica, logo, não "científico", não se tem dado a importância que esta noção merece. Dizer que a deliberação concerne ao futuro, é admitir, o que não é evidente, que o futuro pode ser objeto de deliberação. É certo que Aristóteles faz a teoria do discurso deliberativo sem se interrogar sobre suas justificativas. Contudo, é evidente que o autor não perderia seu tempo elaborando tal teoria se admitisse que nossas deli-

---

[26] *Ret.*, I, 3, 1358a 36-b 8. Observe-se que a deliberação concerne ao membro da Assembléia do Povo e não ao Conselho: Aristóteles tem em conta a evolução que, na democracia ateniense, viu deslizar o poder deliberativo da βουλή para a ἐκκλησία.

[27] *Ibid.*, 1358b 13-20.

berações são vãs e que o futuro será o que deve ser mesmo quando não deliberamos sobre ele. A teoria do discurso deliberativo implica pois a eficácia da deliberação humana, o que é uma nova forma de pressupor a contingência dos futuros: se o futuro estivesse escrito, o discurso deliberante dos homens se calaria diante dos decretos do destino, tais como são expressos pela palavra inspirada dos adivinhos.

Ainda aqui percebemos a ambivalência da experiência aristotélica do tempo. Se deliberamos sobre o futuro é porque nos é oculto, e o fato de precisar deliberar é, em sentido absoluto, uma imperfeição. Mas nossa deliberação não é somente a pesquisa laboriosa de um saber que nos escapa; ela não se limita a calcular um futuro que só aos deuses e aos profetas pertenceria conhecer, como "generais de pijama" avaliando as chances de um combate do qual eles não participam. A deliberação consiste em combinar meios eficazes em vista de fins realizáveis. É assim, pois, que o futuro se abre para nós. Se o homem pode ter uma atitude não somente teórica mas decisória a respeito do futuro, se não é somente um θεωρὸς τοῦ παρόντος[28], mas um κριτὴς τῶν μελλόντων, é porque ele mesmo é um princípio dos futuros, ἀρχὴ τῶν ἐσομένων.[29] Assim, a análise de Aristóteles manifesta o vínculo profundo entre uma filosofia da contingência e a prática

---

[28] *Ret.*, 1358b 3-4, 6, 17-18. No *Protrético*, Aristóteles ainda privilegiava a atitude de *espectador*: aqueles que vão à Olimpíada não para participar dos jogos, mas pelo "espetáculo" (ἕνεκα τῆς θέας), são os verdadeiros filósofos (fr. 12 W, 58 R, p. 53-4 P). Sobre os avatares da metáfora do "panegírico" de Pitágoras (Jâmblico, *Vida de Pitágoras*, 58-9 Deubner; Cícero, *Tusculanæ*, V, 3, 8-9) a Epicteto (*Conversações*, II, 14, 23 ss.), cf. Joly, R. *Le thème philosophique des genres de vie*, p. 21-52.

[29] *Da Interpretação*, 9, 19a 7. Cf., acima, p. 150.

do sistema democrático, ou seja, deliberativo. Uma filosofia que se apoiasse na *ciência* para conhecer a realidade em suas menores determinações, não poderia ter senão desprezo por um regime de assembléia onde a palavra é apenas um biombo para a incompetência ou, no máximo, o substituto abusivo da competência.[30] Do mesmo modo, na idade seguinte, uma filosofia do *destino*, para a qual somente depende de nós o assentimento que damos às nossas representações, não poderá senão ensinar a indiferença às circunstâncias, aos *tempora*, e como corolário uma certa propensão à abstenção política.

Sobre esse ponto, não se pode duvidar que as concepções do mundo refletem a realidade social, mesmo que com um certo atraso. A sociedade de Platão é, por certo, desequilibrada, mas tudo parece ainda possível para a ação humana fundada na ciência. Na idade helenística, a impotência política da Grécia favorecerá uma cosmologia do destino e uma religião da Providência, onde a impossibilidade de transformar o mundo será transmutada em adesão quase mística à sua racionalidade oculta.[31] Entre as duas, o mundo de Aristóteles é ambíguo, como a sociedade onde ele vive: nem tudo é possível porém, nem tudo é impossível; o mundo não é nem inteiramente racional, nem inteiramente irracional. A deliberação traduz essa ambigüidade: a meio caminho da ciência e da adivinhação incerta,[32] ela é da ordem da

---

[30] Platão, *Górgias*, 456a-c, 458e-459c. Para uma defesa de Górgias, cf. nosso *Problème de l'être...*, Parte I, Cap. III.

[31] Cf. Nietzsche: "O estoicismo é a transfiguração moral do escravo" *(Der Wille zur Macht,* ed. Kröner, p. 247).

[32] A boa deliberação (εὐβουλία) não é ciência (pois não se delibera sobre o que se sabe), nem advinhação imediata (εὐστοχία) (pois a deliberação é calculativa e procede lentamente): EN, VI, 9, 1142a 34-b 6.

opinião,³³ ou seja, de um saber aproximativo como o é seu objeto. Fundada em tal saber, nenhuma deliberação será infalível. O homem de bom conselho enuncia o que é possível e o que não é, apreende o *"point de la possibilité"*,³⁴ mas não pode fazer com que esse "possível" seja necessário e, por isso, mesmo a ação melhor "deliberada" sempre comportará o risco, mesmo infinitesimal, do insucesso. Contudo, o que justifica humanamente a deliberação, malgrado sua falibilidade insuprimível, é que uma ação ideal e "científica" (com a qual sonhava Platão) encontra ainda mais resistência das mediações rebeldes da matéria e da imprevisibilidade (em suma, relativa) do tempo, por não levá-las em conta.

Com efeito, vê-se que o que entendemos hoje pelo vocábulo *prudência* não é totalmente estranho ao que Aristóteles entendia pelo bom βουλευτικός.

A democracia deliberativa e, inicialmente, a instituição patriarcal do Conselho de Anciãos fornecem, pois, o modelo da conduta individual *prudente*: em Homero, não é o colérico Aquiles, mas o prudente Ulisses que amiúde delibera "em seu coração". De suas origens políticas, o conceito de βούλευσις

---

³³ Δόξα e βούλευσις dizem respeito ao contingente (para a *doxa*, cf. *Seg. Anal.*, I, 33, 89a 2-3). A βούλευσις seria, pois, uma "orientação especializada" da *doxa* (Régis, L.-M. *L'opinion chez Aristote*, p. 176). Efetivamente, a *Ética Nicomaquéia* distingue a εὐβουλία da δόξα, mas porque a primeira, que é uma *virtude* (diferentemente da simples βούλευσις, cf. abaixo), comporta uma retidão (ὀρθότης), que é estranha ao conceito da segunda (VI, 10, 1142b 6-15).

³⁴ A expressão é do cardeal de Retz, outro grande teórico da ação política (devemos a lembrança a P.-M. Schuhl). Entre os *lugares* aos quais o orador deve recorrer, Aristóteles menciona em boa posição aqueles que são relativos ao possível e ao impossível, περὶ δυνατοῦ καὶ ἀδυνάτου *(Ret.*, I, 3, 1359a 15).

conserva suas justificações relativas. Mais valeria, como o diz Aristóteles a partir de Homero,³⁵ que "apenas um comandasse". O diálogo incerto dos homens que deliberam, mesmo se são φρόνιμοι,³⁶ nada tem a ganhar ao ser comparado com o monólogo seguro do homem competente, do *sophos*. Mas assim como nada se parece tanto com a ciência quanto a falsa ciência, a ciência não é de modo algum um socorro onde a realidade na qual convém agir não é suficientemente determinada para ser conhecida cientificamente. A democracia é, por certo, um regime medíocre,³⁷ o pior dos bons governos e o melhor dos piores, já dizia Platão,³⁸ mas esta mediocridade, que a afasta dos grandes desígnios como das grandes aberrações,³⁹ é o reflexo do mundo em que vivemos.

---

³⁵ *Ilíada*, II, 204; *Met.*, Λ, 10, 1076a 4. Na *Política*, Aristóteles não se pronuncia claramente sobre esse ponto. Ele não parece duvidar que um homem onisciente, que uniria nele a universalidade da lei e o sentido do particular, devesse governar. Mas um tal homem, acrescenta, não é encontrável, pois um único homem não pode saber tudo (cf. III, 16, 1287a 24-25), nem mesmo abranger com o olhar todas as coisas (III, 16, 1287b 8).

³⁶ Como ocorre na *aristocracia*, o governo dos σπουδαῖοι ou dos ἐπιεικεῖς *(Pol.*, III, 10).

³⁷ Μετριωτάτην δὲ τὴν δημοκρατίαν *(Pol.*, IV, 2, 1289b 4).

³⁸ Platão, *Político*, 303a. Cf. Aristóteles, *Pol.*, IV, 2, 1289b 6-9 (Aristóteles cita Platão e corrige: nem mesmo se pode falar do "melhor" dos maus governos, mas somente do "menos mal", ἥττον φαύλην).

³⁹ A degradação do melhor governo (realeza) será, ao contrário, o pior dos maus governos, pois se cairá de muito alto (*Pol.*, IV, 2, 1289a 38) e, além disso, as condições da tirania (concentração dos poderes, ausência de controle popular etc.) já se encontrarão reunidas na realeza. Sobre o *tirano*, cuja figura foi estilizada pelos gregos para fazê-lo um dos paradigmas tradicionais do mal, cf. *Pol.*, IV, 10, 1295a 1-24;

Como as coisas e o homem são tais como são, não convém procurar em tudo o melhor absoluto, mas o melhor possível, dadas as circunstâncias.[40] Seguramente, de direito, cabe ao especialista julgar e escolher,[41] e pode-se supor, sem deliberação prévia. Mas para justificar a atribuição do poder deliberativo ao povo, Aristóteles não está desprovido de argumentos: inicialmente, para julgar não é necessário ser sábio, basta ser "cultivado";[42] em seguida, se é impossível a cada um julgar sobre todas as coisas,[43] o povo unido reúne competências particulares e tem um julgamento suficiente[44] a res-

---

Xenofonte, *Hiéron* ou *De la tyrannie*, e o comentário de Léo Strauss, *De la tyrannie*, trad. fr., Paris, 1954.

[40] Cf. a distinção entre a melhor constituição ἁπλῶς e a melhor constituição ἐκ τῶν ὑποκειμένων *(Pol.*, IV, 1, 1288b 25-26).

[41] *Pol.*, III, 11, 1281b 40-1282a 4 e 1282a 8: τὸ ἑλέσθαι ὀρθῶς τῶν εἰδότων ἔργον ἐστίν.

[42] *Ibid.*, 1282a 5-7: ἀποδίδομεν δὲ τὸ κρίνειν οὐδὲν ἧττον τοῖς πεπαιδευμένοις ἢ τοῖς εἰδόσιν. Sobre esse ponto, Aristóteles uma vez mais dá razão a Górgias contra Platão (cf. nosso *Problème de l'être...*, p. 261-4 e 282 e ss.). É certo que Aristóteles não fala aqui de uma cultura geral, mas de uma cultura particular em relação a um certo domínio (cf. 1282a 4: ὁ πεπαιδευμένος περὶ τὴν τέχνην). Sobre a capacidade "crítica" do homem "cultivado", cf. *As Parte dos Animais*, I, 1, 639a.

[43] Χωρὶς δ' ἕκαστος περὶ τὸ κρίνειν ἀτελής ἐστιν *(Pol.*, III, 11, 1281 b 38).

[44] Πάντες μὲν γὰρ ἔχουσι συνελθόντες ἱκανὴν αἴσθησιν *(ibid.*, 1281b 34-35). O que Aristóteles não diz aqui é que o povo delibera sobre os assuntos comuns *(Pol.*, IV, 14, 1297b 41: τὸ βουλευόμενον περὶ τῶν κοινῶν), em duplo sentido: assunto concernindo ao conjunto dos cidadãos e o que escapa ao domínio "técnico" particular. Ora, sabemos que κοινόν, diferentemente de καθόλου, não é ciência (cf. nosso *Problème de l'être...*, p. 210-1).

peito do conjunto, de modo que "se cada um em particular é pior juiz quando comparado àqueles que sabem, o povo reunido é melhor ou, ao menos, não é pior".[45] Assim, o pluralismo da deliberação é, para Aristóteles, apenas um mal menor, apenas um parco substituto em relação à autoridade monárquica da ciência.[46] No entanto, esse pluralismo, pela crítica recíproca das opiniões que institui, vale mais que as arbitrárias decisões do tirano, cuja personagem assombra, com sua metade sombria, o monarca.

Assim, se a deliberação, enquanto diálogo da alma consigo mesma, denuncia uma dificuldade indigna de um espírito verdadeiramente divino, por outro lado ela vale mais que

---

[45] ... ἅπαντες δὲ συνελθόντες ἢ βελτίους ἢ οὐ χείρους *(Pol.*, III, 11, 1282a 17). Cf. 1281a 39-b 10; 1282a 34-41. Antes, Aristóteles havia dado uma razão de pura oportunidade: excluir o povo do gorverno é povoar o Estado de inimigos; por isso, é preferível deixar o povo participar nas deliberações (λείπεται δὴ τοῦ βουλεύεσθαι καὶ κρίνειν μετέχειν αὐτούς, 1281b 30-31), como fez Sólon. Mais abaixo, enfim, apresenta um argumento mais essencial: uma obra deve ser julgada antes por quem a utiliza do que por seu autor. Assim, o morador julga melhor que o arquiteto a casa e o convidado julga melhor o prato que o cozinheiro. Contrariamente a Platão, que utiliza um argumento análogo para subordinar as técnicas de fabricação às técnicas de uso e, finalmente, à ciência do *Bem* (cf., p. ex., *Eutidemo*, 290c), o argumento de Aristóteles parece implicar que o uso não é uma questão "técnica" mas de opinião: τἄργα γιγνώσκουσι καὶ οἱ μὴ ἔχοντες τὴν τέχνην (1282a 19). Mais nada se disse, após a Antiguidade, contra a "tecnocracia" e em favor dos "usuários". A tendência "surpreendentemente anti-socrática" (diremos, antes, anti-platônica) e "francamente democrática" dessa passagem foi enfatizada por Gigon, O. *Aristoteles. Politik u. Staat der Athener*, Zurich, 1955, "Introdução", p. 34. Sobre a organização do poder "deliberativo", cf. *Pol.*, IV, 14.

[46] Cf., ainda, *Pol.*, III, 15, 1286a 20, 26.

as inspirações arriscadas da paixão. Nada se assemelha mais ao autoritário do que o arbitrário, nem à inspiração do que a improvisação; nada se assemelha mais ao inumano do que o sobre-humano. A deliberação representa a via humana,[47] ou seja, mediana, aquela de um homem que não é completamente sábio nem inteiramente ignorante, num mundo que não é nem absolutamente racional, nem absolutamente absurdo, o qual, no entanto, convém ordenar usando as mediações claudicantes que ele nos oferece.

* * *

A deliberação é, pois, a condição sem a qual a ação humana não pode ser boa ação, ou seja, virtuosa. Mas Aristóteles percebe que a deliberação, cujo conceito é emprestado da prática política, não basta para constituir a virtude, pois a deliberação não diz respeito ao fim mas aos meios, não diz respeito ao bem, mas ao útil,[48] e a deliberação enquanto tal pode ser posta a serviço do mal.[49] Razão pela qual Aristóteles introduz no cortejo das virtudes intelectuais que acompanham a prudência a noção de εὐβουλία,[50] cujo próprio conceito

---

[47] Vimos, acima, que Deus não delibera, tampouco o animal: a única exceção é o homem *(História dos Animais*, I, 1, 488b 24).

[48] Πρόκειται τῷ συμβουλεύοντι σκοπὸς τὸ συμφέρον, βουλεύονται γὰρ οὐ περὶ τοῦ τέλους, ἀλλὰ περὶ τῶν πρὸς τὸ τέλος *(Ret.*, I, 6, 1362a 17-19).

[49] EN, VI, 10, 1142b 18-20.

[50] *Ibid.*, VI, 10.

implica a idéia de uma certa retidão (ὀρθότης),[51] mais particularmente, de uma retidão do entendimento (ὀρθότης τῆς διανοίας).[52] Mas, ainda aqui, Aristóteles não chega a se afastar das implicações políticas da noção que, na linguagem popular, designa antes a habilidade e o sangue frio na escolha dos meios[53] do que a retidão da intenção. Por conseguinte, na descrição de εὐβουλία, dispõe misturados o caráter moral do fim,[54] o discernimento do meio mais conveniente[55] e mesmo a duração *optima*, nem muito longa, nem tão curta, da deliberação,[56] de modo que a εὐβουλία é finalmente definida como a "retidão relativa ao útil, dizendo respeito simultaneamente ao fim a atingir, à maneira e ao tempo".[57] Aristóteles não distinguirá claramente as condições da ação tecnicamente eficaz e as da ação moralmente boa, a definição do útil e a do bem. É verdade que a ambigüidade é imputável à língua grega: já enfatizamos a dupla conotação, utilitária e moral, de expressões como ἀγαθός, εὖ, εὖ πράττειν etc., e Aristóteles também assinala, aqui, a equivocidade da palavra ὀρθότης,[58] a qual pode designar tanto a retidão do fim quanto a perspicácia moralmente neutra do julgamento.

---

[51] Ὀρθότης τίς ἐστιν ἡ εὐβουλία βουλῆς (1142b 16).

[52] EN, VI, 10, 1142b 12.

[53] Cf. os textos citados por Gauthier em seu Comentário, p. 509-10.

[54] A εὐβουλία é ἀγαθοῦ τευκτική (1142b 22), o que permite recusá-la ao incontinente (ἀκρατής) e ao perverso (φαῦλος).

[55] *Ibid.*, 1142b 21-26.

[56] *Ibid.*, 1142b 26-27.

[57] Ὀρθότης ἡ κατὰ τὸ ὠφέλιμον, καὶ οὗ δεῖ καὶ ὡς καὶ ὅτε (1142b 27-28).

[58] Ἡ ὀρθότης πλεοναχῶς (1142b 17).

É certo, como o testemunha esta última observação, que no tempo de Aristóteles se está plenamente consciente da equivocidade das palavras e da necessidade de superá-la. O *Epínomis*[59] já se recusava a considerar como *sabedoria* (σοφία)[60] qualidades intelectuais como boa memória, facilidade para aprender, vivacidade de espírito,[61] das quais Platão tinha feito virtudes.[62] É preciso distinguir, diz o *Epínomis*, o *natural* (φύσις) e a *sabedoria*, ou, como dirá Aristóteles, a *virtude natural* (ἀρετὴ φυσική) e a *virtude moral*.[63] De fato, se houve razão em lembrar que a palavra ἀρετή não tem em sua origem um sentido estritamente moral, mas designa a excelência em sentido amplo,[64] esta observação começa a não valer mais no tempo de Aristóteles. Parece que ἀρετή, empregada absolutamente, já designa, no tempo de Aristóteles, a "virtude" no sentido moderno, isto é, o que é meritório, louvável (ἐπαινετός),[65] por oposição ao que é moralmente neutro, como a ciência[66] ou a habilidade, ou ainda, o que é

---

[59] *Epínomis*, 976bc.

[60] Sabe-se que a palavra σοφός significava inicialmente a habilidade técnica (tal como o lembra Aristóteles em EN, VI, 7, 1141a 9 ss.). É nesse sentido que Píndaro, por exemplo, fala de um ποιητὴς σοφός.

[61] Μνήμη, εὐμάθεια, ἀγχίνοια. A última "virtude" é rapidamente estudada por Aristóteles em EN, VI, 10, 1142b 5, e principalmente no quadro "lógico" dos *Segundos Analíticos*, I, 34.

[62] Cf. os textos citados por Gauthier, p. 508.

[63] Cf., *supra*, p. 101-2.

[64] Cf. Snell, B. *Die Entdeckung des Geistes*, p. 223-5, 236-7.

[65] Cf., *supra*, p. 153, n. 144.

[66] Um texto dos *Tópicos* (IV, 2, 121b 31 ss.) parece atestar que a questão ἐπιστήμη ἢ φρόνησις ἢ ἀρετή devia ser clássica nos círculos da Academia. Xenócrates parece ter sustentado o primeiro ponto de vista

adquirido ao preço do trabalho e do esforço por oposição ao que é natural e inimputável. Em outros termos, ἀρετή parece ser sinônimo de virtude moral.⁶⁷ Compreende-se, por conseguinte, que a noção de *virtude dianoética* seja uma noção bastarda, que nunca foi claramente elaborada por Aristóteles. Por um lado, ele pretende restaurar o sentido antigo da palavra ἀρετή, o de *excelência* enquanto tal, estranha à imputabilidade moral: nesse sentido, a arte, e mesmo a ciência, são virtudes dianoéticas.⁶⁸ Mas, por outro lado, Aristóteles não se liberta inteiramente das implicações éticas da palavra ἀρετή e, por isso, se esforça por distinguir as qualidades intelectuais moralmente neutras, que não são virtudes, e estas mesmas qualidades enquanto ordenadas à realização do bem, que somente são *virtudes* dianoéticas porque estão associadas, de algum modo, à virtude *moral* .⁶⁹

A ambigüidade da palavra εὐβουλία, que devia evocar para o ouvinte desprevenido a qualidade do homem experiente, por exemplo, a do bom estratego,⁷⁰ mas para a qual

---

(cf. *Tóp.*, VI, 3, 141a 6), Aristóteles, a partir da *Ética Eudêmia*, sustentará o segundo.

⁶⁷ Assim, quando define a virtude *moral*, caracterizada pelo justo meio (EE, II, 3, 1220b 34-35), Aristóteles diz simplesmente, na *Ética Nicomaquéia*, ἀρετή (II, 6, 1106b 36).

⁶⁸ EN, VI, 3, 1139b 16.

⁶⁹ Aristóteles declara expressamente que não há *phronêsis* sem virtude moral (VI, 13, 1144a 36). A dificuldade foi bem vista por Santo Tomás, *Summa Theologicæ*, IIª IIæ, q. 47, a. 4 (*Utrum prudentia sit virtus*), 15 (*Utrum prudentia insit nobis a natura*), 16 (*Utrum prudentia possit amitti per oblivionem*).

⁷⁰ Cf. Isócrates, *Evágoras*, 46; Eurípides, *Fenícias*, 721, 746; Xenofonte, *Agesilau*, XI, 9.

Aristóteles se esforça, sem muita convicção, em dar o sentido artificial de "deliberação em vista do bem", apenas exprime uma dificuldade mais geral:[71] as análises de Aristóteles sobre as condições da prudência e as virtudes intelectuais conexas são menos uma contribuição à ética do que fornecem os fundamentos de uma teoria geral da ação, ou seja, de uma hermenêutica da existência humana enquanto agente no e sobre o mundo. Desse ponto de vista, Aristóteles é incomparável, mesmo se não nos propõe, embora procurando obtê-lo confusamente, o que nenhum grego poderia nos dar, ausente uma teoria do pecado: o meio de distinguir a ação má da ação propriamente virtuosa. Convém agora, porém, prosseguir a análise da ação através do que Aristóteles considera como seu segundo momento: a *escolha*.

---

[71] Essa ambigüidade e dificuldade são menos suprimidas do que reforçadas pela definição que Aristóteles apresenta, *in fine*, de εὐβουλία: "uma retidão relativa ao que é útil para a realização de um fim, utilidade da qual a prudência é a verdadeira percepção" (ὀρθότης ἡ κατὰ τὸ συμφέρον πρὸς τι τέλος, οὗ ἡ φρόνησις ἀληθὴς ὑπόληψις ἐστίν, 1142b 32-33). Tal frase fez correr muita tinta. Diremos, somente, que não nos parece necessário corrigir τὶ τέλος, "um fim determinado" (que é atestado pela maioria dos manuscritos), para τὸ τέλος; e que o antedecente de οὗ parece ser τὸ συμφέρον e não τέλος. A prudência é a percepção verdadeira, não do fim, mas do que é útil ao fim, o que de modo algum contraria (malgrado Gauthier, p. 518) a doutrina constante de Aristóteles (claramente expressa em VI, 13, 1144a 7-9: a virtude moral assegura a retidão do fim, a prudência a dos meios, mesmo se a prudência, enquanto vinculada à virtude moral, não possa ser estranha à qualidade do fim). Cf. Aubenque, P. "La prudence aristotélicienne porte-t-elle sur la fin ou sur les moyens?". In: *Revue des études grecques*, 1965, LXXVIII, p. 40-51.

§ 2. A ESCOLHA (προαίρεσις)

A noção de προαίρεσις intervém em dois níveis na economia da ética aristotélica. Primeiro, quando entra na definição de virtude *moral*, definida, no livro II da *Ética Nicomaquéia*, como uma ἕξις προαιρετική, uma disposição concernente à intenção.[72] Mas ela aparece também, agora no livro III da mesma *Ética*, em um contexto totalmente diverso, o da análise geral da estrutura da ação: é aqui que a *proairesis* aparece com sua significação de *escolha* sucedendo a *deliberação*. É deste ponto de vista que devemos nos ocupar, visto que é próprio do homem prudente bem *deliberar* e o que importa saber agora é a qual *escolha* chega sua deliberação.

Contudo, antes de retomar o fio dessa análise (a dos capítulos 4-6 do livro III da *Ética Nicomaquéia*, dos quais modificamos apenas a ordem, visto que a προαίρεσις é estudada antes da βούλευσις, a qual é sua condição) é importante enfatizar a dualidade de contextos, de problemáticas e, enfim, de *sentido*, a fim de evitar confusões das quais nossos predecessores nem sempre escaparam.

Quando Aristóteles define a virtude moral como ἕξις προαιρετική, ele não pensa de modo algum na análise da escolha deliberada que é atualmente a do livro III. Ele pretende dizer que a virtude é uma disposição que exprime uma decisão da qual somos princípio, que engaja nossa liberdade, nossa responsabilidade, nosso mérito: o adjetivo προαιρετικός designa a diferença específica que separa a virtude *moral*, que

---

[72] EN, II, 6, 1106b 36. Essa definição é retomada no livro VI, 2, 1139a 23. Cf. EE, II, 10, 1227b 5-11. É característico que tal determinação não apareça mais na definição das virtudes intelectuais, em particular da prudência (cf. VI, 5, 1140b 4).

nos é imputável, da virtude *natural*, cuja posse não nos concede nenhum mérito, porque não concerne à nossa *proairesis*. É atestado por numerosas passagens de Aristóteles o sentido da palavra προαίρεσις que exprime nossa intenção, ou melhor, nossa disposição interior, o engajamento íntimo de nosso ser, da qual depende nosso valor ou nosso demérito. Pode-se mesmo dizer que é o sentido mais freqüente fora da análise do livro III. É o que ocorre principalmente na *Ética Eudêmia*, onde *proairesis* designa mais freqüentemente a capacidade de cada ser racional de fixar um alvo (σκοπός) para sua vida, alvo sem o qual não pode dar sentido às suas ações particulares.[73] Mas *proairesis* designa também a responsabilidade que daí resulta a respeito do julgamento alheio: ἐκ τῆς προαιρέσεως κρίνομεν ποῖός τις, "é segundo a intenção que julgamos a qualidade moral de alguém, ou seja, esclarece Aristóteles, que julgamos não o que ele faz, mas o fim em vista do qual ele o faz (τὸ τίνος ἕνεκα πράττει)".[74] E um pouco à frente, Aristóteles precisa a significação dessa regra introduzindo a distinção, que se tornará clássica com o estoicismo, entre a intenção (προαίρεσις) e o ato (ἔργον): "distribuímos louvores e censuras considerando antes a intenção do que os atos (εἰς τὴν προαίρεσιν βλέποντες μᾶλλον ἢ εἰς τὰ ἔργα), ... porque se pode cometer atos maus sob coação, enquanto ninguém os quereria livremente (προαιρεῖται δ' οὐδείς)".[75] A *proairesis* é, pois, a sede da imputabilidade: opõe-se à coação e é o fundamento dos atos feitos de bom grado (ἑκούσια),

---

[73] Cf. EE, I, 2, 1214b 7-11.
[74] *Ibid.*, II, 11, 1228a 2-4. Cf. 1228a 1: "É a virtude que faz com que o fim da *proairesis* seja reto".
[75] *Ibid.*, 1228a 12-15.

os únicos que são objeto de louvor ou censura.[76] Porque a virtude (assim como seu contrário, o vício) é uma ἕξις προαιρετική, ela pode ser classificada como ἑκούσια.[77]

O sentido da palavra *proairesis* não difere daquele do livro VII da *Ética Nicomaquéia*, onde se distingue o incontinente (ἀκρατής), que conhece e quer o bem, mas é impedido de fazê-lo pelas paixões, e o mal (κακός), cuja intenção é fundamentalmente perversa: a incontinência (ἀκρασία), diz Aristóteles, é contrária à intenção, παρὰ προαίρεσιν, enquanto a maldade é conforme à intenção, κατὰ τὴν προαίρεσιν.[78] Um exemplo tirado de outra parte da obra de Aristóteles bastará para confirmar esse sentido. No livro Γ da *Metafísica*, estudando as relações entre a sofística e a filosofia, o autor reconhece que uma e outra se movem no mesmo domínio, mas acrescenta que diferem pela intenção "vital" que as anima, τοῦ βίου τῇ προαιρέσει:[79] intenção de verdade, de um lado, intenção de proveito, de outro.

---

[76] EE, II, 11, 1228a 10-12.

[77] *Ibid.*, 1228a 8.

[78] EN, VII, 8, 1151a 7. Cf. o comentário de Robin, *Aristote*, p. 265 e, sobre a *acrasia*, o estudo de Robinson, R. "L'acrasie selon Aristote". In: *Revue philosophique*, 1955, 80, p. 261-80.

[79] *Met.*, Γ, 2, 1004b 24-25. Sobre προαίρεσις no sentido de *intenção*, cf., também, as 21 páginas reunidas por Ross *(Aristotle*, p. 200, n. 3; tradução francesa, p. 280, n. 3; p. 206, n. 39, trad. port.). Ross, ao contrário, não encontra fora do livro III da EN (seria preciso acrescentar, e do livro II da *Ética Eudêmia)* senão 4 passagens onde a palavra tem o segundo sentido que vamos explicitar. É característico de uma certa falta de coordenação entre as análises, no entanto complementares, de Aristóteles que o livro VI da *Ética Nicomaquéia* só conheça a *proairesis*-intenção (2, 1139a 33-b 5; 13, 1144a 20 e também, a despeito de Ross, 1145a 4); o sentido de "escolha" seguramente

Se, ao contrário, considerarmos duas passagens, a da *Ética Eudêmia* e a da *Ética Nicomaquéia*, onde a *proairesis* é tratada *ex professo*, vemos aparecer uma significação totalmente diferente: a da escolha dos meios,[80] escolha consecutiva à deliberação.[81] Por certo, esta escolha é, ela mesma, um desejo (ὄρεξις),[82] pois somente se quer os meios porque se quer o fim, e a escolha dos meios permanece subentendida à vontade do fim, sem a qual a escolha perderia toda razão de ser; nesse sentido, a *proairesis* conserva um aspecto volitivo. Desta vez, porém, o autor não enfatiza a qualidade do fim mas, dado o fim ou sobretudo querido o fim, enfatiza a eficácia dos meios destinados a realizar este fim. Importa, com efeito, que esses meios não sejam da ordem do impossível[83] e, mais precisamente, que sejam escolhidos entre as coisas que dependem de nós.[84] Ora, vimos que a determinação do melhor meio possível era obra da deliberação. A *proairesis* é, por conseguinte, o momento da decisão, o voto (αἵρεσις) sucedendo a deliberação; ela não é mais somente a manifestação da inteligência deliberante, mas da vontade desejante, a qual intervém para impulsionar a deliberação, mas também para pôr-lhe um fim. Pela *proairesis*, o possível meditado ou exa-

---

só aparece em 1139b 6, mas esta passagem, que rompe o encadeamento das idéias, poderia ser um acréscimo posterior. Assim, a análise aristotélica da *prudência* não tira partido da análise da *escolha* (sem dúvida, cronologicamente posterior).

[80] Ἡ δὲ προαίρεσις τῶν πρὸς τὸ τέλος (EN, III, 2, 1111b 27).

[81] Ἀλλ' ἆρά γε [προαιρετὸν] τὸ προβεβουλευμένον (EN, III, 4, 1112a 15). Cf. 5, 1113a 2-5, 10.

[82] EN, III, 5, 1113a 10-12.

[83] *Ibid.*, 4, 1111b 21.

[84] *Ibid.*, 5, 1113a 10-11.

minado torna-se possível querido, querido não por si mesmo, mas como meio em vista de um fim. É tudo isso que Aristóteles quer resumir na definição concisa de *proairesis*, como βουλευτικὴ ὄρεξις τῶν ἐφ' ἡμῖν, "desejo deliberativo das coisas que dependem de nós".[85]

O que surpreende é a ausência de toda referência ao fim (cuja mira é, por certo, pressuposta pela escolha, mas que não a constitui) e, mais ainda, à qualidade deste fim. O único exemplo pelo qual Aristóteles ilustra a análise acerca do fim, no livro III, é característico a esse respeito: queremos (βουλόμεθα) estar saudáveis e escolhemos (προαιρούμεθα) os meios de sê-lo.[86] A escolha aparece desprovida de toda responsabilidade moral, visto que não põe o fim, mas somente escolhe ἐξ ὑποθέσεως,[87] sob a condição de um fim já posto e pelo qual não é responsável. Ela não é mais o lugar da imputabilidade, mas o momento da habilidade. Não exprime um princípio moralmente qualificável, mas um momento que se poderia dizer "técnico" na estrutura de uma ação qualquer. A boa escolha não se mede mais pela retidão da intenção, mas pela eficácia dos meios.

Os intérpretes modernos, em geral, não deixam de sublinhar a equivocidade da palavra *proairesis*, conceito sucessivamente ético e moralmente neutro.[88] Mas daí não tiraram

---

[85] III, 5, 1113a 11. Cf. EE, II, 10, 1226b 17. Observe-se que essa definição é mais elaborada do que a que se encontrará em VI, 2, 1139b 4-5: ὀρεκτικὸς νοῦς ἢ ὄρεξις διανοητική.

[86] EN, III, 2, 1111b 27-28.

[87] Cf. EE, II, 10, 1227a 9-10; 11, 1227b 29-30.

[88] Robin, *Aristote*, p. 265; Ross, *Aristotle*, 1949, 5ª ed., p. 200 (trad. fr., p. 280; trad. port., 206), e a nota de Rackham in *Ethics Nic.*, III, 4, 1111b 5.

todas as consequências.⁸⁹ Não satisfaria, tampouco, a constatação de uma evolução do conceito,⁹⁰ pois na *Ética Eudêmia*, no desenvolvimento *ex professo* sobre a *proairesis*, encontra-se o duplo sentido de "intenção" e de "escolha dos meios", talvez, entretanto, com maior cuidado de reter o primeiro deles do que o fez na *Ética Nicomaquéia*. Mas a *Ética Eudêmia*, no capítulo 10 do livro II, não insiste menos do que a *Ética Nicomaquéia*, e talvez mais claramente ainda, sobre o fato de que não se escolhe o fim, mas os meios.⁹¹ Os exemplos dados por Aristóteles confirmam inteiramente o caráter moralmente neutro do conceito: "ninguém escolhe estar saudável, mas caminhar ou repousar em vista da saúde; ninguém escolhe ser feliz, mas fazer negócios ou correr perigos tendo em vista a felicidade".⁹² O último exemplo poderia se prestar à contes-

---

[89] Assim Ross, que parece dizer que Aristóteles pretende explicar no livro III da *Ética Nicomaquéia* o conceito de προαίρεσις, "já o encontra (no livro II) na definição de virtude" (p. 198; trad. fr., p. 278; trad. port., p. 204). Sem cair nos excessos da *Schichtenanalyse*, é preciso, no entanto, reconhecer que a dissertação do livro III sobre a escolha é totalmente independente daquela do livro II sobre a virtude, mesmo se os zelosos editores, ou mesmo o próprio Aristóteles, acreditassem dever acrescentar (principalmente no início do III, 1 e III, 4) transições, de resto, pouco convincentes.

[90] Essa "evolução" do conceito de προαίρεσις da *Ética Eudêmia* à *Ética Nicomaquéia* foi estudada por Walzer, R. *Magna Moralia und aristotelische Ethik*, p. 131-54, mas de um ponto de vista que não nos interessa diretamente aqui: o das relações entre προαίρεσις e δόξα.

[91] EE, II, 10, 1226a 8: Οὐθεὶς γὰρ τέλος οὐθὲν προαιρεῖται, ἀλλὰ τὰ πρὸς τὸ τέλος. A principal diferença em relação à *Ética Nicomaquéia* é que a *proairesis* é oposta, sob este prisma, não somente à βούλησις (cf. à frente), mas também à δόξα, que diz respeito ao fim (1226a 17).

[92] *Ibid.*, 1226a 9-11.

tação, pois aqui não é o fim que é moralmente qualificável – a busca da felicidade sendo comum a todos os homens[93] –, mas sim os meios escolhidos, que são mais ou menos morais. Contudo, aqui, a ênfase não concerne a uma observação desse gênero. O contexto parece mostrar, ao contrário, que Aristóteles tem em vista a eficácia dos meios, não sua qualidade.

Ainda na *Ética Eudêmia*, a análise subseqüente sobre a deliberação apresenta como condição para a escolha,[94] tal como na *Ética Nicomaquéia*, exemplos que, ainda que vindos naturalmente ao espírito de Aristóteles, são tirados da arte médica,[95] da ginástica[96] ou da arte da guerra: assim, se delibera sobre a escolha de seus inimigos,[97] o que é inteiramente estranho à questão de saber se a guerra prevista é justa ou não. De resto, à frente, Aristóteles precisa que a virtude é responsável pela retidão do fim,[98] o que deixaria supor que a escolha, responsável pela retidão[99] dos meios, enquanto tal não pode ser dita virtuosa ou viciosa. Surpreende ainda mais

---

[93] Cf. EN, X, 6, 1176a 31-32.

[94] EE, II, 10, 1226b 19-20.

[95] *Ibid.*, 1227a 19-20, b 26.

[96] *Ibid.*, II, 11, 1227b 27.

[97] *Ibid.*, II, 10, 1227a 13.

[98] Διὰ τὴν ἀρετὴν ἂν ὀρθὸν εἴη τὸ τέλος, ἀλλ' οὐ τὰ πρὸς τὸ τέλος (II, 11, 1227b 35-36). Cf. 1227b 24-25.

[99] A palavra *retidão* (ὀρθότης) ainda é ambígua aqui: ela designa tanto o valor intrínseco do fim, quanto a adaptação dos meios ao fim (o qual pode não ser reto); é o que Aristóteles reconhece ao distinguir a retidão que vem da virtude e a que vem do *logos* (1227b 34-35), sendo que a última deve ser entendida no sentido de *cálculo* (cf. συλλογισμός, 1227b 24).

quando, ao fim dessa análise,[100] o autor da *Ética Eudêmia* faz recair a imputabilidade sobre a *proairesis*, fornecendo-nos a seguinte explicação: julgamos um homem não por aquilo que ele faz, mas em vista do que ele o faz.[101] Mas, então, por que não julgar sua vontade em relação ao fim, ou seja, isso que Aristóteles chama sua βούλησις? É surpreendente que a escolha dos meios seja mais reveladora da qualidade do fim do que propriamente a mira deste fim. Após ter desenvolvido longamente o tema segundo o qual a *proairesis* diz respeito aos meios e não ao fim, Aristóteles lembra *in extremis* que o meio é meio em vista de um fim,[102] e isso com o único objetivo de justificar a tese, provavelmente tradicional, segundo a qual o homem é julgado por sua *proairesis*[103] e que, *por conseqüência*, o vício e a virtude são coisas voluntárias.[104] As idéias apresentam uma seqüência pouco natural e, em suma, perfeitamente ininteligível, se não se reconhece a interferência de duas problemáticas: a problemática moral da responsabilidade e a problemática técnica do fim e dos meios. A fonte da confusão deriva de a *proairesis* significar sucessivamente cada um dos dois campos e estas duas significações são objeto, *in fine*, de uma síntese inábil e pouco coerente.

O texto paralelo da *Ética Nicomaquéia* tem uma estrutura muito próxima e igualmente ambígua, embora nele se possa ver que o problema técnico da determinação dos meios

---

[100] Cf. a passagem já citada acima (p. 194, n. 74), EE, II, 11, 1228a 2.

[101] EE, II, 11, 1228a 3-4.

[102] Cf. *ibid.*, 1227b 38, 39-40: escolhemos ἕνεκά τινος.

[103] Cf. a forte expressão da EN, VI, 2, 1139b 5: a προαίρεσις é o homem (ἡ τοιαύτη ἀρχὴ ἄνθρωπος).

[104] ... ὥστ' ἀνάγκη τὴν τε κακίαν ἑκούσιον εἶναι καὶ τὴν ἀρετήν (EE, II, 11, 1228a 7).

predomina sobre o problema ético da responsabilidade, que parece prestes a ser esquecido. Por certo, as análises sobre a escolha, a deliberação e a vontade (βούλησις), que formam um todo (cap. 4-6), se inserem (talvez posteriormente) no estudo geral acerca da responsabilidade de nossos atos. Os capítulos 1 a 3 do livro III se perguntam, com efeito, em que condições um ato pode ser dito voluntário (ἑκούσιον), e o capítulo 7 estabelece que a virtude e o vício são voluntários. No entanto, não se pode dizer que a análise intermediária da escolha e de suas condições tenha trazido quaisquer argumentos em favor desta tese.[105] Aristóteles está tão consciente disso que para vincular a análise sobre a escolha acerca dos meios à análise da responsabilidade moral recorre a um subterfúgio que contradiz sua doutrina mais constante. A escolha dos meios, diz, é voluntária; ora, "os atos virtuosos concernem aos meios";[106] *então* a virtude é voluntária ou, como diz Aristóteles, depende de nós (ἐφ' ἡμῖν).[107] Na *Ética Eudêmia*, Aristóteles (ou o redator) insistia sobre a *finalidade* dos meios

---

[105] O capítulo 4 *parte* do princípio que a escolha faz parte dos atos voluntários (ἡ προαίρεσις δὴ ἑκούσιον μὲν φαίνεται, EN, III, 4, 1111 b 6), mas que o voluntário tem mais extensão que a escolha (pois há atos voluntários sem prévia deliberação, ἐξαίφνης, 1111b 9): o objeto da escolha (προαιρετόν) é o voluntário (ἑκούσιον) predeliberado (προβεβουλευμένον) (1112a 14-15). Dito isso, nos capítulos 4-6 Aristóteles se mostrará mais preocupado em extrair a *diferença específica* da escolha (sua estrutura deliberativa) do que sua pertinência ao *gênero* do voluntário.

[106] Αἱ δὲ τῶν ἀρετῶν ἐνέργειαι περὶ ταῦτα (EN, III, 7, 1113b 5), isto é, τὰ πρὸς τὸ τέλος (b 4). Nada se pode concluir a partir do fato de o sujeito da premissa menor desse silogismo ser αἱ τῶν ἀρετῶν ἐνέργειαι, pois o sujeito da conclusão é precisamente ἡ ἀρετή.

[107] EN, III, 7, 1113b 6.

para fazer da *proairesis* a sede da virtude. Aqui, prefere dizer que a virtude se manifesta na escolha dos meios e não na qualidade do fim. Porém esta tese é aparentemente contrária, não somente ao bom senso, mas às afirmações do próprio Aristóteles,[108] e parece apenas ser imaginada aqui para suprir as necessidades da causa: vincular, ainda que arbitrariamente, o desenvolvimento acerca da *proairesis* à do ἑκούσιον.

Tais observações não têm por objetivo denunciar, uma vez mais, as "contradições" de Aristóteles, mas o de procurar extrair sua própria doutrina sobre a *proairesis* como escolha deliberada. Abordar a noção de *proairesis* da perspectiva do problema da "liberdade da vontade"[109] é condenar-se a espe-

---

[108] EE, III, 11, 1228a 1; EN, VI, 13, 1144a 20-22. A contradição entre os textos foi notada por Gauthier *(ad loc.*, p. 212-3). No entanto, ele não tira esta conseqüência, pois se esforça em dar, um pouco antes (p. 195-6, *ad* 1111b 29-30), uma interpretação unitária da *proairesis* como "decisão eficaz". Permanece, entretanto, manifesto que não é enquanto eficácia que ela decorre do julgamento moral, e que ao insistir sobre tal eficácia se está condenado a perder de vista a problemática moral, como ocorre com Aristóteles nos capítulos 3-5 do livro III da *Ética Nicomaquéia*. A estes textos é preciso acrescentar EN, III, 7, 1114b 23-24: "é nossa qualidade que nos faz pôr tal ou qual *fim*" (Τῷ ποιοί τινες εἶναι τὸ τέλος τοιόνδε τιθέμεθα).

[109] Como o fazem Kullmann, E. *Beiträge zum aristotelischen Begriff der Prohairesis*, Diss. Bâle, 1943, ainda que se defenda (p. 1); Robin, L. *Aristote*, p. 265, se apóia na noção de "escolha preferencial" para avaliar o direito que "os partidários da liberdade moral" têm de reclamar de Aristóteles; Ross, D. *Aristotle*, "Voluntary Action and Choice", p. 187-201. É igualmente do ponto de vista da *Willensfreiheit* que R. Walzer estuda a evolução da noção de *proairesis (Magna Moralia*..., p. 139-54). Cf., também, Kuhn, H. "Der Begriff der Prohairesis in der Nikomachischen Ethik". In: *Festschrift H. G. Gadamer*, p. 123.

rar dos textos aristotélicos o que lá não se encontra[110] e negligenciar o que lá está. O que não se encontra é uma doutrina da liberdade e da responsabilidade.[111] O que pode ser encontrado é uma nova contribuição a uma ontologia e a uma antropologia da ação.[112]

* * *

---

[110] Cf. a conclusão de Kullmann, E. *op. cit.*, p. 121: *"Es ist viel darüber verhandelt worden, ob der Stagirite 'Determinist' oder 'Indeterminist' gewesen sei. Der Begriff der Prohairesis mag zeigen, dass diese Zweiteilung wie immer so auch hier wenig brauchbar ist"*. Na realidade, este conceito não "mostra" nada disso, pois concerne a outra coisa. De forma mais sutil, H. Kuhn (artigo citado, p. 136) mostra que a *proairesis* entendida como escolha dos meios "não pode desempenhar o papel" que Aristóteles parecia conferir à *proairesis* (como intenção constitutiva da pessoa).

[111] Doutrina que se encontra em Aristóteles, na análise jurídica de EN, III, 1-3, e na análise psicológica de VII, 1-11, sobre a incontinência ou *acrasia* (na qual Aristóteles examina minuciosamente a tese socrática: *ninguém é mau voluntariamente*).

[112] Esta dualidade de problemática se manifesta igualmente na ambigüidade da expressão τὰ ἐφ' ἡμῖν, "o que depende de nós", que designa tanto o voluntário (oposto ao *involuntário*), quanto o possível, o contingente (oposto ao impossível ou ao necessário), e se refere igualmente, pois, ao fenômeno psicológico da liberdade (condição da responsabilidade *moral*) e à realidade cosmológica da contingência (condição da potência *técnica*). O primeiro sentido é platônico (*Górgias*, 508c; *República*, 357b, 398b) e se encontra em Aristóteles nas análises do voluntário no livro III (7, 1113b 7; 27, 1114a 18, 29; 8, 1114b 29). O segundo sentido, tipicamente aristotélico, aparece, ao contrário, nas análises sobre a deliberação (III, 4, 1111b 30-32; 5, 1112a 31; 1113a 10-11) e corresponde ao ἐνδεχόμενον αὐτῷ πρᾶξαι da análise da

Observemos inicialmente que, descrevendo a *proairesis* como *escolha do melhor meio*, Aristóteles volta conscientemente ao sentido etimológico da palavra: este sugere que o προαιρετόν é "o que é escolhido de preferência a outra coisa" (πρὸ ἑτέρων αἱρετόν).[113] Complacentemente acentuado, tal

---

prudência do livro VI (5, 1140a 32-33). A *Ética Eudêmia* emprega mais claramente ἐφ' αὐτῷ no primeiro sentido (II, 9, 1225a 19, 25, 27; b 8) e preferencialmente ἐφ' ἡμῖν no segundo (II, 10, 1226a 28-33): o singular se refere a uma experiência psicológica individual, o plural à situação do homem em geral no mundo. Está claro que a relação entre estes dois tipos de ἐφ' ἡμῖν é a relação entre espécie e gênero: o voluntário é *a fortiori* contingente, mas nem todo contingente é voluntário (p. ex., os fatos relacionados ao acaso). Só o primeiro sentido subsistirá entre os estóicos, que negam a contingência do mundo, razão pela qual "o que depende de nós" exclui a ação sobre o mundo e se limita ao uso das representações. A importância e a permanência desses problemas são atestados por duas dissertações que Alexandre consagra aos ἐφ' ἡμῖν *(Suppl. aristotel.*, II, 1, 169, 33 a 172, 15; 172, 16 a 175, 32).

[113] Surpreende o contra-senso de Joachim (p. 100) e de Gauthier (p. 197-8), os quais compreendem III, 4, 1112a 17 deste modo: "o que se decide fazer *antes* de todo o resto", *antes* devendo ser entendido no sentido temporal. De fato, a expressão αἱρεῖσθαι πρό, no sentido de "preferir a", é banal (cf. Tucídides, V, 36; Platão, *Rep.*, 366b; *Fedro*, 245b). Se é verdade que Aristóteles acabara de chamar προαιρετόν um pré-deliberado, προβεβουλευμένον, onde προ- tem sentido temporal, isto não é razão para dar o mesmo sentido temporal ao προ- de προαιρετόν, pois, se se compreende que a deliberação precede a escolha, não se vê o que a escolha precederia (a ação, talvez, mas tal questão não é posta aqui). O recurso à etimologia não tem por objetivo esclarecer a idéia de deliberação *prévia*, mas a de *deliberação* (Aspásio, 70, 31 ss. não diz outra coisa, mas é erroneamente invocado por Joachim, *loc. cit.*). Enfim, a passagem paralela da *Ética Eudêmia* (II, 10, 1226b 6-8) acima citada, não parece se prestar a nenhum equívoco.

·retorno ao sentido etimológico e popular da palavra e sua promoção ao estatuto de conceito técnico da filosofia é um procedimento caro a Aristóteles, do qual já tínhamos um exemplo a propósito do próprio conceito de *phronêsis*. Ainda aqui, mesmo que seja mais difícil prová-lo, temos o sentimento que Aristóteles retorna, ou afeta retornar, ao uso popular bem distante da terminologia erudita a qual, sugerida por Platão, seria a da Antiga Academia, e que o próprio Aristóteles emprega por hábito quando não trata do assunto *ex professo*, e que será, mais tarde, a do estoicismo. Em outras palavras, do sentido de escolha-intenção, que era o da Academia, Aristóteles retornará ao sentido mais primitivo de escolha deliberada e preferencial, que ele encontra no uso popular, sentido que Aristóteles será o primeiro (e também o último na antigüidade) a teorizar.

Se considerarmos, em seu conjunto, a história da palavra *proairesis* nos encontraremos na presença de duas séries que, em Aristóteles, se reencontram sem, contudo, se confundirem. A primeira segue uma filiação que vai de Sócrates ao estoicismo, passando por Platão e a Academia; a segunda, vai diretamente do uso popular à elucidação aristotélica e, como ocorre a outros conceitos aristotélicos, não gozará de posteridade na história da filosofia.

Para apoiar tais afirmações, apenas podemos dar algumas indicações, as quais, contudo, nos parecem suficientes. Se as palavras προαιρεῖσθαι, προαίρεσις significam originalmente uma escolha relativa, uma preferência,[114] e, em parti-

---

[114] Cf., por ex., os textos de Tucídides e Platão, citados na nota precedente, e Isócrates, *Antídosis*, 117-118 (numa guerra é preciso saber escolher seus aliados e seus inimigos; cf. EE, II, 10, 1227a 13). O substantivo προαίρεσις é empregado, por Platão, apenas uma vez neste sentido *(Parmênides,* 143c). A este sentido pode-se vincular o sen-

cular, a adesão a um mal menor,[115] parece prematura a passagem desta idéia à de uma escolha absoluta, escolha de um gênero de vida comprometendo toda nossa existência: a escolha assim entendida não é mais interna à vida, mas é a escolha *da* própria vida, προαίρεσις τοῦ βίου.[116] Esse deslizamento de sentido parece encontrar sua expressão e sua cristalização no célebre mito platônico, o de Er, no livro X da *República*. Vemos ali como as almas escolhem (αἱροῦνται) suas vidas entre muitas que lhes são propostas, e como esta escolha torna-se logo irreversível; como as almas, após beberem a água do Lete, esquecem a escolha feita e se dispõem a vivê-la como se se tratasse de um destino (δαίμων) mas que, no entanto, deliberadamente a desejaram e pela qual são, a partir de então, responsáveis.[117] Entre outras significações do mito,

---

tido político de *eleição*: τινὰς ἐκ τοῦ πλήθους προαιρεῖσθαι (Aristóteles, *Política*, IV, 14, 1298b 27), mas se emprega preferencialmente no sentido de αἱρεῖσθαι, αἵρεσις.

[115] Cf. o exemplo dado pelo gramático Herodianus (VI, 8, 6): τοῦ παρόντος κινδύνου τὸν μέλλοντα προαιρεῖσθαι.

[116] A expressão encontra-se em Demóstenes, 23, 141; 48, 56 e, como vimos, em Aristóteles (*Met.*, Γ, 2, 1004b 24-25). Cf., também, Platão, *Górgias*, 493c (βίον ἑλέσθαι); Pseudo Platão, *Definições*, 413a, onde a amizade é definida como προαίρεσις βίου τοῦ αὐτοῦ (cf. Aristóteles, *Pol.*, III, 9, 1280b 38: ἡ γὰρ τοῦ συζῆν προαίρεσις φιλία); Menandro, *Monostichoi*, 65 (βιοῖ... οὐδεὶς ὃν προαιρεῖται βίον). Encontra-se em Cícero a expressão: in *diligendo* genere vitae *(De officiis*, I, 33, 120). A este sentido pode-se vincular o de *ofício, profissão*: cf. Isócrates, *Antídosis*, 4; *Panath.*, 11; Ésquines, *Contra Timarco*, 74 (observe-se o quanto esta concepção de ofício como *escolha* puramente humana está distante da concepção cristã de ofício como *vocação, Beruf, calling*).

[117] *Rep.*, X, 617d-621b.

Platão explicava por seu intermédio o paradoxo segundo o qual o homem é responsável por sua natureza, ou seja, do que ele é desde o nascimento: nossa natureza, nós a escolhemos, mesmo se não nos lembramos mais, e não podemos, por isso, atribuir a Deus[118] ou ao acaso[119] a responsabilidade pelo que somos. A significação deste mito é, de fato, uma faca de dois gumes. W. Jaeger, em sua *Paideia*, o interpreta em um sentido humanista: o mito libertava o homem de seus "demônios"[120] e, apresentando-o como livre em suas escolhas, autorizava sua perfectibilidade, justificando, ao mesmo tempo, a grande tarefa filosófica da educação.[121] No entanto, o mito platônico não insistia menos sobre a irreversibilidade da escolha,[122] a qual parece tornar impossível qualquer conversão, ao menos nesta vida: o mito nos atribui a responsabilidade, da qual Deus se encontra assim desencarregado, sem nos dar para tanto a liberdade efetiva, empírica, de transformar nosso destino por nossas obras e no tempo. A liberdade se encontra totalmente concentrada num tempo mítico, do qual estamos separados pelo Esquecimento. Então, é preciso perguntar se a encenação presidida pela virgem Láquesis, sem esquecer que ela é "filha da Necessidade",[123] não seria astúcia de Deus, o

---

[118] Θεὸς ἀναίτιος (617e).

[119] Cf. 619b: aquele que escolheu ser tirano percebe seu erro e "incrimina o acaso (τύχη), os demônios e tudo o mais, antes que a si mesmo".

[120] Cf. 617de: "Não é um demônio que tirará sua sorte, mas você que escolherá seu próprio demônio".

[121] *Paideia*, III, p. 103-4. (ed. fr.)

[122] Neste sentido, Walzer, R. *Magna Moralia...*, p. 18-20, que fala de *"mythische Vorbestimmtheit der Person"*.

[123] *Rep.*, X, 617d.

qual estaria mais preocupado em livrar-se de sua responsabilidade do que capaz de fundar a liberdade efetiva do homem.

Em todo caso, é certo que o mito associa a idéia de escolha à de responsabilidade. Como o proclama solenemente o arauto: Αἰτία ἑλομένου, "a culpa é de quem escolhe".[124] Platão ilustrava assim, de modo particularmente surpreendente, um vínculo já percebido pela consciência popular e que explica a evolução ulterior do conceito. Da noção de *proairesis* se guardará cada vez menos a idéia de escolha preferencial, supondo uma alternativa e uma deliberação prévias, para apenas reter a idéia de uma disposição íntima (e não necessariamente consciente), de uma adesão livre (e, por isso, moralmente qualificável) da vontade.[125] Essa evolução atingirá seu ápice com o estoicismo. No antigo estoicismo, só é perceptível o sentido de "decisão livre";[126] a idéia de *preferência* desapareceu completamente e os estóicos, para exprimi-la, precisarão recorrer a outros verbos: προάγειν, ἐκλέγεσθαι, os quais, em grego clássico, não tinham uma significação tão diferente daquela de προαιρεῖσθαι.[127] Com Epicteto, enfim, a

---

[124] *Rep.*, X, 617e.

[125] Tal é o sentido de αἵρεσις na *Apologia de Sócrates*, 39a, *Críton*, 52c, e de προαιρεῖσθαι nas *Memoráveis* de Xenofonte, p. ex., IV, 5, 11 (τοῖς ἐγκρατέσι μόνοις ἔξεστι ... τὰ μὲν ἀγαθὰ προαιρεῖσθαι, τῶν δὲ κακῶν ἀπέχεσθαι); III, 9, 5; IV, 2, 8; IV, 5, 7.

[126] Cf. Zenão, SVF, I, 216 (por definição, o sábio atinge o que depende de sua vontade, τῶν κατὰ προαίρεσιν ὄντων αὐτῷ); II, 966 (o que é κατὰ προαίρεσιν é oposto ao que decorre da necessidade, do destino ou do acaso).

[127] Cf. a definição de προηγμένον em Zenão: ὃ ἀδιάφορον <ὂν> ἐκλεγόμεθα (SVF, I, 192). Em Platão, o verbo ἐκλέγεσθαι já servia para explicitar a noção de αἵρεσις (*Górgias*, 499e-500a). Lembremos

palavra προαίρεσις terminará por designar a "pessoa moral",[128] sede da vontade racional e livre que é em si mesma seu próprio fim.

Mas a análise propriamente aristotélica da *proairesis* se situa fora dessa filiação. A idéia, sugerida pelo mito platônico, de uma escolha inicial e irreversível, tornando-nos para sempre responsáveis pelo que somos, não poderia ser senão contrária à idéia aristotélica da contingência e a seu corolário, o sentimento de uma certa conivência entre o tempo e a atividade humana. Se Platão admitia na moralidade uma parte irredutível de natureza,[129] Aristóteles preferirá, contrariamente à prescrição platônica, contabilizá-la como acaso. À racionalidade finalmente desoladora do universo moral do socratismo e de um certo platonismo, onde, pelo menos de direito, tudo é transparente à decisão racional, de onde nada escapa à responsabilidade do homem, Aristóteles preferirá uma doutrina que pusesse na conta de potências obscuras o que seria demasiado injusto imputar à humanidade. E, mais

---

que o προηγμένον estóico é totalmente estranho à *virtude*, visto que somente marca uma preferência no interior das ἀδιάφορα, que não são nem boas nem más.

[128] Segundo a tradução de J. Souilhé. Cf. Epictète, *Entretiens*, II, 23, 5 ss., e a Introdução de Souilhé, p. L, n. 3.

[129] Cf. sobre a εὐφία e a εὐτυχία os textos que citamos, especialmente EN, I, 10, 1099b 18; III, 7, 1114a 32-b 5, onde a parte da natureza e da responsabilidade pessoal são cuidadosamente dosadas: somos co-responsáveis, συναίτιοι, por nossas boas e más disposições porque cabe a nós fazer bom ou mal uso de nossa natureza; porém, é evidentemente mais fácil fazer bom uso de algo que seja naturalmente bom, εὐφία, 1114b 12, do que corrigir o mal natural; X, 1179b 7-16; EE, I, 3, 1215a 8-15.

do que de natureza, a virtude é, para Aristóteles, questão de hábito:[130] não somos o que escolhemos ser de uma vez por todas, mas o que escolhemos *fazer* a cada instante. Há, sim, para Aristóteles, como havia para Platão, uma liberdade inicial que, suscitando um encadeamento cada vez mais irreversível, terminará por tornar-se destino para o homem: assim, o vicioso se atola cada vez mais no seu vício e o virtuoso pratica cada vez mais "maquinalmente" atos virtuosos. Mas essa irreversibilidade, porque precisamente é uma propriedade do tempo humano e não reflete nenhum desígnio transcendente, nada tem de absoluto: significa tão somente esta verdade humana que torna cada vez mais difícil para o vicioso se emendar[131] e cada vez mais fácil ao virtuoso sê-lo.[132] Mas nem o virtuoso encontra-se ao abrigo das fraquezas,[133] nem

---

[130] EN, II, 1.

[131] Cf. III, 7, onde Aristóteles defende a tese de que "o homem é princípio e gerador de suas ações, como o é de seus filhos" (1113b 17-18). Se se objetar que alguns homens são submissos à tirania de suas paixões, Aristóteles responderá que eles são responsáveis por seu laxismo: "no início, lhes era possível não se tornarem tal, e é isto o que faz com que o sejam voluntariamente; e agora que se tornaram, não lhes é mais possível não sê-lo" (1114a 19-22 e toda a passagem precedente a partir de 1114a 2). Cf., também, 1114b 31-1115a 3. Está claro, porém, que não se pode fixar o momento exato a partir do qual um hábito vicioso torna-se irreversível.

[132] O homem virtuoso é aquele que encontra *seu prazer* nos atos virtuosos: EN, II, 2, 1104a 33-1104b 13; cf. X, 1, 1172a 19-26; 10, 1179b 24-26. A conseqüência é que a educação moral deve ser inicialmente uma educação da afetividade (cf. Platão, *Leis*, II, 653ac).

[133] A virtude é o que há de mais estável no homem mas, evidentemente, tanto quanto isto seja possível nos assuntos humanos (EN, I, 11, 1100b 12 ss.).

o vicioso é definitivamente incapaz de conversão. Assim, se encontra humanizado em Aristóteles o drama cósmico de Platão que, tomado ao pé da letra, apenas concebe perfectibilidade ao homem na sucessão das encarnações e parece, pois, vincular o progresso moral à suposição mítica da imortalidade da alma. Segundo as palavras de Heráclito, "o caráter é para cada homem seu demônio".[134] Mas para Aristóteles, o caráter (ἦθος) não é senão um conjunto de hábitos (ἔθη),[135] que jamais estão totalmente assegurados, se são bons, tampouco são totalmente irrevogáveis, se são maus. Em Aristóteles, a contingência, *Janus bifrons*, faz com que a perspectiva consoladora seja sempre a contrapartida de uma afirmação desencorajadora, e a própria precariedade de nossa existência moral não seja senão outro nome de sua perfectibilidade. Talvez, a ética de Aristóteles seja a única ética grega para a qual não havia bons e maus,[136] mais que isso, não havia bons nem maus absolutamente, mas somente homens à caminho do bem – *proficientes* – ou à caminho do mal.

* * *

---

[134] ῏Ηθος ἀνθρώπῳ δαίμων (fr. 119 Diels).

[135] EN, II, 1, 1103a 17. Cf. EE, II, 2, 1220a 39; *Magna Moralia*, I, 6, 1185b 38.

[136] A dicotomia entre σπουδαῖος e φαῦλος é uma constante do pensamento grego e, como vimos, uma das tentações de Aristóteles (cf. acima, cap. I, § 2). Ela se tornará um dogma para os estóicos (cf. SVF, I, 216, 227). Somente o médio estoicismo introduzirá a noção do que Sêneca chama *proficientes* (*De tranquillitate animi*, I; cf. *De vita beata*, XXIV). Já tivemos ocasião de enfatizar outros traços comuns ao médio estoicismo e Aristóteles.

Uma vez excluída a idéia de escolha existencial vinculando-nos para sempre a uma certa qualidade de nossa pessoa moral, o campo estaria livre para que Aristóteles pudesse recomeçar a análise da *proairesis*. Percebe-se, ainda uma vez, que a significação etimológica da palavra é tão suscetível de desenvolvimentos filosóficos quanto a significação derivada que devia prevalecer nos círculos da Academia.[137] O sentido primitivo de *proairesis* indica que não se trata de uma escolha absoluta, ἁπλῶς, mas de uma preferência, ἑτέρου πρὸ ἑτέρου.[138] A escolha é uma atividade comparativa, não superlativa, ou ao menos, se a escolha é sempre escolha do melhor, βέλτιστον, este *melhor* designa um superlativo relativo, não absoluto.

---

[137] Sobre a doutrina "platônica" da *proairesis* e as discussões suscitadas por este conceito na Antiga Academia, conferir a reconstrução – a bem da verdade, muito conjectural, na ausência de testemunhos diretos – de Walzer, R. *Magna Moralia*..., p. 131-9. A existência de discussões já clássicas sobre a questão parece, em todo caso, atestada pelo caráter um pouco escolástico da problemática de Aristóteles a este respeito. Na *Ética Eudêmia*, II, 10, onde estuda minuciosamente as relações entre *proairesis* e uma série de conceitos a ela aparentados (ἑκούσιον, δόξα, ὄρεξις, βούλησις, ἐπιθυμία, θυμός), alguns destes *distinguo* parecem se referir à fixações terminológicas que nos escapam (assim, em 1226a 15-17, por que a δόξα é dita concernir antes ao fim que aos meios?). Na *Ética Nicomaquéia*, III, 4, Aristóteles alude àqueles que fazem da *proairesis* ἐπιθυμία, θυμός, βούλησις ou uma certa forma de opinião τινὰ δόξαν (1111b 10-12), onde novamente é preciso ver uma alusão às discussões da Academia e não uma passagem dialética que vise uma escola determinada (Burnet, p. 123).

[138] Ἡ γὰρ προαίρεσις αἵρεσις μέν ἐστιν, οὐχ ἁπλῶς δέ, ἀλλ' ἑτέρου πρὸ ἑτέρου (EE, II, 10, 1226b 7-8).

Desse ponto de vista, a escolha se opõe à vontade, βούλησις, no sentido de querermos o bem,[139] mas escolhermos o *melhor*, ou seja, não o absolutamente bom, mas o melhor possível, βέλτιστον ἐκ τῶν δυνατῶν.[140] É o que Aristóteles exprime claramente ao dizer que a vontade pode tomar por objeto coisas que se sabe serem impossíveis, enquanto a

---

[139] Aristóteles lembra a doutrina socrática segundo a qual a vontade se dirige, por definição, ao bem (III, 6, 1113a 15). O único problema é saber se se trata de um bem real ou aparente, mas isso não concerne à estrutura imanente da ação (1113a 16 e ss.).

[140] Essa expressão que emerge do texto, já que a escolha é, ao mesmo tempo, vontade do melhor e discernimento do possível (cf. nota seguinte), não se encontra nos textos das Éticas. No entanto, encontramos uma expressão equivalente em *As Parte dos Animais*, IV, 10, 687a 16: Ἡ δὲ φύσις ἐκ τῶν ἐνδεχομένων ποιεῖ τὸ βέλτιστον, ao pé da letra: "A natureza tira o melhor proveito dos possíveis de que dispõe" (e não, "a natureza realiza o melhor dos possíveis", como traduz, por exemplo, Dubarle, P. "La causalité chez Aristote". In: *Recherches de Philosophie*, I, p. 38, n. 2, e p. 39, n. 1). Por certo, se trata aqui da natureza, não do homem. Mas Aristóteles expressamente viu nela analogias humanas: a natureza age à maneira de um homem prudente (καθάπερ ἄνθρωπος φρόνιμος) (687a 11); em *Geração dos Animais* é comparada a um bom intendente (II, 6, 744b 16). No mito de Er, a propósito da escolha da "melhor" vida, Platão parecia oscilar entre uma interpretação absoluta e relativa deste superlativo. Mas logo parece que a melhor escolha (κρατίστη αἵρεσις, 619a) consiste em eleger a vida justa, que é também a vida mais feliz (619ab: εὐδαιμονέστατος), contra a vida de prazer, escolha que requer mais virtude do que discernimento. No entanto, às vezes Platão também parece insinuar que as vidas que são propostas às almas são mistas (cf. 618d: ξυγκεραννύμενα), todas comportando vantagens e inconvenientes, de tal modo que a alma é recomendada a *calcular* (ἀναλογιζόμενον, 618c; συλλογισάμενον, 618d), a fim de discernir a melhor combinação possível, τὸν βελτίω ἐκ τῶν δυνατῶν ἀεὶ πανταχοῦ αἱρεῖσθαι, 618c.

escolha, guiada pela intenção do melhor, não pode se voltar para o impossível.[141] A βούλησις pode permanecer como voto piedoso e, se nos permitem uma expressão que Aristóteles talvez não recusasse,[142] como desejo *platônico:* assim, se deseja ser mestre do universo ou ainda ser imortal.[143] A escolha, ao contrário, não pode se desinteressar pela realização do fim; e quando Aristóteles lhe atribui como objeto o δυνατόν, não é necessário compreendê-lo como um possível *lógico* (pois talvez não seja contraditório que eu seja mestre do mundo), mas como o *humanamente* possível. O δυνατόν marca os limites, não da inteligibilidade, mas do poder (δύνασθαι) do homem em geral, e do indivíduo que sou, em particular. A tarefa da *escolha* é determinar por deliberação e eleger por decisão qual a melhor opção, isto é, entendido que se quer sempre o bem, a melhor combinação possível considerados os obstáculos e as circunstâncias, na medida em que podemos conhecê-los ou prevê-los. É o que Aristóteles estabelece ao dizer que a escolha tem por domínio o possível *para nós,* ou seja, no interior do possível em geral, o que julgamos estar em nosso poder (ἐφ' ἡμῖν), o que exclui os outros possíveis cuja realização depende evidentemente de Deus, do acaso, ou simplesmente de outros homens.[144]

Aristóteles exprime claramente o princípio da distinção entre *vontade* e *escolha* ao dizer que a primeira concerne so-

---

[141] EE, II, 10, 1225b 33-35; EN, III, 4, 1111b 20.

[142] Nas *Leis,* no entanto, Platão convida o legislador a "limitar-se ao possível" e rejeitar os projetos irrealizáveis (ματαίας βουλήσεις) (V, 742e).

[143] EE, II, 10, 1225b 34.

[144] Assim, é possível desejar (βούλεσθαι) que tal atleta vença, mas isso não é matéria de *escolha,* pois o resultado não depende de nós (EN, III, 4, 1111b 23-26; cf. EE, II, 10, 1225b 36-38).

bretudo ao fim (τέλος) e a segunda aos meios (τὰ πρὸς τὸ τέλος).[145] Compreende-se, então, que a escolha, mais orientada que a vontade na direção das condições de realização, exige mais do que esta o discernimento da possibilidade e que, por uma espécie de contragolpe, tende a excluir do próprio querer a vã pretensão do impossível. Assim, há, ao mesmo tempo, mais e menos na escolha do que na vontade. Há menos, pois a escolha restringe a vontade à consideração dos possíveis. Mas esse *menos* é, na realidade *um mais*, visto que a escolha, mediatizando a vontade, a faz passar do estado de intenção frívola ao querer eficaz e formador. A vontade não é senão vontade, e pode ser quimérica. A escolha é a apreensão simultânea do fim e dos meios, vontade do fim realizável e também vontade de realizá-lo pelos meios adequados. Aristóteles parece considerar que uma tal síntese do fim e dos meios é difícil (já que ela é matéria para a deliberação), e também precária (porque a relação que ela institui entre meios e fim nunca pode ter sua verificação inteiramente assegurada). Ao contrário, a vontade é fácil, muito fácil, porque ainda não mediatizada.

---

[145] EE, II, 10, 1226a 7-17; EN, III, 4, 1111b 26-27. Não pensamos que seja preciso atribuir muita importância, como o faz Gauthier (p. 195), ao fato de Aristóteles apresentar uma ligeira restrição a essa dicotomia: a vontade diz respeito, *sobretudo* (μάλιστα, 1226a 14, 16) aos fins, *antes* (μᾶλλον, 1111b 26) ao fim do que aos meios. Em primeiro lugar porque Aristóteles considera que essa terminologia ainda não é familiar a seus ouvintes. Em segundo, e principalmente, os conceitos de *meio* e *fim* são essencialmente relativos: não se pode querer o fim sem que se queira mais ou menos ativamente os meios; não se pode escolher os meios sem que se queira o fim, do qual eles são meios. Assim, a vontade é *posição* do fim e a escolha *posição* dos meios, mesmo se, *obliquamente*, a fonte dos meios permaneça no horizonte da vontade, tal como o fim permanece no horizonte da escolha.

Tal distinção entre fins e meios não era nova, e Platão a tinha muitas vezes desenvolvido. O que é novo, no entanto, é o destaque dado pela primeira vez, por Aristóteles, antes ao meio do que ao fim. Platão insistia sobre a subordinação do meio ao fim e advertia contra a tentação de isolar o meio num momento independente. O que fazemos, o fazemos em vista de um bem, e o que queremos não é o que fazemos, mas aquilo em vista do qual fazemos; assim, ninguém *quer* navegar, arriscar sua vida, se dar ao trabalho, mas muitos querem enriquecer, razão pela qual navegam, arriscam suas vidas etc.[146] Ninguém quer tomar o remédio, mas todos querem sarar. Platão pretendia mostrar que o homem pode fazer o que lhe apraz sem por isso fazer o que quer (agir injustamente, ou seja, fazer mal a si mesmo, quando quer o bem, isto é, seu bem) e, ao contrário, o homem pode fazer o que não lhe apraz (tomar remédio) em vista do que quer (a saúde). A vontade do fim é o que dá sentido ao meio, tornando bom o desagradável. O mal não consiste em visar um fim ruim (pois a vontade quer sempre o bem), mas no esquecimento do fim e na complacência para com os meios, erigidos em momentos separados. É por isso que um dos temas mais constantes da pedagogia platônica consiste em lembrar que o meio é sempre meio em vista de um fim, e que a administração dos meios deve ser subordinada à ciência do fim, ou seja, em última análise, do fim supremo, que é a Idéia de Bem.[147]

Tal pensamento não é, por certo, estranho a Aristóteles. No início da *Ética Nicomaquéia*, retoma o tema platônico da subordinação das técnicas para ilustrar a superioridade do fim que queremos por ele mesmo sobre aquele que só é

---

[146] *Górgias*, 467cd, 468bc.
[147] *Filebo*, 54a ss.; cf. *Eutidemo*, 290bc.

posto como meio em vista de um fim mais elevado;[148] sem esta ordenação ao fim, o desejo seria vazio e vão.[149] Aristóteles lembra nos tratados biológicos, contra as explicações mecanicistas, que é mais fácil explicar o órgão por sua função, ou seja, o meio pelo fim, do que a função pelo órgão: é porque o homem é inteligente que ele possui mãos, e não possui mãos porque é inteligente. E sustenta contra Anaxágoras,[150] a partir de uma comparação tirada da arte: que é mais útil dar uma flauta àquele que já sabe tocar, do que ensinar a tocar quem já possui uma flauta.[151] Encontra-se aqui incontestavelmente um eco do tema platônico da subordinação, ao mesmo tempo ontológica e axiológica, das técnicas de fabricação às técnicas de uso.[152]

Dito isso, Aristóteles se preocupa, sobretudo em seus tratados éticos, com um problema que Platão negligenciara: o da adaptação dos meios aos fins, adaptação que não é imediatamente dada, mas se impõe ao homem como uma tarefa difícil. Platão lembrava que o meio não é nada sem sua ordenação ao fim. Aristóteles insiste, antes, sobre a dependência inversa: o fim nada é se não se realizar pelos meios apropriados. Enquanto para Platão, a dedução do modo (τρόπος) de realização a partir do fim a realizar (σκοπός) não parecia apresentar nenhuma dificuldade, ao menos para quem age segundo o intelecto (νοῦς) e não aventureiramente (προστυχόν),[153]

---

[148] EN, I, 1, 1094a 6-b 7.
[149] Κενὴν καὶ ματαίαν (1094a 21).
[150] *As Partes dos Animais*, IV, 10, 687a 8-18.
[151] *Ibid.*, 687a 12-14.
[152] Cf. Lachièze-Rey, P. *Les idées morales, sociales et politiques de Platon.*
[153] *Leis*, XII, 962bc.

Aristóteles apresenta pela primeira vez o problema da *dissonância* possível entre o fim e os meios e enfatiza, ao mesmo tempo, que a qualidade da ação é medida não somente pela retidão da intenção (como acreditava Platão), mas também pela conveniência dos meios. A propósito disso, ele diz: "existem dois domínios onde se produz o *bem agir:* um reside no estabelecimento correto do alvo (σκοπός) e do fim de nossas ações, o outro, na descoberta dos meios que conduzem ao fim (πρὸς τὸ τέλος); é possível, com efeito, que fim e meios estejam em desacordo ou, ao contrário, em acordo (ἐνδέχεται γὰρ ταῦτα καὶ διαφωνεῖν ἀλλήλοις καὶ συμφωνεῖν); pois acontece que o alvo seja bom, mas na ação falte o meio de atingí-lo; outras vezes, obtêm-se os meios apropriados, mas se põe um fim mau; em outros casos, enfim, engana-se sobre o fim e os meios simultaneamente, como acontece na medicina... É por isso que, nas artes e ciências, é preciso dominar os dois âmbitos, o fim e os meios (δεῖ δ' ἐν ταῖς τέχναις καὶ ἐπιστήμαις ταῦτα ἀμφότερα κρατεῖσθαι, τὸ τέλος καὶ τὰς εἰς τὸ τέλος πράξεις)".[154]

A vontade do fim e a escolha dos meios se vêem atribuídas de igual importância, o que já é uma inovação em relação ao platonismo. Porém, Aristóteles às vezes vai mais longe, deixando transparecer um juízo de valor inverso ao platônico. Lhe ocorre falar da vontade, que não é senão vontade (βούλησις), com um certo desprezo. Falando do homem atolado em seus vícios, escreve: "não é suficiente *desejar* deixar de ser injusto para tornar-se justo".[155] E, de forma

---

[154] *Política*, VII, 13, 1331b 26-38.

[155] Οὐ μὴν ἐάν γε βούληται, ἄδικος ὢν παύσεται καὶ ἔσται δίκαιος (EN, III, 5, 1114a 13-14).

geral, insiste sobre a dificuldade de realização, maior que a de concepção.[156]

Como entender essa dificuldade que Platão parecia ter ignorado? Seria uma grande tentação, para um leitor moderno, projetar sobre alguns dos textos de Aristóteles a problemática moral que nasce da constatação de uma contradição entre o fim e os meios: a retidão do fim justifica sua obtenção por meios intrinsecamente maus? De fato, parece que Aristóteles nunca pressentiu tal problema. Quando escreve que "é possível que o alvo seja correto e os meios mal escolhidos e, ao contrário, que o alvo seja mau e os meios corretos",[157] pensa no valor moral do fim mas não (ainda que as palavras empregadas, ὀρθός e διαμαρτάνειν, sejam ambíguas) no valor moral dos meios. O meio é, enquanto tal, moralmente indiferente, como o pensava Platão; Aristóteles apenas observa que o meio pode ser bem ou mal adaptado ao fim; cometer uma falta (διαμαρτάνειν) na escolha dos meios, não é ser maquiavélico, mas inábil. O problema aqui não é moral, mas técnico. No entanto, encontramos a dimensão moral por outro viés: se a ação é técnica antes de ser ação moral, ela deve

---

[156] Οὐ γὰρ χαλεπόν ἐστι τὰ τοιαῦτα νοῆσαι, ἀλλὰ ποιῆσαι μᾶλλον (*Pol.*, VII, 12, 1331b 19-21); e acrescenta esta sentença em forma de provérbio: "a palavra é da ordem do que nos apraz, o acontecimento é da ordem do acaso (Τὸ μὲν γὰρ λέγειν εὐχῆς ἔργον ἐστίν, τὸ δὲ συμβῆναι τύχης)". Mas sabemos que o acaso pode ser corrigido pela *arte* e pela *prudência*, que se exercem no mesmo domínio do acaso. Sobre a importância e a dificuldade da execução, cf., também, EN, II, 9, 1109a 24 (καὶ ἔργον ἐστὶ σπουδαῖον εἶναι, "é sempre trabalhoso ser virtuoso", [no original francês] trad. Tricot); EN, X, 10, 1179a 35-b 4.

[157] EE, II, 11, 1227b 20.

ser tecnicamente bem sucedida, se se quer que seja moralmente boa. Ignorar as condições técnicas da ação moral, ou seja, se desinteressar pela realização do fim é, no limite, cometer uma falta moral. Não é permitido ser inábil, quando o fim é bom. Se a habilidade não é por si mesma virtude, ela é, por certo, uma condição para a virtude, e a excessiva ingenuidade não está longe de ser um vício.[158] Aristóteles ainda não faz a crítica da "bela alma", que expurga *as impurezas* dos meios. Mas já faz a crítica do contemplativo que não é senão contemplativo e se abstém de pôr em risco o absoluto do fim na *contingência* dos meios. Compreende-se, então, que a prudência seja a virtude da deliberação, mais que da contemplação, e da escolha, mais que da vontade: ela é a virtude do risco e da decisão, aos quais recusaria condescender uma sabedoria muito distante.

Talvez Aristóteles tivesse outra razão para transferir à escolha dos meios uma parte da responsabilidade moral que as tradições filosóficas provenientes do socratismo situam, ou situarão, exclusivamente na intenção. A vontade quer por definição o bem,[159] e não há nenhum mérito nisto. Por certo, o bem que queremos é aquele que nos *aparece* como tal, mas

---

[158] Na tábua das virtudes e vícios correspondentes que encontramos na *Ética Eudêmia*, classificados segundo o excesso e a falta, lemos *in fine* que a prudência é um meio entre a velhacaria (πανουργία) e a parvoíce (εὐήθεια) (II, 3, 1221a 12). Tal anotação é, por certo, apócrifa, obra de um redator ou copista zeloso, que teria esquecido que a teoria do justo meio vale apenas para as virtudes morais (cf. 1220b 34) e não se aplica, pois, à prudência. À parte isso, a adjunção é engenhosa e exprime bem o sentido da doutrina aristotélica da prudência.

[159] Sobre essa tese socrática, cf. EE, II, 10, 1227a 18-32; EN, III, 6, 1113a 15 e ss.

é na natureza das coisas que o bem aparente coincide com o bem real (visto que a natureza "nada faz em vão"). Se a vontade quer o mal, que lhe aparece como bem, isso é contra a natureza, παρὰ φύσιν,[160] e, então, pode-se presumir que nisso a vontade não é de modo algum responsável. Assim, a moralidade nos parece uma vez mais sustentada, em seu fundamento, por um Acaso fundamental, que faz com que sejamos bem ou mal nascidos, homens naturalmente constituídos ou, ao contrário, monstros. Contudo, nunca pertenceram ao domínio ético nem a patologia nem a teratologia, do qual marcam, ao contrário, os limites. Do lado oposto, a ética conhece outra limitação: a realização de nossos projetos se perde na indeterminação da matéria, que é um outro nome do acaso. Mas entre esses dois acasos, o acaso originário, que nos faz ser o que somos, e o acaso residual, que nunca faz de nossas ações exatamente o que queremos que sejam, há lugar para a

---

[160] Ἡ βούλησις φύσει μὲν τοῦ ἀγαθοῦ ἐστιν, παρὰ φύσιν δὲ καὶ τοῦ κακοῦ (EE, II, 10, 1227a 29-30). Conferir a tese exposta por Aristóteles (sem dela se apropriar) em EN, III, 7: "perseguir um fim não é objeto de escolha pessoal (οὐκ αὐθαίρετος), mas exige que se tenha nascido, por assim dizer, com um certo olho que nos permita julgar sadiamente e escolher o bem verdadeiro" (1114b 5-8). Aristóteles contesta menos esta tese do que sua conseqüência (a irresponsabilidade de todos), com um argumento que examinaremos a seguir (p. 222, n. 162). Em I, 10, 1099b 19, ele atenua o alcance desta tese, reservando a perversidade a uma minoria de monstros (πεπηρωμένοις). Mas em III, 6, 1113a 24, atribui somente ao σπουδαῖος a vontade do bem real. Concluiríamos que todo mundo é σπουδαῖος, salvo os monstros? Seria uma democratização bem radical (ainda que comporte uma exceção inquietante) da doutrina aristocrática do σπουδαῖος. Em todo caso, se vê por essas variações que Aristóteles nunca elucidou perfeitamente o irritante problema da εὐφυΐα.

deliberação, a escolha e a ação do homem. O momento propriamente ético não se situa, pois, no nível da vontade (pois sua qualidade depende de nossa natureza), nem no nível da ação, cujo sucesso ou fracasso dependem, em última instância, do acaso, mas entre elas: a escolha racional, guiada pela vontade do bem, decide o melhor possível a cada passo e deixa o resto ao acaso. Na perspectiva de Aristóteles e dos gregos, a vontade não é responsável pelo mal. Ao contrário, o mal é o responsável pela má qualidade da vontade. Mas Aristóteles é o primeiro a tirar a conseqüência disso: não se julga um homem por sua vontade – pois ou ela é boa e quer o bem, ou ela quer o mal e disso não é responsável – mas por sua escolha. Pois, se o homem nunca quer o mal enquanto tal, pode querer *mal* o bem e, querendo o bem em geral, escolher a cada vez o *menor bem*.[161] A moral de Aristóteles é a única moral grega coerente porque situa o bem e o mal, não no absoluto da vontade (como será o caso entre os estóicos, que ignoram, no entanto, eles também, o pecado), mas na escolha dos meios:[162] bem e mal relativos, certamente, mas dos

---

[161] É esta possibilidade que Aristóteles parece sugerir quando constata: "todos os homens, ou a maior parte deles, seguramente querem o que é nobre (βούλεσθαι... τὰ καλά), mas escolhem o que é proveitoso (προαιρεῖσθαι δὲ τὰ ὠφέλιμα)" (EN, VIII, 15, 1162b 35-36).

[162] É o que permite, finalmente, dar um sentido aceitável aos textos citados acima, onde Aristóteles pode se apropriar da *velha* idéia segundo a qual a *proairesis* é a sede da imputabilidade, após ter dado a esta mesma palavra o *novo* sentido de escolha dos meios. Cf., também, o texto onde a virtude é dita concernir aos meios (*supra*, p. 201, n. 106). Enfim, é somente dessa maneira que se pode compreender, parece-nos, o texto de III, 7, 1114b 18 ss., onde Aristóteles, para mostrar que somos co-responsáveis (συναίτιοι) por nossas ações, admite entre outras hipóteses, e malgrado a conseqüente objeção acerca da

quais cabe mais ao filósofo do que ao historiador deplorar que ainda estejam mal separados das noções "técnicas" de sucesso e fracasso,[163] dissociação que apenas se tornou possível por uma revelação que faltou tanto a Aristóteles como aos gregos em geral, a da existência de uma vontade *pervertida*, e pela reflexão correlativa sobre a essência e a significação do *pecado*.

* * *

Vimos como a análise da deliberação e da escolha, principalmente no livro III da *Ética Nicomaquéia*, estava centrada na relação entre *fim* e *meios*. Se contestou que este seja o ponto de vista definitivo (e se esteve tentado a acrescentar: o mais

---

εὐφυΐα, que "o fim é dado pela natureza (τὸ μὲν τέλος φυσικόν), mas que, o valoroso (σπουδαῖον) fazendo voluntariamente todo o resto (τὰ λοιπά), a virtude não é menos voluntária". Ora, o que *resta* além do fim, senão os meios? Assim, o otimismo socrático do "ninguém é mau voluntariamente", conclui ele, desculpando a vontade, faz recair sobre os meios todo o peso do mal, que não se deixa tão facilmente reduzir. Todos os homens querem o bem mas, porque o bem não é imediato, eles o querem por meios que não são necessariamente o seu reflexo e cuja própria diversidade é um princípio do mal. O mal não está no fim, que é universalmente bom, mas na impotência dos meios que os condena à multiplicidade e torna possível sua desordem. A última palavra dessa filosofia do mal, que ao mesmo tempo em que restaura o trágico das coisas também absolve os homens, será dita por Plotino: não é *embora* queiram o bem, mas *porque* o querem, os homens fazem o mal e, antes, fazem mal uns aos outros (*Enéadas*, III, 2, 4, l. 20-23 Bréhier).

[163] Cf. Gauthier, R.-A. *La morale d'Aristote*, p. 31-7, 79.

profundo) de Aristóteles.[164] Com efeito, em outros textos, Aristóteles analisa a ação humana segundo outro esquema: o da relação entre *universal* e *particular*. Trata-se de textos, freqüentemente comentados desde a Idade Média, que apresentam o processo da ação sob a forma de silogismo "prático": a premissa maior exprime um princípio geral (por exemplo, a temperança é uma virtude), a premissa menor subsume o conceito de tal ato particular à maior (este é um ato de temperança), a conclusão exprime a decisão de cumprir este ato.[165] Se reconhece nessa apresentação um dos traços que caracterizam a escolha: o encontro e a fecundação mútua de um imperativo (maior) e de um julgamento (menor); o imperativo fornece o móbil, o juízo fornece o ponto de aplicação. Mas também se observam as diferenças entre as duas doutrinas. No silogismo prático, uma vez postas as duas premissas, a conclusão é imediata; a escolha, ao contrário, é precedida de uma longa *deliberação*, de uma minuciosa *análise*, onde a menor do silogismo prático figura somente como conclusão. Desse ponto de vista, o silogismo prático é somente a reconstrução abstrata do ato terminal de decisão, mas deixa de lado o momento essencial que é a deliberação. Além disso, a expressão silogística do processo de ação poderia levar a crer que

---

[164] Allan, D.J. "The practical syllogism". In: *Autour d'Aristote*, p. 325-40. Cf. *idem, The philosophy of Aristotle*, p. 176-8.

[165] EN, VI, 13, 1144a 31-36; 12, 1143a 35-b 5; sobretudo, VII, 5, 1147a 4 e ss.; *De motu animal.*, 6-7; *De anima*, III, 11, 434a 16-25. "O silogismo da ação" não deixa de ter analogia com o "silogismo da produção" (*Met.*, Z, 7, 1032b 6 e ss., 22-30; 9, 1034a 30; *As Parte dos Animais*, I, 1, 639b 18 e ss.). Porém, no caso da arte (Aristóteles toma como exemplo a medicina), o silogismo deve ser precedido de deliberação ou *análise* encarregada de determinar a *menor*, e que não provém de um silogismo.

a ação é *cientificamente* determinável, enquanto todas as análises da escolha deliberada insistem sobre o parentesco da deliberação com a opinião, δόξα, e que a virtude deliberativa, a prudência, é apresentada como a virtude da parte *opinativa*, e não científica, da alma racional.[166] Como se observou,[167] uma diferença não menos importante consiste no fato de o silogismo exprimir em termos de causalidade *formal* o que a análise da deliberação e da escolha descrevem em termos de *eficiência* dos meios; diferença que não é somente de expressão, mas de fundo, pois a causalidade formal *se conhece*, enquanto a causalidade eficiente *se exerce*.

O problema, então, é saber qual das duas doutrinas é a mais aristotélica. Allan privilegia o vocabulário do universal e do particular, porque é o único conforme às exigências, diz ele, de uma ética digna desse nome. Se o valor da ação reside em sua ordenação a um fim, depende do resultado, ou seja, de um princípio externo à moralidade; se, ao contrário, "damos preferência a uma ação porque é um caso particular de um princípio bom que queremos realizar tanto quanto possível em nossa vida", então essa ação terá um "valor imanente":[168] enquanto a relação entre meio e fim é extrínseca e acidental, o universal é imanente ao particular. Ora, reconhecer a universalidade da lei na particularidade das ações singulares, seria a tarefa de toda moral.[169] Nesse sentido, Allan pode falar em progresso e, em todo caso, em um "alar-

---

[166] Por certo, há silogismos *dialéticos*, mas o são apenas pela probabilidade da maior, que não está em causa aqui.

[167] Gauthier-Jolif *in Eth. Nic.*, I, p. 210; Gauthier, *La morale d'Aristote*, p. 36.

[168] Allan, D.J. *The philosophy of Aristotle*, p. 177.

[169] Cf. *id., ibid.*, p. 177 e 189.

gamento"[170] do conceito de *escolha*, quando se passa do livro III aos livros VI e VII da *Ética Nicomaquéia*, os quais admite que são posteriores.[171]

Essa interpretação, contudo, sugerida finalmente por pressuposições filosóficas sobre o que *deve* ser a verdadeira moral, repousa sobre uma hipótese cronológica, da qual já se mostrou a insustentabilidade:[172] os livros VI e VII da *Ética Nicomaquéia* são, na realidade, livros transpostos da *Ética Eudêmia*, portanto anteriores ao livro III, o qual pertence a um estágio ulterior de elaboração da ética. E, sobretudo, nós o mostramos acima, o conceito de *proairesis* entendido como sede da imputabilidade, que caracteriza as exposições do livro VI da *Ética Nicomaquéia* e, em menor grau, do livro II da *Ética Eudêmia*, pertenceria a um fundo de pensamento socrático e platônico do qual, ao contrário, Aristóteles se emanciparia no Livro III da *Ética Nicomaquéia* (e já, em parte, no livro II da *Ética Eudêmia*) para voltar ao sentido etimológico e, na realidade, propriamente aristotélico de "escolha dos meios". Por outro lado, a descrição da ação em termos de causalidade formal permanece muito próxima do platonismo[173]

---

[170] Allan, D.J. *The philosophy of Aristotle*, p. 177.

[171] *Id., ibidem*. Cf. *idem*, artigo citado, *Autour d'Aristote*, p. 338. No mesmo sentido, Kullmann, *op. cit.*, p. 121, notava: "na primeira *pragmatie* (l. III), a *proairesis* é a reflexão racional sobre a possibilidade de um fim a realizar. Na segunda (l. VI), é apresentada como parte integrante no domínio das virtudes éticas fundadas na *phronêsis*". Mas ele não tira dessa observação conseqüências sobre a cronologia.

[172] Gauthier-Jolif, p. 210.

[173] Allan nota que a idéia de uma *aplicação* do universal ao particular, que caracteriza a passagem da ciência à arte, já se encontra em Platão (*Fedro*, 268a-271d, citado por Allan *in Autour d'Aristote*, p. 331).

para que se possa, ao contrário, reconhecer na análise da ação em termos de fim e meios uma contribuição originalmente aristotélica, fruto de elaboração ulterior. Enfim, é preciso notar que as duas fórmulas se encontram no livro VI, onde a *phronêsis* é descrita tanto como capacidade de aplicar o universal ao particular, como a capacidade de escolha judiciosa dos meios.[174]

Mesmo que a tradição tenha ordinariamente insistido sobre o esquema universal-particular, o que permitia mais facilmente interpretar a moral de Aristóteles num sentido intelectualista, acreditamos, no entanto, que a originalidade de Aristóteles se situa antes na intuição, tão estranha a Platão, de uma dissonância possível entre o fim e os meios e na exigência correlata de uma deliberação seguida de escolha, o que é totalmente distinto de um raciocínio seguido de conclusão. A apresentação silogística do processo da ação, mesmo que isso tivesse seduzido Aristóteles, deixaria de fora o momento essencial: o estabelecimento da menor, ou seja, o discernimento do particular. Não há, portanto, nenhuma "contradição" entre as duas descrições da ação dadas por Aristóteles. Pois, uma vez reconhecido o particular, se o universal a ele se aplica necessariamente, é preciso inicialmente reconhecer o particular: o que se deduz silogisticamente é a *propriedade* do particular de ser desejável, mas não a *existência* do particular. Não é difícil saber que é preciso ser corajoso, nem decidir que o que foi reconhecido como corajoso dever ser cumprido. Mas onde está a coragem *hic et nunc*? É na bravata ou no san-

---

[174] Para o esquema universal-particular, cf. VI, 8, 1141b 15; 9, 1142a 14 e todo o cap. 9. Para o esquema fim-meios, cf. VI, 12, 1143a 33; 13, 1144a 7-9.

gue frio? Na aventura ou na abstenção? No combate sem esperança ou na fuga que garante o futuro? É infinita a distância entre os princípios demasiado gerais e a variedade inacessível ao pensamento racional. A distância é igualmente infinita entre a eficácia real do meio e a realização esperada do fim. É este infinito que Aristóteles pede que a prudência preencha por mediações laboriosas e incertas. Mas esse infinito, este ἀόριστον, que afeta uma matéria sempre mais ou menos reativa à determinação e, em geral, um mundo que nunca acolhe inteiramente a ordem, nós já conhecemos o seu nome: a *contingência*.

Assim, a análise da escolha nos remete uma vez mais à estrutura do mundo. O mundo sublunar de Aristóteles não é mais uma cópia, sua matéria não é mais um simples receptáculo modelável à vontade pelo Demiurgo. É um meio entre o caos e a ordem, um caos que tende à ordem, uma ordem impotente para dominar inteiramente o caos. Nesse debate incerto entre a forma e a matéria, entre a determinação e o infinito, entre Deus e o mundo, ou, como diz Aristóteles, entre o "melhor" e o "necessário",[175] o homem pode e deve tomar o lugar de um Deus falível, perseguir sempre o melhor até os limites extremos do necessário, ocupar todo o campo do possível, lembrando-se sempre que este campo tem limites intransponíveis para o homem.

Tal idéia não apresentava novidade: a tragédia colocava em cena situações-limite onde já era preciso "conciliar", na dor e no dilaceramento, "o melhor e o necessário".[176]

---

[175] *Geração dos Animais*, I, 4, 717a 15; *As Partes dos Animais*, III, 10, 672b 23; IV, 9, 685a 18. Sobre essa oposição, cf. Platão, *Timeu*, 48a, 75d; *Leis*, IX, 858a.

Talvez isso não fosse tão exaltante quanto a ascensão em direção ao Bem em si, às vezes prometida por Platão. Mas não é culpa de Aristóteles se a verdade, que é preciso amar mais que a Platão, lhe parece mais humilde. Aristóteles redescobre que nem todo o Bem é possível – ou ao menos compatível – neste mundo e que, por isso, a vontade "antecedente" do Bem não é senão "platônica", se não se mediatiza na escolha "conseqüente" do melhor. Aristóteles não dispõe, como Leibniz mais tarde, de uma matemática assaz flexível para equacionar essas escolhas dolorosas, onde é preciso sacrificar o Bem absoluto ao melhor possível, porque o mundo é limitado. A velha idéia grega dos *limites* não se deixa reduzir matematicamente, e Aristóteles não pode fazer melhor, uma vez mais, do que apelar para a experiência insubstituível do homem de arte: o piloto precavido sabe que o melhor meio para atingir seu objetivo não é navegar sempre em frente mas, segundo o provérbio, "adotar como segunda navegação o mal menor".[177]

---

[176] Eurípides, *Ifigênia em Áulida*, v. 1409-1410 (a propósito do sacrifício de Ifigênia). É por isso que as "soluções" da tragédia são sempre claudicantes: cf. Ésquilo, *As Suplicantes*, v. 442 ("ponto de partida isento de dor"), 1070 ("eu me resigno ao mal menor e a dois terços de felicidade") etc.

[177] Κατὰ τὸν δεύτερον, φασί, πλοῦν τὰ ἐλάχιστα ληπτέον τῶν κακῶν (EN, II, 9, 1109a 34-35). Importa pouco que esta "segunda navegação" designe a navegação à remo ou o fato de bordejar pois, em ambos os casos, trata-se de um mal menor. No *Protrético*, o filósofo era comparado ao piloto que navega segundo a ordem das realidades imutáveis (Jâmblico, X, 55, 27 P; fr. 13 W). Há entre as metáforas "cibernéticas" toda a distância que separa a prudência da sabedoria.

§ 3. PRUDÊNCIA E JUÍZO (γνώμη)

Apresenta-se freqüentemente a doutrina aristotélica da prudência dizendo que, por oposição à sabedoria, a qual, por ser especulativa, "reina" mas "não governa", a prudência governa imediatamente a ação humana: ela seria um tipo de sabedoria prática oposta à sabedoria teórica. Mas essas oposições são muitos simples e não bastam para caracterizar verdadeiramente o pensamento de Aristóteles. Pois, por um lado, a sabedoria, como parece testemunhar o *Protrético*,[178] não é externa à ação que ela dirige, mesmo que seja de uma forma cada vez mais distante.[179] Por outro lado, a prudência não pode ser qualificada somente como disposição *prática*, pois então ela se distinguiria mal da virtude ética, ao passo que Aristóteles sempre insiste sobre seu estatuto de virtude *dianoética*. Finalmente, esse caráter intelectual da prudência é suficientemente destacado pela importância que Aristóteles lhe atribui no momento da *deliberação* na preparação da escolha, a qual aparece como o exato inverso da inspiração arbitrária. Dizer que a *proairesis* é um desejo deliberado,

---

[178] A sabedoria do *Protrético* é uma ἐπιτακτικὴ φρόνησις (fr. 4 W; 37, 21 P). O caráter *prático* da sabedoria do *Protrético* foi fortemente enfatizada – por uma reação talvez excessiva contra as posições de W. Jaeger – pelos intérpretes recentes desses textos (Mansion, S. "Contemplation and Action in Aristotle's *Protrepticus*". In: *Aristotle and Plato in the Mid-Fourth Century*, p. 56 ss.; Monan, J.D. "La connaissance morale dans le *Protreptique* d'Aristote". In: *Revue Philos. Louvain*, 1960, p. 185 ss.).

[179] Na *Ética Eudêmia* não é mais o divino que comanda, ele é tão somente aquilo *em vista do que a prudência governa* (οὐ γὰρ ἐπιτακτικῶς ἄρχων ὁ θεός, ἀλλ' οὗ ἕνεκα ἡ φρόνησις ἐπιτάττει) (VII, 15, 1249 b 13-15).

ὄρεξις βουλευτική,[180] é o mesmo que dizer que ela é um desejo intelectual, ὄρεξις διανοητική, ou ainda, um intelecto desejante, ὀρεκτικὸς νοῦς.[181] E se, no livro VI da *Ética Nicomaquéia*, Aristóteles insiste que não há escolha[182] sem disposição moral, também acrescenta que não há escolha sem intelecto e sem pensamento, ἄνευ νοῦ καὶ διανοίας.[183]

A originalidade de Aristóteles não consiste, pois, como se acreditou algumas vezes, na afirmação do caráter prático da prudência, tampouco em seu caráter intelectual. Platão não dizia outra coisa sobre sua sabedoria, que chamava indiferentemente *sophia* ou *phronêsis*, indissoluvelmente teórica e prática.[184] E também era esse o sentido da doutrina socrática de virtude-ciência. A originalidade de Aristóteles consiste, na realidade, em uma nova concepção das relações entre a teoria e a prática, conseqüência de uma ruptura, pela primeira vez consumada, no universo da teoria. O que é novo nele, não é um interesse inédito pela ação – nem Sócrates nem Platão

---

[180] EN, III, 5, 1113a 11; VI, 2, 1139a 23.

[181] *Ibid.*, VI, 2, 1139b 4-5.

[182] Vimos que no livro VI a προαίρεσις conservava o sentido acadêmico de "disposição moral", aqui, porém, vemos nascer o sentido propriamente aristotélico de "escolha deliberada".

[183] *Ibid.*, 1139a 33. O livro III, mais preocupado com a análise técnica da deliberação do que com a coloração moral da escolha, diz simplesmente que a escolha se acompanha de raciocínio e pensamento, μετὰ λόγου καὶ διανοίας (III, 4, 1112a 16).

[184] Sobre o caráter arquitetônico da sabedoria, cf. Platão, *República*, IV, 441e *passim*; cf. *Górgias*, 507e-508a; *Timeu*, 47bc. Por certo, no *Político* (259e-260b), Platão distinguia duas espécies de conhecimento: *judicativo* (κριτικόν, p. ex., o aritmético) e *imperativo* (ἐπιτακτικόν, p. ex., a arquitetura). No entanto, essas duas características parecem reunidas na filosofia (cf. *Eutidemo*, 290bc, o papel retor da dialética).

foram puros especulativos –, mas a descoberta de uma cisão no interior da razão e o reconhecimento dessa cisão como condição de um novo intelectualismo prático.

Caracteriza bem isso a crítica da moral socrática que encontramos no livro VII da *Ética Eudêmia*. A ênfase é posta principalmente sobre a impossibilidade de atribuir à ciência um valor moral por si mesma, pois se pode fazer mal uso da ciência. Ao contrário, não se faria, sem contradição, mal uso da prudência: disso a linguagem dá testemunho, ao mostrar bem que não se pode fazer uso insensato (ἀφρόνως) da *phronêsis*.[185] O sentido dessa crítica é claro: ela mostra que não é possível, sem violentar a linguagem, dar à *phronêsis*, que evoca uma virtude, o sentido de *ciência*, nem mesmo de virtude-ciência, pois o bom senso popular dissocia com razão a virtude, que é meritória, da ciência, que não é: então, se a prudência é uma virtude, ela não é ciência. Tal crítica parecia atingir o intelectualismo moral em seu próprio princípio. No entanto, a conclusão não é a que se esperava: "a prudência é uma virtude e não é ciência, *mas é outro gênero de conhecimento*".[186] Assim, pois, o que Aristóteles contesta não é o caráter moral de todo conhecimento, mas somente do conhecimento *científico*. Aristóteles não contesta que uma virtude

---

[185] EE, VII, 13, 1246b 6. Cf. todo o cap. 13. Na *Ética Nicomaquéia*, Aristóteles mostra, do mesmo modo, que a prudência não é arte. Ele combate, pois, o célebre paradoxo socrático (Xenofonte, *Memoráveis*, IV, 2, 20; Platão, *Hipias menor*, 373-376) segundo o qual aquele que mente voluntariamente é superior ao que mente involuntariamente (VI, 5, 1141a 21-25), pois um tal homem, objeta, não pode ser dito φρονιμώτερος, como parece ter dito Sócrates (cf. *Met.*, Δ, 29, 1025a 6-13, especialmente l. 8; *Tóp.*, IV, 5, 126a 32-b 2).

[186] Ἀρετὴ γάρ ἐστι, καὶ οὐκ ἐπιστήμη, ἀλλὰ γένος ἄλλο γνώσεως (EE, 1246b 35-36).

possa ser *intelectual*, apenas não quer dizer que por isso ela deva ser uma ciência.

Qual é, então, esse "outro gênero" de conhecimento ao qual Aristóteles assimila a prudência? Se nos ativéssemos ao texto, a bem da verdade muito alusivo, da *Ética Eudêmia*, a prudência deveria ser por si mesma um saber moral, diferentemente da ciência ou da arte que são moralmente neutras, isto é, haveria algum mérito em possuí-lo, saber que comportaria, de algum modo, uma deontologia de seu próprio uso. Mas Aristóteles em nenhum momento desenvolve explicitamente tal idéia, a qual, no entanto, lhe era sugerida pelo uso popular de *phronêsis*. A *Ética Nicomaquéia* se contenta em assimilar o saber prudencial àquele que é requerido para explorar o domínio da ação em geral, quer esta ação seja moral ou somente técnica. Na crítica do intelectualismo, que desta vez visará sobretudo Platão, mais do que Sócrates, a ênfase não será posta na neutralidade moral da ciência, mas em sua inaptidão para conhecer o particular e o contingente, os quais são, no entanto, o domínio próprio da ação. Ainda aqui, Aristóteles será tentado a calcar a análise da ação prudentemente conduzida sobre a da ação tecnicamente bem sucedida, se contentando em acrescentar, *in fine*, que a prudência não existe sem virtude moral, razão pela qual se distingue da habilidade, sendo, porém, incapaz de apresentar a relação da prudência com a moralidade senão como um vínculo extrínseco e acidental.

Semelhante doutrina é conhecida e não há necessidade de insistir sobre ela. Consiste em apresentar a prudência como a virtude (ἀρετή),[187] não da alma racional, mas de uma

---

[187] Note-se, ainda aqui, a ambigüidade dessa palavra em Aristóteles: excelência moralmente neutra, mas também virtude *moral*. Neste últi-

de suas partes, aquela que, diferentemente da parte científica (ἐπιστημονικόν), diz respeito ao contingente.[188] Assim, a noção popular de prudência se encontra vinculada a uma intuição propriamente aristotélica: a da divisão do mundo em duas regiões e a da divisão correlativa da alma racional em duas partes. Dir-se-á que Platão, numa célebre passagem da *República*, já havia operado distinções – νοῦς e διάνοια – no interior da alma racional.[189] Mas trata-se, antes, de *momentos* do conhecimento, de graus numa hierarquia culminando na intuição do Bem, do que uma divisão no interior de objetos reais: a verdadeira realidade estaria inteiramente concentrada no objeto da forma superior de conhecimento, o resto figuraria apenas graus no domínio da *sombra* ou da *cópia*. Em Aristóteles, ao contrário, é a cisão do próprio mundo real que determina uma cisão paralela no interior da *razão*, e não somente no interior da alma cognitiva. Entre essas duas partes da alma racional não há mais hierarquia, tal como estabelecia Platão, pois, para Aristóteles, o que uma ganha em exatidão seu objeto perde em proximidade e em familiaridade.[190]

---

mo sentido, a relação entre virtude e inteligência é sintética, o que Aristóteles exprime pelo *genitivo* τέχνης μέν ἐστιν ἀρετή, φρονήσεως δ' οὐκ ἔστιν: "há uma virtude *da* arte, enquanto não há *da* prudência", pois a própria prudência *é* virtude (prova de que não é somente inteligência) (VI, 5, 1140b 22). Dizer que a prudência é *virtude* da alma racional é dizer que ela "não é *somente* uma disposição acompanhada de regra" (οὐδ' ἕξις μετὰ λόγου μόνον), ou seja, somente intelectual (1140b 28).

[188] VI, 2, 1139a 5-12; 5, 1140b 25-28. Cf. passagem paralela (e mais desenvolvida) de *Magna Moralia*, I, 34, 1196b 15-33.

[189] *Rep.*, V, 475e-480a.

[190] EN, VI, 7, 1141b 4 ss.; *As Partes dos Animais*, I, 5, 644b 22-645a 4.

Estando claro o sentido geral dessa divisão, pouco importa para nosso propósito as variações terminológicas de Aristóteles, aqui particularmente numerosas. O traço mais interessante é o emprego que Aristóteles faz da expressão λογιστικόν para designar a parte calculativa e deliberativa da alma racional,[191] enquanto Platão, e mesmo Aristóteles quando não a trata *ex professo*,[192] serviram-se do mesmo termo para designar a alma racional em seu conjunto. A ruptura com o vocabulário platônico é acompanhada aqui, como freqüentemente, de um retorno complacentemente acentuado ao uso popular,[193] que entendia por *logos*, *logismos* menos as demonstrações matemáticas do que os cálculos do homem previdente. Não surpreendem as outras expressões empregadas por Aristóteles: é normal opor à faculdade científica a faculdade opinativa (δοξαστικόν),[194] deliberativa (βουλευτικόν),[195] ou ainda eletiva (προαιρετικόν),[196] visto que, como vimos, a opinião, a deliberação e a escolha têm em comum concernirem ao contingente. Por outro lado, e malgrado uma tentação

---

[191] EN, VI, 2, 1139a 12, 14.

[192] Platão, *Rep.*, IV, 439d e os textos citados por Joachim *in Eth. Nic.*, VI, 2; Aristóteles, *Tóp.*, IV, 5, 126a 8, 13; V, 1, 129a 11 ss.; 5, 134a 4; 6, 136b 11; 8, 138a 34, b 2, 13; VI, 9, 147b 32; EE, VII, 13, 1246b 19-23; *Magna Moralia*, II, 10, 1208a 10. Cf. Arnim, H. von *Eudemische Ethik und Metaphysik*, 1928, p. 12.

[193] Λογίζεσθαι, lembra Aristóteles, é sinônimo de βουλεύεσθαι; ora, não se delibera sobre o necessário, o qual é objeto de demonstração (ἀποδεῖξις): EN, VI, 2, 1139a 12-14.

[194] EN, VI, 5, 1140b 26.

[195] *Magna Moralia*, I, 35, 1196b 16, 27; cf. EE, II, 10, 1226b 25; *De anima*, III, 10, 433b 3.

[196] *Magna Moralia*, I, 35, 1196b 27, 33.

que poderia ser suscitada aqui pelo vocabulário platônico, nada se conclui do uso do termo διανοητικός, pelo qual Aristóteles designa o caráter intelectual da prudência. Enquanto διάνοια designava, em Platão, o aspecto discursivo do conhecimento racional, por oposição a seu aspecto intuitivo, expresso por νοῦς ou νόησις,[197] tal especialização não aparece em Aristóteles, que emprega os termos νοῦς, λόγος e διάνοια de maneira freqüentemente equivalente,[198] *dianoia* designando a atividade do pensamento em geral. Então não surpreende que as virtudes dianoéticas[199] englobem, em Aristóteles, o νοῦς tanto quanto a prudência, a arte como a ciência: chamando-as *dianoéticas*, Aristóteles quer simplesmente exprimir que essas virtudes concernem menos ao caráter (ἦθος) do que ao pensamento em geral. Logo, para Aristóteles, não é entre a *dianoia* e o *nous*, entre a discussão e a intuição, que passa a cisão essencial, mas entre o pensamento do necessário e o pensamento do contingente.

Que a prudência esteja vinculada à compreensão do contingente não implica, pois, que ela seja intuitiva ou discursiva. Porque estas não são senão determinações secundárias

---

[197] Cf. *Rep.*, VI, 511d. A *dianoia* é o diálogo interior da alma consigo mesma (*Teeteto*, 189e; *Sofista*, 263e; *Filebo*, 38ce), cuja conclusão é a *doxa*, que não apenas examina, mas afirma ou nega.

[198] Cf. EN, III, 4, 1112a 16; VI, 2, 1139a 33 e 1139b 4-5 (que assimila ὀρεκτικὸς νοῦς e ὄρεξις διανοητική); cf., I, 6, 1098a 5 (onde διανοεῖσθαι designa o exercício do pensamento em geral). Somente nas passagens que parecem ecoar polêmicas interiores à Academia que Aristóteles atribui à *dianoia* um sentido técnico: ver VI, 10, 1142b 6-15, onde διάνοια é distinta de ἐπιστήμη e de δόξα.

[199] Sobre essa expressão, cf. EN, I, 13, 1103a 3-7; II, 7, 1108b 10; VI, 2, 1139a 1. A enumeração mais completa das virtudes dianoéticas encontra-se em VI, 3, 1139b 16.

que concernem ao modo de apreensão do objeto, e parece que essa apreensão pode ser concomitantemente uma e outra nos diferentes momentos de sua operação. Se a prudência parece requerer os lentos percursos da deliberação,[200] Aristóteles conhece e condena a personagem que não termina de deliberar: é preciso que a deliberação, como todas as coisas, tenha um fim.[201] Ora, o que a deteria senão a apreensão do particular, o lugar oportuno, a ocasião favorável e, de forma geral, o meio apropriado, que pertence à escolha querê-lo e à ação colocá-lo rapidamente em atividade?[202] Não é preciso ver, pois, nenhuma inconseqüência no fato de Aristóteles ora opor a prudência à intuição,[203] ora, ao contrário, aproximá-las.[204] Se se entende por νοῦς a apreensão imediata dos princípios da demonstração, tanto a prudência quanto a sabedoria se encontram igualmente distantes disso, embora por razões diferentes: a sabedoria, porque é feita de demonstrações; a prudência, porque não concerne nem ao demonstrável, nem a seu princípio. Mas se se entende por νοῦς a apreensão imediata das "coisas últimas e particulares",[205] será preciso atribuir tal intuição ao homem prudente: ao mesmo tempo homem de pensamento e de ação, herdeiro dos heróis

---

[200] As decisões bruscas (τὰ ἐξαίφνης) são voluntárias (ἑκούσια), mas não resultam de escolha deliberada (κατὰ προαίρεσιν δ' οὔ) (III, 4, 1111b 9-10).

[201] EN, III, 5, 1113a 2 (condenação da βούλευσις εἰς ἄπειρον). Cf. Dirlmeier, p. 327-8.

[202] Cf. o provérbio: "é preciso executar rápido o que foi deliberado, mas deliberar lentamente" (EN, VI, 10, 1142b 4).

[203] EN, VI, 6, 1140b 34 ss..

[204] *Ibid.*, 12, 1143a 25-b 6. Resumimos, aqui, a última passagem.

[205] *Ibid.*, 1143a 28.

da tradição, o *phronimos* une nele a lenta reflexão e a imediatez do golpe de vista, que não é senão a brusca eclosão da primeira; ele une a minúcia e a inspiração, o espírito de previsão e o espírito de decisão. Ainda aqui, e por meio de uma simples observação vocabular, se está autorizado a discernir uma farpa, desta vez discreta, contra Platão: Aristóteles não parece incomodado em lembrar que é de preferência ao *phronimos* que o vulgo atribui espontaneamente a capacidade de intuição (νοῦς) bem mais que ao sábio ou ao filósofo, os quais, reduzidos às suas demonstrações,[206] ignoram o começo e o fim das coisas.[207]

* * *

Mas, como lhe acontece cada vez que se permite amplificar a valorização popular do *phronimos*, Aristóteles se choca com uma dificuldade que termina por tornar problemática a significação *ética* da personagem. A filosofia é laboriosa, enquanto a inteligência do *phronimos* é fulgurante. Poder-se-ia igualmente dizer que a filosofia se adquire e que é, por isso,

---

[206] Cf. EN, VI, 6, 1141a 1-3: "A sabedoria não diz respeito aos princípios, pois é próprio do sábio ter uma *demonstração* sobre certas coisas".

[207] *Ibid.*, 12, 1143a 35-b 2: "A intuição diz respeito aos extremos nos dois sentidos: pois os termos primeiros tanto quanto os últimos são do domínio da intuição e não do raciocínio (λόγος)"; cf. 1143b 9-10: διὸ καὶ ἀρχὴ καὶ τέλος νοῦς. Esta desvalorização do *logos* em proveito do *nous*, que designa a apreensão imediata tanto do singular quanto do universal, não é isolada em Aristóteles. Cf. EE, VII, 14, 1248a 27: λόγου δ' ἀρχὴ οὐ λόγος, ἀλλά τι κρεῖττον, e o sentido geralmente pejorativo da palavra λογικός.

meritória, enquanto a prudência e os predicados que evoca parecem ser dons da natureza,[208] de uma natureza que não pode ser precipitada (é preciso ser velho para ser prudente), nem mesmo corrigida. Ora, está claro que a virtude, no sentido corrente do termo (isto é, a virtude moral), nem pode contar com os caprichos da natureza, nem mesmo esperar numerosos anos.

Outra dificuldade, anteriormente mencionada, vem do fato de que ao insistir sobre a inteligência do *phronimos*, seja Ulisses ou Péricles, se perde de vista seu valor moral. O problema não é mais o das relações entre natureza e moralidade, mas entre moralidade e inteligência. Ora, se o pensamento grego nunca chegará a vencer totalmente o primeiro problema, chocando-se tanto com a arbitrariedade do nascimento quanto com o acaso irredutível, a tradição fornecia sobre o segundo, nós o veremos, uma direção de pensamento que Aristóteles só explorou timidamente, o que é de se lamentar.

Juntamente com o estudo sobre a *phronêsis*, Aristóteles examina um certo número de qualidades, as quais não figuram na lista das cinco grandes virtudes dianoéticas (ἐπιστήμη, τέχνη, φρόνησις, νοῦς, σοφία), mas que se pode, no entanto, considerar como "virtudes intelectuais menores".[209] Já havíamos encontrado uma delas: a *boa deliberação* ou εὐβουλία, que Aristóteles a um só tempo aproxima e distingue de duas qualidades vizinhas, a *precisão do golpe de vista* (εὐστοχία) e a *vivacidade de espírito* (ἀγχίνοια), as quais diferem da primeira na medida em que são ἄνευ λόγου, ou seja,

---

[208] EN, VI, 12, 1143b 6 ss.: διὸ καὶ φυσικὰ δοκεῖ εἶναι ταῦτα, enquanto ninguém é sábio por natureza (φύσει σοφὸς μὲν οὐδείς).

[209] Segundo a expressão de J. Tricot (*in* VI, 10 e 11, p. 298, 302).

elas operam imediatamente e sem cálculo prévio.[210] Depois vêm duas outras "virtudes": a *inteligência* (σύνεσις) e o *juízo* (γνώμη). À primeira vista, impressiona o caráter empírico dessa enumeração, que parece não obedecer a nenhum princípio de classificação e não ter outro interesse senão fornecer, num tipo de apêndice, uma análise semântica de noções estreitamente aparentadas à *phronêsis* no uso popular. Na realidade, essa enumeração era tradicional. Encontram-se listas análogas em numerosas passagens de Platão;[211] uma passagem do *Epínomis*[212] parece o testemunho de uma tentativa de reduzir essas virtudes a tão somente componentes da sabedoria e excluir aquelas que não seriam pretendentes dessa dignidade. Enfim, já tivemos ocasião de reconhecer que o caráter escolástico da discussão sobre a εὐβουλία parecia se referir à discussões internas à Academia, cujos membros se comprazem em distinções um pouco pedantes de conceitos.[213]

Contudo, na breve análise da inteligência (σύνεσις) e do juízo (γνώμη) parece que Aristóteles rompe com as sutilezas acadêmicas para retornar, para além da Academia e do

---

[210] EN, VI, 10, em particular 1142b 2-6. A vivacidade de espírito é definida nos *Segundos Analíticos* como uma espécie de εὐστοχία, o que consiste em "indicar instantaneamente o meio termo", como acontece quando "observando alguém que fala com um homem rico, advinha-se que ele lhe pede dinheiro" (I, 34, 89b 10-15).

[211] Cf. as numerosas referências citadas por Gauthier-Jolif, p. 508. Encontram-se definições análogas nas *Definições* pseudo-platônicas, 413d, e no tratado pseudo-aristotélico *Das virtudes e dos vícios*, 4, 1250a 30-39.

[212] *Epínomis*, 976bc.

[213] Cf. acima, p. 212, n. 137. Xenócrates estaria na origem da redução das virtudes intelectuais às cinco que Aristóteles retém no início do livro VI.

próprio Platão, à significação popular dessas palavras. Platão, exatamente como para a *phronêsis*, acreditava ter dado carta de nobreza a essas qualidades há tanto tempo louvadas pela sabedoria popular, fazendo delas virtudes especulativas: no *Filebo*, a σύνεσις aparece como uma espécie da *phronêsis*, ela mesma entendida como sabedoria teorética;[214] e na *República*, a γνώμη é assimilada à ἐπιστήμη.[215] Mas Aristóteles não tem dificuldade em mostrar que isso era forçar o sentido das palavras: a inteligência (σύνεσις), ou seja, a capacidade do homem inteligente (συνετός, εὐσύνετος), ou ainda daquele que compreende (συνιέναι), possui uma extensão que não permite assimilá-la a uma ciência particular.[216] Além do mais, "a inteligência não tem por objeto os seres eternos e imutáveis, nem os que devêm, mas somente as coisas que são passíveis de dificuldade ou são matéria de deliberação".[217] Como se vê, a σύνεσις não designa a inteligência do teólogo, nem mesmo a do físico, mas antes a capacidade de analisar e discernir as situações concretas. A inteligência tem, pois, o mesmo domínio da prudência (ou seja, o que devém *enquanto* depende de nós) e dela difere somente pelo fato de que é *crítica*, enquanto a prudência é *normativa* (ἐπιτακτική).[218]

Resta, enfim, a γνώμη: ela designa o *julgamento* no sentido em que se diz de qualquer um que ele julga (ἔχειν γνώμην). Ora, julgar *não é somente uma qualidade intelectual*.

---

[214] *Filebo*, 19b. No *Crátilo*, συνιέναι é assimilado a ἐπίστασθαι (412ab).

[215] *Rep.*, V, 476d. Cf. *Crátilo*, 411ad.

[216] EN, VI, 11, 1143a 2-4.

[217] *Ibid.*, 1143a 4-6. Por τῶν γιγνομένων é preciso entender as realidades físicas, as quais, *enquanto físicas*, não são objeto de σύνεσις.

[218] *Ibid.*, 1143a 8-10. Sobre a oposição de origem platônica, cf. p. 231, n. 184.

O homem de bom julgamento (εὐγνώμων) não se confunde com o homem de ciência; ele não tem nenhuma conivência com os princípios e não pode se abrigar atrás de nenhuma demonstração. Além disso, sabe que o verdadeiro nos assuntos humanos não se confunde com o demonstrável. É justamente o reconhecimento dos limites da ciência que faz seu valor propriamente moral. "O julgamento é a determinação correta do que é *equânime* (ἐπιεικές)";[219] ora, vimos acima,[220] que a eqüidade era o substituto humano de uma justiça geométrica demais e, por isso, rígida demais. "A prova é, acrescenta Aristóteles, que o homem equânime é aquele do qual dizemos que é indulgente (συγγνωμονικόν), e a eqüidade não é diferente de ter indulgência com certas coisas".[221] Γνώμη, συγγνώμη: o jogo de palavras é intraduzível mas exprime bem o deslizamento de sentido que, por uma notável exceção em relação a uma lei semântica provavelmente universal,[222] associa uma nuance de moralidade a uma palavra que significa inteligência. "A indulgência, conclui Aristóteles, é o julgamento que decide o que é equânime, quando este julgamento é reto, e é reto quando concerne ao verdadeiro".[223]

Assim, a indulgência (συγγνώμη) diz respeito, a um só tempo e indissociavelmente, à equidade e à verdade. Nela se encontram reunidas, num ponto que parece desta vez intrín-

---

[219] EN, VI, 11, 1143a 20.

[220] Cf. Parte II, cap. 1, § 2.

[221] EN, VI, 11, 1143a 21-22.

[222] É conhecida a lei que tende a associar a idéia de inteligência à de maldade (ex.: *malignus*, malígno, δεινός etc.) e, inversamente, a de parvoíce à de inocência (cf. singelo, *inocente*, e, já em grego, εὐήθης).

[223] Ἡ δὲ συγγνώμη γνώμη ἐστὶ κριτικὴ τοῦ ἐπιεικοῦς ὀρθή, ὀρθὴ δ' ἡ τοῦ ἀληθοῦς (1143a 23-24).

seco e não mais acidental, uma determinação intelectual e um predicado moral. Mas esta coincidência entre o verdadeiro e a eqüidade só é possível com uma condição: que o verdadeiro não seja mais assimilado ao demonstrável, ao geométrico, visto que é por oposição a eles que a eqüidade foi, aliás, definida. Assim, o saber apenas coincide com a moralidade sob a condição de limitar suas pretensões ou, o que é o mesmo, reconhecer seus limites. O homem de julgamento, um outro nome para o homem de prudência, não se desincumbe de um Saber transcendente do dever de julgar, ou seja, de compreender. Ter julgamento não é subsumir o particular ao universal, o sensível ao inteligível; é penetrar, sensível e singular em si mesmos, com uma razão mais "razoável" do que "racional"; é, vivendo num mundo impreciso, não lhe buscar impor a justiça excessivamente radical dos números; mortal, não julgar as coisas mortais com os olhos do imortal; homem, ter pensamentos humanos. O homem de julgamento sabe que a ciência pode tornar-se inumana, quando, rigorosa, pretende impor suas determinações a um mundo que talvez não possa recebê-las. Ao rigor da ciência, que pode ser violento, o equânime opõe a indulgência do julgamento. Ainda intelectualismo, visto que é preciso a "inteligência" para compreender e julgar, mas intelectualismo que escapa à presunção do saber: a γνώμη não é o que se entenderá mais tarde por γνῶσις,[224] e a prudência *gnômica* é o oposto da sabedoria *gnóstica*, da qual repele antecipadamente a vertigem.

---

[224] B. Snell (*Die Ausdrücke für den Begriff des Wissens...*, cf. p. 155, n. 1) nota que na filosofia pré-socrática, γνῶσις, de formação mais recente, diferentemente de γνώμη, tem "significação puramente teórica" (p. 38; remete a Heráclito, fr. 56, Filolaos, fr. 6; cf. Platão, *Teeteto*, 193d). Sobre o sentido de γνώμη, *ibid.*, p. 31 ss.

A este "saber" *humano,* humano por seus limites, mais humano ainda por sua atenção ao homem, o pensamento grego tradicional lhe tinha reconhecido um valor moral, que Aristóteles apenas evoca *in fine* e como a contragosto. Mas essa idéia de que o saber é moral, não por sua extensão, mas por seus limites, está presente no próprio termo *phronêsis*, a velha palavra que Platão apenas tinha conservado desviando-a de seu sentido. Ao lhe restituir seu sentido arcaico, Aristóteles faz reviver, talvez involuntariamente, o antigo fundo de sabedoria gnômica e trágica que a habita: na *phronêsis* continua ressoando o apelo a um "pensamento humano", ἀνθρώπινα φρονεῖν, no qual se resumia a velha sabedoria grega dos limites.

TERCEIRA PARTE
E CONCLUSÃO

A FONTE TRÁGICA

> Μή, φίλα ψυχά, βίον ἀθάνατον σπεῦδε,
> τὰν δ' ἔμπρακτον ἄντλει μαχανάν
> (Píndaro, III ª *Pítica*, v. 109-10)

> Ἐφ' ὅσον ἐνδέχεται ἀθανατίζειν
> (Aristóteles, *Ética Nicomaquéia*, X, 7, 1177b 33)

Acreditamos ter suficientemente mostrado que a verdadeira origem do conceito aristotélico de *prudência* não deve ser buscado na *phronêsis* platônica, mas na *phronêsis* da tradição, à qual Aristóteles se refere, aliás, expressamente. Sem dúvida, também o notamos, é preciso levar em consideração, em Aristóteles, uma certa afetação de arcaísmo, um retorno às "fontes" para além das construções demasiado eruditas do platonismo. Resta, porém, que a palavra não foi escolhida por acaso entre muitas outras de sentido aproximado – σοφία, νοῦς etc. –, e que com ela penetra na ética aristotélica um pouco da atmosfera de pensamento na qual sua significação foi progressivamente constituída.

Talvez não seja o caso retraçarmos a história da palavra em toda a literatura pré-platônica, menos ainda a de numerosas palavras de mesma raiz, φρόνημα, φροντίζειν, σώφρων, εὔφρων etc.. Nos limitaremos a algumas indicações referentes a φρόνησις, φρόνιμος e, sobretudo, ao verbo φρονεῖν.[1]

---

[1] Não existe um estudo geral sobre a questão. Encontram-se algumas indicações em Gauthier-Jolif, p. 464-5, agora completadas por Hüff-

Essas palavras fazem parte daquelas que exprimem – desde a literatura homérica, no que concerne a φρονεῖν – atos ou qualidades de *pensamento*. Que inicialmente tenham tido uma significação concreta derivada de φρένες, que designa o diafragma ou os pulmões,[2] não bastaria para distinguí-las de vocábulos vizinhos (ψυχή, θυμός, νοῦς etc.), cuja significação, a princípio material, não é menos assegurada, mesmo se está longe de ser a única que se encontra em Homero.[3] Não

---

meier, F. "Phronesis in den Schriften des Corpus Hippocraticum". In: *Hermes*, 1961, 89, p. 51-94 (numerosas aproximações com os pré-socráticos). B. Snell freqüentemente abordou temas paralelos *(Die Ausdrücke für den Begriff des Wissens in der vorplatonischen Philosophie*, Philol. Untersuchungen 29, Berlim, 1924; *Die Entdeckung des Geistes*, Hamburgo, 1955, 3ª ed., esp. Cap. VIII), mas sem insistir especialmente sobre a *phronêsis*. A palavra não se encontra em Homero (que conhece apenas φρόνις, cf. *Odisséia*, III, 244), mas é a ele que é preciso recorrer para encontrar o primeiro testemunho semântico sobre as palavras de mesma raiz, especialmente φρένες, φρονεῖν; existem numerosos estudos a esse respeito: Onians, R.B. *The Origine of European Thought about the Body, the Mind, the World, Time and Fate,* Cambridge, 1951 (sobre φρένες, p. 23-43); Festugière, A.-J. resenha do precedente, *Revue des études grecques*, 1953, 56, p. 396-406; Plamböck, G. *Erfassen – Gegenwärtigen – Innesein. Aspekte homerischer Psychologie*, Diss. Kiel, 1959 (sobre φρονεῖν, p. 103 ss., 113 ss.). Encontram-se mais algumas indicações em Hoffmann, *Die ethische Terminologie bei Homer*, Diss. Tubingue, 1914 (esp. p. 54-7); Kurnsemüller, O. *Die Herkunft der platonischen Kardinaltugenden*, Diss. Munique, 1935; Webster, T.B.L. "Somme Psychological Terms in Greek Tragedy", *Journal of hellenic Studies*, 1957, 77, p. 149-54.

[2] Admitia-se, geralmente, o diafragma. Segundo Onians, tratava-se dos pulmões, considerados como órgão de expressão, depois do pensamento.

[3] Onians sustenta que Homero apenas conheceu a significação concreta dessas palavras (p. ex., que φρένες significa sempre *pulmões* etc.). Mas

se pode tampouco ver uma particularidade de φρονεῖν no fato de este verbo não exprimir somente uma função intelectual, mas "um estado emotivo e uma tendência à ação, em resumo, uma disposição interior muito mais complexa e matizada que o simples fato de pensar ou conhecer".[4] Tal indistinção, do intelectual e do afetivo, é uma constante do pensamento homérico, cujo vocabulário psicológico mais exprime atitudes do "homem como um todo" do que distingue "faculdades".[5]

Dito isso, é preciso se perguntar por que, ou ao menos como, as palavras φρονεῖν, φρόνησις conservaram até Aristóteles essa unidade de significações diversas, intelectual e prática, enquanto outras palavras, cuja ambigüidade original era a mesma (por exemplo, νοῦς, θυμός), rapidamente se especializaram no domínio intelectual ou afetivo. O traço geral da evolução – ou antes da ausência de evolução – da palavra *phronêsis* nos parece residir em que a idéia de um ato ou de uma função[6] intelectuais foram freqüentemente associados à idéia de *limite*, inicialmente entendida num sentido negativo, ou, posteriormente, positivo, de *equilíbrio*.

Festugière contesta, com razão, esse "primitivismo" de Homero (art. citado, p. 401-3) e B. Snell observa a esse propósito que nossa distinção moderna de abstrato e concreto é aqui anacrônica: o que há de "primitivo" em Homero é que o órgão nunca é considerado como inerte, mas como portador de sua *função* (*Die Entdeckung...*, p. 34).

[4] Festugière, art. cit., p. 396 (que resume Onians, p. 19); cf. p. 401.

[5] *Ibid.*, p. 396.

[6] Com efeito, convém sublinhar que, como todos os substantivos em -σις, φρόνησις não designa uma qualidade mas a *ação* de φρονεῖν e, por extensão, a própria função.

A *phronêsis* é pensamento, ela é mesmo um pensamento intelectual, mas limitada tanto em seu domínio como em suas pretensões, traço que resulta de diversas comparações. Assim se viu[7] no poema de Parmênides que φρονεῖν designa a observação, o pensamento empírico, por oposição a νοεῖν, que já é especializado no sentido de pensamento racional.[8] Quando, mais tarde, Aristóteles e Teofrasto[9] recriminarão Parmênides, Empédocles, Anaxágoras, Demócrito e mesmo Homero, por haverem confundido inteligência, φρόνησις, e sensação, αἴσθησις, é certamente manifesto que projetaram sobre esses pensadores antigos um vocabulário que não lhes pertence. Mas a alusão a Parmênides e a Anaxágoras, que não eram especialmente "empiristas", permite supor que a recriminação de Aristóteles se endereça menos às suas teorias gerais do conhecimento do que ao uso que faziam de φρονεῖν, julgado errôneo por um Aristóteles que, aqui, se lembra de Platão.[10]

---

[7] Loew, E. "Das Lehrgedicht des Parmênides". In: *Rhein. Museum*, 1929, 78, p. 163, n. 1; *Berliner philolog. Wochenschrift*, 1929, 49, p. 426-9.

[8] É tão mais notável que νοεῖν designe originalmente um tipo de faro sensível. Sobre a evolução dos sentidos de νοεῖν, cf. Fritz, K. von "Νόος and νοεῖν in the Homeric Poems". In: *Classical Philology*, 1943, 38, p. 79-125; "Νοῦς, νοεῖν and their Derivatives in Presocratic Philosophy... from the Beginnings to Parmênides". In: *Classical Philology*, 1945, 40, p. 223-42.

[9] *Met.*, Γ, 5, 1009b12 ss., *De anima*, III, 3, 427a 21-29; Teofrasto, *De sensu*, § 10 (a propósito de Empédocles).

[10] Na seqüência de *Met.*, 1009b 12, Aristóteles faz inúmeras citações para justificar seu propósito. Um certo número delas não comporta nem φρονεῖν, nem φρόνησις, o que mostra que o interesse de Aristóteles é totalmente distinto do interesse terminológico. Porém, muitas comportam o emprego de φρονεῖν em um contexto onde essa função

Se consideramos agora não mais a função, mas o sujeito dotado de *phronêsis*, vemos que este sujeito é, por excelência, o homem. *Phronein, phronêsis* não são empregados mais a propósito da inteligência ou do conhecimento divinos. No máximo Heráclito, no mais antigo testemunho que temos da palavra *phronêsis*, se queixa que, na multidão (οἱ πολλοί), cada um, ao invés de compreender o que é comum (τὸ ξυνόν), "se deixa viver como se tivesse sua própria inteligência (ἰδία φρόνησις)".[11] Sem dúvida, Heráclito quer manifestar com isso que os mortais participam, bem ou mal, de um *logos* que os ultrapassa e a falta mais grave do homem é opor sua pobre individualidade ao universal que está nele.[12]

---

parece ser instável e depender do estado do corpo ou das circunstâncias; trata-se de citações de Empédocles (fr. 108 Diels), de Parmênides (fr. 16 Diels; para a interpretação deste fragmento, cf. por fim, Bollack, J. "Sur deux fragments de Parménide". In: *Revue des études grecques*, 1957, 70, p. 56-71) e de Homero *(Ilíada*, XXIII, 698). A "crítica" de Aristóteles a última passagem é particularmente interessante: ele censura Homero por ter dito que um guerreiro, delirando devido a seus ferimentos, "jazia, tendo outros pensamentos" (κεῖσθαι ἀλλοφρονέοντα), "como se, comenta Aristóteles, os delirantes (παραφρονοῦντας) ainda pensassem (φρονοῦντας), mas simplesmente não pensassem as mesmas coisas" que os saudáveis (1009b 30-31; cf. *De anima*, I, 2, 404a 29-30)! Não há nisso somente um testemunho interessante sobre a concepção "descontinuísta" que fazia Aristóteles das relações entre o normal e o patológico, mas também sobre o sentido de φρονεῖν: não é somente o pensamento estável, absoluto (sentido platônico) mas é, em primeiro lugar, o pensamento *sadio* (sentido que, como veremos, é o dos médicos hipocráticos).

[11] Fr. 2 Diels.

[12] É nesse sentido, sem dúvida, que é preciso entender o fr. 113 (ξυνόν ἐστι πᾶσι τὸ φρονεῖν), que não quer dizer que todos os homens pensam, mas que o pensamento é o mesmo para todos, que ele é o

Contudo, à medida que lhe nega um pensamento, *phronêsis*, pessoal, Heráclito parece retomar a linguagem daqueles que ele critica: esses se acreditam φρόνιμοι, enquanto só o Fogo é φρόνιμον, ou antes, é τὸ φρόνιμον.[13] Mas a tentativa de Heráclito de suprimir a *phronêsis* do homem individual e atribuí-la unicamente ao *logos*, devia contrastar tanto com o uso comum que tal concepção não gozaria de nenhuma posteridade (do mesmo modo que mais tarde a concepção platônica de uma *phronêsis* contemplativa) enquanto, pouco depois, Anaxágoras, ao assimilar Deus ao Νοῦς, inaugurará um pensamento e um vocabulário que serão facilmente aceitos por toda tradição ulterior. Com efeito, em uma passagem da *Metafísica,* que parece não dever nada à terminologia platônica, Aristóteles critica Empédocles por este ter feito Deus menos sábio (φρόνιμος) que os outros seres, visto que, como o semelhante não conhece senão o semelhante, e Deus não comporta o Ódio, Deus não conhece o Ódio nem o que dele deriva.[14] Mas, se nos reportamos ao contexto, percebemos que essa *phronêsis*, a respeito da qual Aristóteles se surpreen-

---

que congrega. Segundo O. Gigon (*Untersuchungen zu Heraklit*, Leipzig, 1935, p. 16), o fr. 116, o que atribui a todos os homens o φρονεῖν, não seria de Heráclito, mas uma paráfrase errônea do fr. 113.

[13] Em um fragmento restituído a Heráclito por K. Reinhardt, *Hermes*, 1942, 77, p. 1 ss. (reproduzido no *Vermächtnis der Antike*, Goettingue, 1960, p. 68-71), o Fogo é dito φρόνιμον (Diels-Kranz consideram essa passagem como um comentário de Hipólito, cf. fr. 64 e a tradução da passagem por C. Ramnoux, *Revue philosophique*, 1961, p. 106). Uma tentativa análoga para dar um alcance cósmico à *phronêsis* se encontra, embora em outro sentido, em Empédocles: cf. fr. 105 (πεφρόνηκεν ἅπαντα), 110 Diels.

[14] *Met.*, B, 4, 1000b 3 ss. Cf. *De anima*, I, 5, 410b 4-6: συμβαίνει δ'Ἐμπεδοκλεῖ γε καὶ ἀφρονέστατον εἶναι τὸν θεόν.

de por Empédocles tê-la negado a Deus, designa o conhecimento empírico (pois Empédocles não a concebia de outro modo) dos elementos do universo. Aristóteles pretende dizer que é incompreensível recusar a Deus um conhecimento do qual o próprio homem é capaz. Mas, quando se esforça em descrever por sua própria conta o ato do intelecto divino, Aristóteles empregará muito naturalmente o termo νόησις, e não φρόνησις.[15] Ao contrário, o Estagirita não hesitará em muitas vezes se perguntar, especialmente nas obras biológicas, se alguns animais, tal como a abelha, não são dotados de *phronêsis*, esta designando uma inteligência totalmente prática e de modo algum inventiva, não requerendo outra condição que a memória:[16] ainda uma faculdade rudimentar da generalização, se limitando à previsão das situações que interessam à vida biológica.[17]

Essas considerações nos levam à segunda particularidade importante do uso de *phronein, phronêsis*, que na linguagem médica tende a designar não apenas uma função ou uma faculdade intelectual, mas o exercício *normal* dessa função ou dessa faculdade. É o que se evidencia do exame da literatura

---

[15] *Met.*, Λ, 9, 1074b 22 ss.

[16] *Ibid.*, A, 1, 980b 22; *Hist. Anim.*, I, 1, 488b 15; IX, 10, 614b 18; 29, 618a 25; *Ger. Anim.*, III, 2, 753a 12. Comentário de Alexandre: "a *phronêsis* é a precisão e a clareza nas imagens e uma habilidade natural na conduta prática que se encontra nos seres dotados de memória" *(in Met.*, 30, 10 e ss. Hayduck). O coro de Electra opunha a *phronêsis* dos pássaros à loucura que se apodera dos Atrides *(Electra,* v. 1058).

[17] EN, VI, 7, 1141a 27. Na hierarquia das funções cognitivas, a *phronêsis* vem imediatamente após a imaginação (φαντασία) e a memória (μνήμη), abaixo da experiência (ἐμπειρία), "da qual participa vagamente", e, evidentemente, muito abaixo da arte e da ciência *(Met.,* A, 1, 981b 25 e ss.).

hipocrática: φρονεῖν não é apenas pensar, mas pensar de modo *sadio*, dominar seus espíritos ou seus sentidos, por oposição aos verbos que exprimem um modo de pensamento patológico (παραφρονεῖν) ou delirante (μαίνεσθαι).[18] Compreende-se, então, que a *phronêsis* comporta graus e que a medicina se ocupa das causas de sua alteração e das condições eventuais de sua restauração, ambas ligadas à circulação do ar nas veias e ao estado cerebral.[19] No entanto, não é unicamente a enfermidade que destrói a *phronêsis*; entre as causas da perturbação, além, evidentemente, das indigestões e da embriaguez, é preciso acrescentar o sono que, diminuindo a circulação reguladora do sangue, deixa o espírito se perder no mundo fantástico do sonho.[20] A *phronêsis* tendo por condição um certo equilíbrio orgânico, o melhor meio de conservá-la será seguir algumas regras de regime.[21] Nesse sentido, não é ilícito tomar ao pé da letra o jogo de palavras de Platão e Aristóteles sobre a *temperança* que salvaguarda a prudência, σωφροσύνη σῴζει τὴν φρόνησιν,[22] fórmula que, se traduz a etimologia, bem poderia ter sito tomada de empréstimo do repertório da paranética médica popular.

Acabamos de evocar a aproximação entre φρόνησις e σωφροσύνη. Estas palavras de mesma família terminaram por evocar a mesma idéia de *medida*, de *moderação*, não somente

---

[18] Assim, a propósito da epilepsia: *De morbo sacro*, cap. 7, 14. Cf. Hüffmeier, F., art. cit., p. 53, 60. Observe-se que Aristóteles recupera a oposição médica entre φρονεῖν e παραφρονεῖν (que não é um simples ἀλλοφρονεῖν): cf. acima, p. 250, n. 10.

[19] *Ibid.*, 372, 10-374, 20; 386, 17; 388, 11 Littré.

[20] *De flatibus*, cap. 13-14 (cf. Hüffmeier, p. 64).

[21] *De victu* (Περὶ διαίτης), cap. 35 (Hüffmeier, p. 69 ss.).

[22] *Crátilo*, 411e; EN, VI, 5, 1140b 12.

no uso dos prazeres do corpo – um sentido apenas derivado e singularmente restrito de σωφροσύνη[23] – mas, de forma geral, no uso da vida, vida privada, vida pública,[24] atitude do homem a respeito de si mesmo, dos outros homens e dos deuses. A "moderação", σωφροσύνη, é uma destas palavras propriamente intraduzíveis – ao lado de αἰδώς, o "pudor"[25] – pelas quais os gregos nos convidavam, em toda ocasião, a evitar o excesso (ὑπερβολή), a desmesura (ὕβρις),[26] o desejo de ter mais do que lhe é próprio (πλεονεξία), e a conhecer-nos a nós mesmos para termos a exata medida de nossos limites e da distância que nos separa de Deus. Por um processo semân-

---

[23] Aristóteles, na *Ética Nicomaquéia*, não conhece mais do que o sentido estrito de "justo meio em relação aos prazeres" (III, 13, 1117b 25). Ao fazer dessa virtude uma das quatro virtudes "cardiais", Platão restringia a σωφροσύνη à regulação da ἐπιθυμία *(Rep.*, IV, 430e), embora ainda se encontre nele o sentido lato de "circunspecção" (cf. *Cármides*, 160bc; *Fedro*, 253d, onde σωφροσύνη é oposta à ὕβρις). Σωφροσύνη era uma das palavras-chave da tragédia (cf. Pohlenz, M. *Die griechische Tragödie*, I, p. 182, 270 e ss.; *La liberté grecque*, p. 74) e Heráclito fazia da σωφρονεῖν a ἀρετὴ μεγίστη (fr. 112 Diels). Sobre a palavra, cf. Weitlich, *Quae fuerit vocis σωφροσύνη vis ac natura*, Diss. Goettingue (Jahrbuch philos. Fak. Gött., 1922); Kollmann, M. A. "Sophrosyne". In: *Wiener Studien*, 1941, 59, p. 12-34; Vries, G. J. de "Σωφροσύνη en grec classique". In: *Mnemosyne*, 1943, 11, p. 81-101.

[24] No domínio político, σωφροσύνη terminou por designar, especialmente em Tucídides (cf. VIII, 64, 5), um governo reputado como "moderado", o governo aristocrático; cf. Pohlenz, M. *La liberté grecque*, p. 45, n. 1.

[25] Sobre essa noção em Aristóteles, cf. estudo de R. Stark, *Aristoteles-Studien*, VI (Die Bedeutung der αἰδώς in der aristotelischen Ethik), p. 64-86.

[26] Existem muitos estudo gerais sobre essa noção: Fraenkel, M. *Hybris*, tese Utrecht, 1941; Del Grande, C. *Hybrus*, Nápoles, 1947.

tico a partir do qual vimos que as principais mediações se ordenam em torno das idéias de *limite* e *equilíbrio*, esses temas, difusos na consciência e literatura gregas, são progressivamente cristalizados na noção, inicialmente muito vaga, de *phronêsis*: a *phronêsis* é o saber, embora limitado e consciente de seus limites; é o pensamento, mas humano, que se sabe e se quer humano. Determinação intelectual enquanto atributo do homem, mas de um homem consciente de sua condição de homem; qualificação moral, pois há algum mérito em limitar seu desejo natural de conhecer, sem tentar rivalizar com os deuses, e a limitar ao homem e a seus interesses um pensamento que inspira ou que previne a cada instante a tentação sobre-humana. A palavra *phronêsis* concerne, pois, tanto à psicologia como ao que se poderia chamar, em sentido amplo, à deontologia. Demócrito diz que é "nobre, no infortúnio, pensar como convém (φρονεῖν ἃ δεῖ)".[27] Mas φρονεῖν ἃ δεῖ, é um pleonasmo e, em todo caso, será cada vez mais sentido como tal, se é verdade que φρονεῖν tenderá mais e mais a significar o pensamento sadio e como é preciso. Do mesmo modo que em medicina deslizou-se insensivelmente do sentido fisiológico ao sentido normativo, assim, no uso corrente, se passa da descrição da inteligência à prescrição da virtude. Mais que todas as análises filosóficas do texto de Aristóteles, o estudo de suas fontes extra-filosóficas mostra que *phronêsis* não é a unidade extrínseca de uma capacidade e de um valor (como se bastasse orientar a inteligência *em direção* ao bem, para que se tivesse prudência), mas a unidade interior de uma capacidade que adquire valor ao se limitar. Assim como se passa da idéia de organismo à idéia de saúde pela idéia de *regime*, faz-se da inteligência uma virtude, se se espe-

---

[27] Fr. 42 Diels.

ra dela que seja, antes, a inteligência de seus próprios limites. A prudência é, poder-se-ia dizer, o *regime* da inteligência, talvez até com toda força de sentido que os hipocráticos entendiam δίαιτα:[28] o ambiente favorável, a cura, o horizonte onde o organismo desabrocha em se restringindo, onde o homem atinge sua forma de homem no limite, se é verdade que o homem tem uma tendência natural a sair de si mesmo para cair na patologia e na monstruosidade.[29] Está em causa, já dizia o tratado hipocrático, a "razão e a desrazão da alma".[30]

* * *

Todos esses temas, que pertencem às velhas camadas da sabedoria popular grega, encontram sua expressão mais acabada na tragédia. Se na tragédia a *phronêsis* é ainda muito rara, existem poucos verbos tão usuais nos trágicos como *phronein*. Por certo, *phronein*, *phronêsis* são freqüentemente empregados no sentido intelectual de inteligência, de saber, ou no sentido afetivo de disposições que podem ser boas ou más. Mas *phronein*, tomada absolutamente, designa o mais das vezes, no sentido indissoluvelmente intelectual, afetivo e moral, o pensamento sadio, o discernimento correto do que é conveniente, a reta deliberação cujo acabamento se encontra na

---

[28] Sobre δίαιτα em Aristóteles, cf. acima, p. 163-4.

[29] Cf., no domínio político, o "Estado inchado de humores", oposto ao estado saudável em Platão (*Rep.*, II, 372e) e, de forma geral, a teoria aristotélica dos "monstros", explicados por uma proliferação não controlada pela "forma".

[30] Φρόνησις ψυχῆς καὶ ἀφροσύνη (*De victu*, início do cap. 35).

palavra ou na ação oportunas.[31] Certamente essas noções são vagas e os homens divergem ao lhes darem conteúdo: os heróis trágicos, em suas querelas mais contundentes, reivindicam cada um para si o monopólio do *phronein*[32] e se acusam reciprocamente de insensatez.[33] Mas esse exclusivismo já é um mal sinal: "aquele que se imagina o único sensato (φρονεῖν μόνος), ... abra-o e tu não encontrarás nele senão o vazio".[34] A própria Antígona, mais sensata, reconhece o caráter relativo do *phronein:* "tu parecias sensata a uns, diz a Ismene, e eu a outros".[35] O coro é particularmente sensível ao que há de razoável e de igualmente verossímil nos discursos antagônicos: "falou-se bem nos dois sentidos, εὖ γὰρ εἴρηται διπλᾶ", conclui ele prudentemente, após ter ouvido os argumentos

---

[31] Na mesma época, Demócrito é o primeiro a fazer a teoria da *phronêsis*: "Do pensamento sadio (ἐκ τοῦ φρονεῖν) nascem três frutos: bem deliberar, falar com correção e agir como é preciso (βουλεύεσθαι καλῶς, λέγειν ἀμαρτήτως καὶ πράττειν ἃ δεῖ)" (fr. 2 Diels). Em outro lugar, exprime sua concepção, mais otimista que a dos trágicos e a de Aristóteles, sobre as relações entre *phronêsis* e τύχη: "os homens têm uma imagem do acaso destinada a dissimular sua própria irreflexão (ἰδίης ἀβουλίης); pois raramente o acaso entra em conflito com a prudência, (φρονήσει), e existem poucas coisas na vida que a acuidade de um golpe de vista perspicaz (εὐξυνετὸς ὀξυδερκείη) não permite atingir" (fr. 119) Cf. fr. 193.

[32] Sófocles, *Electra*, 1056.

[33] Cf. Sófocles, *Antígona*, 562 (ἄνους), 754-755 (φρενῶν κενός), 1026 (ἄβουλος), 1050-51 (μὴ φρονεῖν), 1242 (ἀβουλία), 1269 (δυσβουλίαι); *Electra*, 398, 429 (ἀβουλία), 890 (φρονοῦσαν ἢ μώραν), 1054 (ἄνοια) etc.

[34] *Antígona*, 707-709, [no original francês] trad. Mazon.

[35] *Ibid.*, 557.

contraditórios de Creonte e Hêmon.³⁶ Mas essa prudência não é pusilanimidade, recusa em comprometer-se, fugir das responsabilidades da ação ou mesmo do julgamento. Simplesmente, o coro instruído pela experiência sabe que as verdades humanas são difíceis, não somente para nós, mas em si mesmas. O que condenará Creonte será sua segurança, sua presunção, sua pretensão de saber o que é bom em si e cúmplice do absoluto, seu desprezo pelas circunstâncias e contingências humanas. Hêmon, ao contrário, antecipa o sentimento do coro, observando: "se existe em mim, malgrado minha juventude, algum juízo (γνώμη), declaro que a meus olhos, sem dúvida, nada existe acima do homem que possui a ciência (ἐπιστήμη) inata acerca de tudo; mas, à falta dele, visto que a realidade quase não influencia nesse sentido, é bom também aprender alguma coisa de quem vos apresentar boas razões (τῶν λεγόντων εὖ καλὸν τὸ μανθάνειν)".³⁷ Assim, o juízo – este γνώμη que Aristóteles incluirá no cortejo das virtudes que acompanham a prudência – é o substituto de uma ciência impossível de se encontrar. Se houvesse homens com essa ciência, seria preciso inclinar-se diante deles. Mas onde estão? E o que há para *saber?* À presunção do saber, simbolizada por Creonte, Hêmon, e logo seguido pelo coro, opõe a paciência e a seriedade da experiência; à violência dos discursos "científicos", opõe as lentas meditações da deliberação que não tira conclusões precoces, mas pondera entre os discursos verossímeis antes de escolher, pela consciência da incerteza e do risco, o mal menor. Pouco a pouco se esboçam os delineamentos de uma "prudência" que reconhece que o racional

---

³⁶ *Antígona,* 725.
³⁷ *Ibid.,* 719-723.

(defender a integridade do Estado contra a rebelião, de onde quer que venha) pode não ser razoável (porque, neste caso particular – mas todos os casos são particulares – a rebelde tem também boas razões), que sabe que neste mundo há problemas insolúveis e se contenta, então, com compromissos, deixando aos cuidados dos deuses a verdadeira solução. O crime de Creonte, o que constitui sua "desmesura", certamente não é ter preferido sua cidade à suas afecções (pois isso nunca foi crime para os gregos), mas, ao recusar sepultura a seu inimigo morto, o de ter ultrapassado os poderes do homem que se detém diante das portas da morte. A culpa de Creonte foi ter querido substituir os deuses para solucionar um problema humanamente insolúvel. Ao fim da tragédia, é um Creonte mal arrependido que vai lançar ao coro uma última réplica e dar lugar ao mais belo hino jamais escrito em louvor à prudência. Creonte, consciente da enormidade de seu crime, mas ainda incapaz de situá-lo no lugar exato, lembra a morte de seus votos, ao que o corifeu responde sem amenidade: "Isso é futuro. O presente espera atos. Deixemos o futuro aos que o vêem".[38] E o coro não dirá outra coisa quando, mais tarde, extrair a lição da tragédia: "a prudência (τὸ φρονεῖν) é de longe a primeira condição da felicidade. Nunca se deve cometer impiedade contra os deuses. Os orgulhosos vêem suas grandes palavras pagas pelos grandes golpes da sorte, e é apenas com os anos que aprendem a prudência".[39] Fazer o melhor a cada passo, se preocupar com as conseqüências previsíveis, mas deixar o imprevisível aos deuses; suspeitar das "grandes palavras", que não são somente vazias, mas perigosas, quando se pretende aplicá-las sem mediações à realidade

---

[38] *Antígona*, 1334-35.
[39] *Ibid.*, 1347-53.

humana que talvez não esteja predestinada a ceder-lhes; não rivalizar com os deuses na possessão de uma sabedoria sobre-humana, que rapidamente se revela inumana quando pretende impor conclusões ao homem. É tudo isso, que não se aprende senão com a idade e a experiência, que a tragédia já chamaria *phronein*.

A *phronêsis* não é ainda o saber socrático do não-saber (que dela é, no entanto, o herdeiro sem dúvida inconsciente), mas um saber que suspeita de seus próprios malefícios e chama constantemente a si mesmo à consciência de seus limites necessários. O Édipo de Sófocles arrancará seus próprios olhos por ter querido saber muito e não ter compreendido antes a advertência do adivinho Tirésias: "Ai, ai de mim! É terrível saber (φρονεῖν), quando o saber nada serve àquele que o possui!".[40] Aqui, é a palavra φρονεῖν que designa esse saber do qual é eufemismo dizer que é inútil. Contudo, desse *phronein* que, literalmente, não proporciona interesse (μὴ τέλη λύῃ), porque pretende penetrar os segredos do Destino e da Fortuna,[41] pode-se pensar que Tirésias aponta para uma *phronêsis* superior, aquela que, ao se limitar, se eleva ao nível de uma virtude, da qual Édipo, o grande "descobridor de enigmas", é cruelmente desprovido. Este saber vão e eventualmente perigoso, vimos Sófocles chamá-lo uma vez ἐπιστήμη. Eurípides recorrerá à palavra σοφός para exprimir idéia vizinha: "Jamais o homem, o qual a natureza dotou de senso (ὅστις ἀρτίφρων πέφυκ' ἀνήρ), devia dar a seus filhos um saber que ultrapasse o ordinário (παῖδας περισσῶς ἐκδιδάσ-

---

[40] *Édipo Rei*, 316-317.
[41] Cf. adágio citado por Aristóteles para justificar que seu Deus não conhece o mundo: "existem coisas que é preferível não ver do que vê-las" (*Met.*, Λ, 9, 1074b 32).

κεσθαι σοφούς)".[42] Certamente esse uso de *sophos*, oposto aqui a uma palavra da família de *phronêsis*, não pode ser generalizado na literatura trágica, e parece que a oposição entre *sophia* e *phronêsis* será uma invenção própria de Aristóteles. Resta, porém, que as palavras *sophos*, *sophia*, cujo primeiro sentido, o de *habilidade técnica*, não difere grandemente de um dos sentidos de *phronimos*, evocarão cada vez mais a idéia de superioridade, de domínio,[43] e se prestarão melhor que as palavras da família de *phronêsis* para evocar a idéia de uma pretensão desmesurada, enquanto as primeiras se acomodarão mais a uma nuance de humildade. Píndaro já opunha as ambições da sabedoria (σοφία) à fraqueza do espírito humano (βροτέᾳ φρενί).[44]

A exortação à restrição do saber e o convite paralelo à moderação dos prazeres, exortações que se cristalizarão paulatinamente em duas palavras da mesma família φρόνησις e σωφροσύνη, não apresentam novidade e uma personagem da tragédia tinha boas razões para não ver aí senão um lugar co-

---

[42] *Medéia*, 294-95. Em outra obra de Eurípides *(Filoctetes*, fr. 787, 782, 2 Nauck), citada por Aristóteles (EN, VI, 9, 1142a 3-6), o *phronein* é oposto à ambição de estar entre os περισσοί, as pessoas "ímpares".

[43] Evolução evocada pelo próprio Aristóteles: EN, VI, 7, 1141a 9-17. Cf. Ravaisson, F. "'Sagesse', nota publicada por Schuhl, P.-M". In: *Revue Philosophique*, 1961, p. 89-90.

[44] Fr. 61 (33) Sandys (= *Péans*, 13 Puech): "o que tu esperas da ciência (σοφίαν), pela qual os homens pouco predominam uns sobre os outros? Não é possível sondar a vontade dos deuses ajudado pelo espírito humano (βροτέᾳ φρενί); ele é nascido de uma mãe mortal". Em outro lugar, Píndaro enfatiza a cegueira do espírito humano se não for iluminado pelas Musas: τυφλαὶ γὰρ ἀνδρῶν φρένες, ὅστιςἄνευθ' Ἑλικωνιάδων *(Péans*, cf. 7b13).

mum (πάγκοινον),⁴⁵ do seu ponto de vista freqüentemente repetido pelos anciãos do coro. As exortações faziam parte de um conjunto de temas estreitamente aparentados, cujo denominador comum era, ao que parece, a idéia de *limite*, através do qual aparecia um dos traços mais constantes do espírito grego. Um bom exemplo do entrelaçamento desses temas é fornecido por listas, a metade legendária, sem dúvida, de preceitos atribuídos pela tradição aos Sete Sábios da Grécia. Na lista atribuída a Demétrio de Falero, conservada por Estobeu, encontramos misturadas exortações como estas: "a medida é a melhor de todas as coisas (μέτρον ἄριστον); dominar o prazer (ἡδονῆς κρατεῖν); elevar preces à Fortuna (τύχῃ εὔχεσθαι); não exagerar (μηδὲν ἄγαν); conhece-te a ti mesmo (γνῶθι σαυτόν); conhece o momento oportuno (καιρὸν γνῶθι); *ama a prudência* (φρόνησιν ἀγάπα)".⁴⁶ A inspiração dessas fórmulas vem, sem dúvida alguma, de uma fonte convergente e explícita que é a sabedoria popular, cuja unidade de temas encontramos ainda associados nas Éticas aristotélicas: a exaltação da medida, da temperança, da prudência, o cuidado precavido com o acaso, a importância dada ao καιρός. Também não surpreende encontrar nesse contexto a fórmula délfica: γνῶθι σεαυτόν. A despeito de todas as

---

⁴⁵ *Antígona*, 1049.

⁴⁶ *Estobeu*, III, 1, 172 e ss. Hens; Diels, *Vorsokratiker*, 10, fr. 3 (Cleóbulo, 1, 10 e 13; Sólon, 1; Quílon, 1; Pítaco, 1; Bias, 7). O preceito sobre a *phronêsis* encontra-se em Pítaco, 13 (θεράπευε εὐσέβειαν, παιδείαν, σωφροσύνην, φρόνησιν etc.) e, segundo outra fonte, em Sólon (fr. 4, 6 Diels). Wilamowitz opunha os conselhos jônicos da prudência (θνητὰ φρονεῖν, γνῶθι σαυτόν, καιρὸν ὅρα etc.) ao ideal dórico do herói, simbolizado por Hércules *(Euripides' Herakles,* Einleitung, 2ª ed., 1909, p. 42).

interpretações modernas que acreditaram encontrar aí o convite feito ao homem para que descobrisse nele mesmo o poder da *reflexão*, esta fórmula jamais significou outra coisa até Sócrates, e mesmo até Platão, senão isto, e que é bem diferente: conheça teu alcance, o qual é limitado; saiba que tu és mortal e não um deus.[47] O "conhece-te a ti mesmo", não nos convida a encontrar em nós o fundamento de todas as coisas mas, ao contrário, traz à consciência nossa finitude: é a fórmula mais expressiva da *prudência* grega, ou seja, da sabedoria dos *limites*. Apenas porque se é tomado de enorme desprezo por essa fórmula, acreditou-se ver uma intenção anti-socrática na crítica que faz Platão, no *Cármides*, ao conhecimento de si.[48] Na realidade, Sócrates foi o primeiro a desconfiar do conhecimento de si,[49] a não ser esperar dele o reconhecimento do que é apropriado à nossa condição mortal.[50] Platão não diz outra coisa ao interpretar a fórmula délfica, malgrado os contra-sensos que já se cometeu contra ela,

---

[47] Cf. Dirlmeier, F. In: *Archiv für Religionswissenschaft*, 1940, 36, esp. p. 290; Moreau, J. "Contrefaçon de la sagesse". In: *Les sciences et la sagesse*, Actes du V Congrès des Sociétés de Philosophie de langue française, Bordeaux, 1950, p. 89-92 (cf. p. 89: "a fórmula délfica convida o homem a não esquecer sua condição, a temer a desmesura").

[48] Horneffer, E. *Platon gegen Sokrates*; Stefanini, L. *Platone*, p. 193-201, a propósito de *Cármides*, 164c ss..

[49] Cf. Jankélévitch, V. *L'ironie ou la bonne conscience*, 2ª ed., p. 9 ("a sabedoria socrática duvida ... do conhecimento de si"); Moreau, J. *La construction de l'idéalisme platonicien*, §§ 92-107 e art. citado.

[50] Cf. Xenofonte, *Memor.*, IV, 2, 25-26; Platão, *Cármides*, 161b; *Alcibíades*, I, 133bd; *Timeu*, 72a: "fazer o que lhe é próprio e conhecer a si mesmo, só isso convém ao homem moderado (σώφρονι)".

como um convite à medida (σωφροσύνη).⁵¹ Será preciso esperar uma visão completamente nova acerca do homem, do mundo e dos deuses, uma visão de onde será banido todo pudor, toda reserva,⁵² para que o sentido da fórmula délfica seja invertido. Essa revolução, a qual tornará possível a apoteose do homem, mas que teria parecido às gerações precedentes o cúmulo da impiedade (ἀσέβεια), só se realizará com o estoicismo. É então que o "saiba que tu és um homem" se tornará "saiba que tu és um deus".⁵³

Os escrúpulos da velha prudência grega encontraram outra expressão numa fórmula freqüentemente repetida pelos poetas, citada em duas ocasiões por Aristóteles, onde se

---

⁵¹ *Cármides*, 164de: Φημὶ εἶναι σωφροσύνην τὸ γιγνώσκειν ἑαυτόν... Τὸ γὰρ Γνῶθι σαυτὸν καὶ τὸ Σωφρόνει ἐστὶ μὲν ταὐτὸν ὡς τὰ γράμματά φησιν καὶ ἐγώ. Mas Platão condena a aproximação da fórmula délfica com o Μηδὲν ἄγαν, que seria rebaixada ao nível de um "conselho" vulgar.

⁵² Reagindo contra a valorização tradicional de αἰδώς, Diógenes, o Cínico, será o primeiro a declarar a ἀναίδεια. Cf. Pohlenz, *La liberté grecque*, p. 99.

⁵³ Talvez seja uma fórmula estóica que aparece no "Sonho de Cipião": *Deum te agitur scito esse* (Cícero, *De republica*, VI, 24). Para Epicteto, conhecer a si mesmo não é mais conhecer seus limites, mas conhecer sua invencibilidade (cf. *Conversações*, I, 18, 27). É o cristianismo que encontrará, embora em outro sentido, a tonalidade restritiva da fórmula. Cf. Pascal, fr. 72, p. 353 BR.: "conheçamos nosso alcance". Kant, na *Crítica da Razão Prática* ([no original francês] trad. Picavet, p. 90-1), elogiará o cristianismo por ter "posto os limites da *humildade* (*ou seja, do conhecimento de si*) à presunção e ao amor de si, os quais desconhecem ordinariamente seus limites" (itálico nosso). É verdade que a prudência grega, a qual protege o homem contra si mesmo em seu *interesse*, está muito distante do esquecimento e dom de si dos cristãos.

encontra a palavra *phronein*. No livro X da *Ética Nicomaquéia*, Aristóteles se pergunta se a vida contemplativa não é "demasiado elevada para a condição humana" (κρείττων ἢ κατ' ἄνθρωπον) e cita, no apoio desse escrúpulo, o velho adágio que aconselha "ao homem, homem que é, ter pensamentos humanos, e ao mortal, a ter pensamentos mortais".[54] Na *Retórica*, Aristóteles cita uma fórmula análoga, geralmente atribuída a Epicarmo: θνατὰ χρὴ τὸν θνατόν, οὐκ ἀθάνατα τὸν θνατὸν φρονεῖν.[55] Fórmulas desse gênero exprimem um lugar comum freqüentemente presente na literatura grega.[56] Essa exortação tradicional parece ter sido, desde a Antiguidade, objeto não somente de críticas mas também de interpretações divergentes, as quais ora tendiam a exagerá-la ora, ao contrário, a atenuar-lhe o alcance. Parece que alguns quiseram fazer-lhe significar: "não tomes como objeto do pensamento as coisas imortais", e o conseqüente pretexto para proibir ao homem o estudo das coisas divinas, em particular dos

---

[54] ... ἀνθρώπινα φρονεῖν ἄνθρωπον ὄντα [καὶ] θνητὰ τὸν θνητόν (X, 7, 1177b 26-31).

[55] *Ret.*, II, 21, 1394b 24-25 (= Epicarmo, fr. 20 Diels).

[56] Citamos, como epígrafe da primeira parte, um verso de Sófocles (fr. 531 Nauck, 590 Pearson). Cf. fr. 346. Pearson (καλὸν φρονεῖν τὸν θνητὸν ἀνθρώποις ἴσα); *Trachiniennes*, 473 (θνητὴν φρονοῦσαν θνητὰ κοὐκ ἀγνώμονα); Mazon traduz: "(Je vois que) tu as le coeur d'une mortelle, et non d'un juge insensible"["(eu vejo que) tu tens o coração de um mortal, e não de um juiz insensível"]; observe-se, em germe neste verso, a aproximação entre *phronêsis* e γνώμη); *Ajax*, 760-61; Eurípides, *As Bacantes*, 395, 427 ss.; *Alcesti*, 799; fr. 1040 Nauck; *Antífanes*, fr. 289 Kock (Estobeu, *Florilegium*, I, 316) (εἰ θνητὸς εἶ, βέλτιστε θνητὰ καὶ φρόνει). Pelo sentido, se aproximará de Píndaro, *Istmo*, V, 20: θνατὰ θνατοῖσι πρέπει.

astros. Nesse sentido, a fórmula adquiriu, sem dúvida alguma, efeitos nefastos, fornecendo seu último argumento ao obscurantismo e servindo de pretexto aos processos de impiedade contra os filósofos.[57]

Compreende-se o protesto dos filósofos contra o abuso desse preceito no sentido de proibir especialmente as especulações astronômicas.[58] Por outro lado, a fórmula será interpretada – parece que a partir de Menandro –, em um sentido não mais restritivo, mas positivo, tornando-se, assim, a primeira palavra de ordem do humanismo: "não te ocupes do que não pode ser conhecido, mas pensa em tudo o que é humano", preparando, assim, o *nil humani a me alienum puto*, de Terêncio.[59]

Na realidade, ambas as interpretações são inexatas, pois desconhecem o significado literal da expressão: *phronein* seguida do acusativo jamais significou "pensar *alguma coisa*", como se o acusativo exprimisse algum complemento do objeto. *Phronein* significa estar disposto de uma certa maneira

---

[57] Cf. Dérenne, E. *Les procès d'impiété intentés aux philosophes à Athènes au Ve et au IVe siècles*, Liège, 1930. Nesse ponto, a acusação contra Sócrates havia sido preparada por Aristófanes em *As Nuvens*.

[58] Platão, *Leis*, VII, 821a; *Epínomis*, 988ab. Cf. Jaeger, W. *Aristoteles*, p. 168; Moreau, J. *L'âme du monde de Platon aux stoïciens*, p. 112-3; Festugière, *La révélation d'Hermès Trismégiste*. II: "Le Dieu cosmique", p. 206-9.

[59] O fragmento de Menandro é o primeiro dos *Monósticos* que lhe são atribuídos; cf. também fr. 475 Koerte; Terêncio, *Heautontimoroumenos*, 77. Sobre essa filiação, cujos detalhes são controversos, embora pareça segura em suas grandes linhas, cf. Bickel, E. "Menanders Urwort der Humanität". In: *Rheinisches Museum*, 1942, 91, p. 186-91; Dornseiff, Fr. "Nichts Menschliches ist mir fremd". In: *Hermes*, 1943, 78, p. 110-1.

pelo pensamento, e o acusativo *neutro* que segue a palavra especifica a maneira como o pensamento está disposto.⁶⁰ Assim, φίλα φρονεῖν evidentemente não significa "pensar coisas afetuosas", mas "ter disposições benevolentes". Do mesmo modo, ἀνθρώπινα φρονεῖν não significa: "pensar coisas que concernem ao homem", mas "pensar *humanamente*", de uma maneira apropriada ao homem. A oposição entre θνητὰ ou ἀνθρώπινα φρονεῖν e ἀθάνατα φρονεῖν não recobre, pois, a oposição entre dois domínios de conhecimento, as coisas humanas e as divinas, visto que pode-se pensar as coisas divinas *humanamente*, ou seja, com reserva e sentimento de distância.⁶¹ E pode-se pensar o homem, o mundo ou os deuses sobre-humanamente, isto é, inumanamente, o que é a própria definição de ὕβρις. Chamaremos *phronêsis* a primeira atitude, enraizando as concepções ulteriores da prudência no velho preceito? Objetar-se-á, sem dúvida, que nas inúmeras fórmulas que citamos há paralelismo entre as expressões θνητὰ φρονεῖν e ἀθάνατα φρονεῖν⁶² e, conseqüentemente, *phronein* é moralmente neutro, aberto tanto à desmesura quanto à prudência. Mas se nos reportarmos ao uso de φρονεῖν nos trágicos, veremos que a palavra evoca ordinariamente o pen-

---

[60] Uso que já se encontra em Homero (ex.: κακά, ἀγαθά, κρυπτάδια φρονεῖν). Cf. Plemböck, G. *op. cit.*, p. 103 e ss., 113 e ss. Sobre esse uso nos hipocráticos, cf. Hüffmeier, F., *op. cit.*, p. 60 e 82.

[61] É assim que, num texto de juventude citado por Sêneca, Aristóteles fala da *reserva* (*verecundia*) com a qual devemos abordar as discussões sobre a natureza dos deuses (*Da filosofia*, fr. 14 R, 14 W; Sêneca, *Questões naturais*, VII, 30).

[62] Cf. também Pseudo-Isócrates, *A Démonicos*, § 32, que nos convida *ao mesmo tempo* à ἀθάνατα φρονεῖν e à θνητὰ φρονεῖν (manifestando, assim, que não compreendeu o sentido da oposição).

samento moderado e são e, conseqüentemente, θνητὰ ou ἀνθρώπινα φρονεῖν deve ter sido sentido rapidamente como um pleonasmo, enquanto ἀθάνατα φρονεῖν devia aparecer, no mesmo período, como uma *contradictio in adjecto*. Em todo caso, é indiscutível que a palavra *phronêsis*, após ter como que hesitado entre duas possibilidades que se abrem ao pensamento humano,[63] fixa rapidamente o sentido de "pensamento *conveniente*", herdando, então, toda a sabedoria inscrita no ἀνθρώπινα φρονεῖν.

* * *

No entanto, se Aristóteles empresta a *phronêsis* da tradição, recusa expressamente o ἀνθρώπινα φρονεῖν. No texto do livro X da *Ética Nicomaquéia*, o autor nos convida a não escutar os conselhos pusilânimes mas, ao contrário, "nos imortalizar tanto quanto possível" (ἐφ' ὅσον ἐνδέχεται ἀθανατίζειν).[64] O contexto mostra com evidência que Aristóteles não pensa na imortalidade da alma, mas simplesmente nos convida a livrarmo-nos dos entraves do "pensamento mortal" e elevarmo-nos, pela contemplação, a um saber de tipo divino. Mas essa pretensão não coincide com a própria definição

---

[63] Vê-se, por exemplo, como a nuance de *desmesura* é latente nesse verso de Eurípides: 'Ἀλλ' ἡ φρόνησις τοῦ θεοῦ μεῖζον σθένειν ζητεῖ ("mas a humana razão pretende ser mais forte que Deus", *As Suplicantes*, 216). Daí o sentido de *soberba* que se encontra igualmente em Eurípides (fr. 739 Nauck: a soberba, φρόνησις, de se saber nascido de um pai nobre), e Sófocles *(Antígona*, 707). Porém, é sobretudo φρόνημα que se especializará nesse sentido.

[64] EN, X, 7, 1177b 33.

de ὕβρις? Responder esta questão não seria "absolver" ou "condenar" somente Aristóteles, do ponto de vista da moral grega popular, mas a filosofia em geral. Pois, não é somente o projeto de Aristóteles, mas o de toda filosofia, que rivaliza com os deuses pela possessão da sabedoria. Desde Parmênides, todos os filósofos propuseram, embora por vias diversas, elevar-se acima dos pensamentos mortais, dos βροτῶν δόξαι,[65] para alcançar o saber absoluto, livre das particularidades e servidões humanas, ou seja, tal como os deuses o devem possuir. Evidentemente, às vezes adotam o tom da humildade, implorando aos deuses que os elevem até eles.[66] Contudo, freqüentemente dissimulam mal sua soberba, fruto da elevação por suas próprias forças aos cumes de onde podem desprezar o vulgar e se sentir em pé de igualdade com os deuses.[67] E se Sócrates, nisso mais sofista que filósofo, se

---

[65] *Parmênides*, fr. 1 Diels, v. 30.

[66] Empédocles, fr. 2 Diels, v. 3-4.

[67] Cf. no início do poema de Parmênides, fr. 1, v. 1-4, seu desprezo pelos βροτοὶ εἰδότες οὐδέν (fr. 6, v. 4). É lugar comum entre os pré-socráticos o desprezo pelo pensamento vulgar, acima do qual o filósofo se eleva. Cf. Heráclito, fr. 1, 4, 9 Diels etc.. Empédocles, malgrado a aparente modéstia do que devia ser o início do poema *Sobre a natureza*, não hesita em celebrar sua própria apoteose: ἐγὼ δ'ὑμῖν θεὸς ἄμβροτος, οὐκέτι θνητὸς πωλεῦμαι (fr. 112, v. 4-5; cf. fr. 113) (essa "falta" de Empédocles, que é, a bem da verdade, uma *schuldlose Schuld*, o "pecado original" da *hybris*, será o tema de um dos esboços dramáticos de Hölderlin sobre *A morte de Empédocles*). Demócrito era, sem dúvida, mais modesto: convidava todos os homens, não somente a si mesmo, contrariamente aos velhos preceitos, a não "confundirem seus prazeres com as coisas mortais" (fr. 189 Diels). No entanto, por outro lado, pode-se sublinhar a "prudência" de alguns pré-socráticos, como Xenófanes, para quem o saber "sobre os deuses e todas as coisas das

orgulhará de ter um saber apenas humano (ἀνθρωπίνη σοφία),[68] e ridicularizará o saber "divino" dos poetas[69] e dos adivinhos,[70] Platão, por sua vez, reviverá as mais altas ambições do filósofo, sem o temor de propor em função dos seus esforços "a assimilação com Deus", ὁμοίωσις θεῷ.[71] Aristóteles não diz outra coisa quando desenvolve, no início da *Metafísica*, o conceito tradicional de filosofia. Mas, no momento de endossar tal conceito, toma cuidado, mais do que o tinha feito Platão, com a advertência da "prudência" popular: "é com pleno direito que se poderia estimar como não humana (οὐκ ἀνθρωπίνη) a possessão da filosofia. Com efeito, de tantas maneiras a natureza do homem é servil[72] que, segundo Simônides, só Deus pode gozar semelhante privilégio, e seria indigno do homem não se contentar em procurar

---

quais falo" nunca será senão opinião (δόκος) (fr. 34 Diels), ou o médico-filósofo Alcmeão de Crotona, para quem o saber humano é apenas "conjectura" (τεκμαίρεσθαι) (fr. 1 Diels). Se essa "prudência" será mais tarde reivindicada pelo agnosticismo dos céticos, ela está também na origem do método experimental. Cf. Schuhl, P.-M. *Essai sur la formation de la pensée grecque*, 2ª ed., especialmente p. 274. As primeiras etapas da filosofia biológica, *Revue d'Histoire des sciences*, 1952, p. 213-4; *Adèla* (ver p. 123, n. 48), p. 87-8.

[68] *Apologia*, 20d.

[69] *Ibid.*, 22b ss.

[70] *Ion, passim*.

[71] *Teeteto*, 176c. Para a posteridade dessa passagem, cf. Plotino, I, 2 (*As virtudes*); Allan, *Philosophy of Aristotle*, p. 122-3.

[72] Há, certamente, graus de servidão e Aristóteles dirá, na *Política*, que os bárbaros são de natureza mais escrava (δουλικώτεροι... φύσει) que os gregos (*Pol.*, III, 14, 1285a 20). Mas tal comparação deixa supor um fundo comum de servidão, porque "metafísico".

o saber que lhe é apropriado.⁷³ Se os poetas não falam em vão e se o ciúme é natural à divindade, parece que é exatamente nesse caso que este deveria sobretudo se exercer".⁷⁴ Por certo, Aristóteles não leva a sério esta ameaça pois "não é admissível que a divindade seja ciumenta"⁷⁵ e, por outro lado, "os poetas são grandes mentirosos". Contudo, mantém que a ciência procurada é a mais alta de todas, portanto, a mais divina e pertence somente – ou, ele corrige, principalmente, μάλιστα – a Deus possuí-la.⁷⁶ Se Aristóteles supera, pois, o velho escrúpulo, vê-se que não é sem hesitação nem reserva. Certamente, o homem deve buscar a sabedoria e não se deixar limitar em sua pesquisa por uma restrição prévia de seu

---

⁷³ Ἄνδρα δ' οὐκ ἄξιον μὴ οὐ ζητεῖν τὴν καθ' αὑτὸν ἐπιστήμην. Alexandre compreende isso de outro modo: "é indigno do homem não buscar a ciência de que ele é capaz", ou seja, a filosofia. Compreende-se que esse contra-senso tenha seduzido Hegel *(Vorlesungen über Geschichte der Philosophie,* t. XIV, Berlim, 1833, p. 316-7), que esposa tal idéia: "o homem, visto que é Espírito, tem o direito e o dever de se considerar como digno das coisas mais superiores" *(ibid.,* Einleitung, t. XIII, p. 6). Mas Aristóteles não diz isso (sobre o sentido restritivo de κατά, cf. κρείττων ἢ κατ' ἄνθρωπον, citado acima, EN, X, 7, 1177b 26).

⁷⁴ *Met.*, A, 2, 982b 28-983a 1 ([no original francês] trad. J. Tricot modificada).

⁷⁵ 983a 2. A idéia de que Deus não é ciumento encontra-se em Platão *(Fedro,* 247a; *Timeu,* 29e) e será retomada por Plotino (cf. V, 4, 1). Platão justifica a partir dela, no *Timeu,* a constituição do mundo pelo Demiúrgo, e Plotino, a absoluta generosidade do Um, que se comunica e se difunde sem se perder. Essa idéia de "difusão" é evidentemente estranha ao Deus de Aristóteles, a despeito de Hegel *(op. cit.,* p. 317), que, aqui, comenta Aristóteles através de Plotino.

⁷⁶ *Met.*, A, 2, 983a 3-10.

campo. Que essa ciência procurada seja um dia possuída pelo homem, não há nenhuma segurança nisso, mas uma esperança e uma tarefa: a ὕβρις não está mais em tentar ou, segundo a expressão de Aristóteles, em "buscar", como, sem dúvida, o tinha pretendido uma interpretação muito tímida do velho preceito; mas seria presunção acreditar que essa busca humana já prefigura nossa assimilação ao divino: o saber divino serve de ideal a nossa procura, é um princípio regulador, não constitutivo.

Não se prestou atenção suficiente ao fato de Aristóteles acrescentar na célebre passagem que citamos acima, onde éramos convidados a "imortalizarmo-nos": ἐφ' ὅσον ἐνδέχεται, tanto quanto possível. Se levarmos a sério restrição, ela significa que devemos *tender* à imortalidade, tender à imitação de Deus, sem a segurança de nunca atingí-la inteiramente: a imortalidade de que fala Aristóteles (e que não é, uma vez mais, a imortalidade da alma),[77] comporta graus e talvez uma infinidade deles. Para o homem, contentar-se com sua condição seria frouxidão, mas, para ultrapassá-la, não basta querer e acreditá-lo seria *desmesura*. Assim, ao mesmo tempo em que Aristóteles pensa ter conjurado o antigo escrúpulo, o encontra mais estreitamente circunscrito, é verdade, mas sempre presente: escrúpulo residual mas indestrutível, que exprime a distância infinita, mesmo que seja apenas infinitesimal, que separa o homem de Deus.[78]

---

[77] Cf. Mansion, A. "L'immortalité de l'âme et de l'intellect d'après Aristote". In: *Revue philosophique de Louvain*, 1953, 51, p. 444-72.

[78] A expressão desse "escrúpulo" encontra-se quase sob a mesma forma, do início ao fim da filosofia grega, todas as vezes que se trata da *assimilação do homem a Deus*. Em todas as vezes, o filósofo acrescenta,

Esse escrúpulo da prudência, por mais tradicional que seja, tem em Aristóteles um sentido preciso: o de exprimir por razões que não são apenas de oportunidade social ou de conformismo religioso os *limites* da filosofia. O filósofo, diz ele no início da *Metafísica*, é "aquele que sabe tudo *tanto*

"tanto quanto possível", exatamente da mesma forma como o homem "moderno" "bate na madeira" para atenuar, por um tipo de restrição que não deve permanecer apenas mental, o alcance de uma afirmação muito radical ou muito ousada, que se acredita verdadeira mas corre o risco de indispor os deuses. Cf. Empédocles, que roga à Musa fazê-lo ouvir seu canto "tanto quanto é permitido aos ouvidos mortais ouví-la" (ὧν θέμις ἐστὶν ἐφημερίοισιν ἀκούειν) (fr. 3, v. 4; cf. v. 6-7: μηδέ... ἐφ' ᾧ θ' ὁσίης πλέον εἰπεῖν; fr. 2, v. 9: οὐ πλέον ἠὲ βροτείη μῆτις ὄρωρεν). Platão, *Rep.*, II, 383c; VI, 500cd, 501bc; X, 613a; *Teeteto*, 176c (em todos esses textos platônicos, trata-se do homem virtuoso que se torna semelhante a Deus tanto quanto lhe é possível, κατὰ τὸ δυνατόν, ou ainda, εἰς ὅσον δυνατὸν ἀνθρώπῳ); *Leis*, IV, 713e-714a (o político deve governar divinamente, ou seja, "segundo o que em nós há de imortal, ὅσον ἐν ἡμῖν ἀθανασίας ἔνεστιν"); *Timeu*, 90bc (nada falta ao sábio para tornar-se imortal, "na medida em que é dado ao homem participar da imortalidade"); Posidonius *in* Clemente de Alexandria, *Stromata*, II, 129 (o fim do homem é "uma vida onde se contempla a realidade e a ordem do universo e se colabora tanto quanto possível, κατὰ τὸ δυνατόν, para sua realização"); Epicteto, *Conversações*, II, 14, 12; Plotino, III, 8, 1 ("todos os seres tendem à contemplação ... e todos a encontram, tanto quanto lhes é possível, καθ' ὅσον οἷόν τε αὐτοῖς); VI, 7, 29 (o homem se eleva acima da natureza "tanto quanto suas forças lhe permitem"), etc.. Amônius dará, entre outras definições de filosofia, esta: "a assimilação a Deus tanto quanto seja possível ao homem" *(In Porphyr. Isagogen*, 1 e ss. Busse). Sobre os dois sentidos que a expressão recebe no Pseudo-Dionísio, o Areopagita, (possibilidade material, ὡς ἐφικτόν, ou razões de "prudência", ὡς θεμιτόν, ou seja, tanto quanto é permitido sem sacrilégio), cf. Gandillac, M. de,

quanto possível (ὡς ἐνδέχεται)".[79] Mas os limites da filosofia não são senão limites do homem e, antes de tudo, do mundo no qual vivemos: a filosofia é apenas uma das aproximações humanas e, mais geralmente, sublunares da imortalidade, da mesma forma que, em um nível mais baixo, a sucessão das gerações permite aos seres vivos "participar do eterno e do divino", mas somente "tanto quanto podem" ᾗ δύνανται.[80] Do mesmo modo, os homens podem se aproximar da felicidade, inteiramente presente em Deus, mas somente "na medida em que uma certa semelhança com o ato de Deus está presente neles (ἐφ' ὅσον ὁμοίωμά τι τῆς τοιαύτης ἐνεργείας ὑπάρχει)".[81] O homem encontra seu prazer no ato que é sempre, em seu próprio nível, uma "imitação" do ato divino mas, enquanto o ato de Deus é em si mesmo seu próprio fim, o ato humano não atinge seu fim senão na medida do possível (τὸ ἡδέως ἐνεργεῖν... ἐφ' ὅσον τοῦ τέλους ἐφάπτεται).[82] Em todos esses casos, a restrição da "prudência" está bem longe de ser apenas uma forma tradicional de falar: sem dúvida, Aristóteles não desejava dissuadir a suscetibilidade de Nêmesis e devia apenas temer uma acusação de impiedade,

---

Introdução às *Œuvres complètes* do Pseudo-Dionísio, p. 40, n. 94. Evidentemente seria preciso um estudo especial de cada um desses filósofos para discernir em que medida essas restrições não são apenas formas de falar tradicionais ou limitações filosoficamente assumidas.

[79] *Met.*, A, 2, 982a 9.

[80] *De anima*, II, 4, 415a 29, 415b 5; *Geração dos Animais*, II, 1, 731b 32-33 (os seres vivos participam da eternidade, καθ' ὃν ἐνδέχεται τρόπον).

[81] EN, X, 8, 1178b 26-27.

[82] *Ibid.*, III, 12, 1117b 15-16.

ainda que tivesse feito bem em desconfiar disso.[83] Mas essa restrição, tradicional em sua forma, adquire sentido especificamente aristotélico. O melhor, desejado pelo homem e em direção ao qual se dirige o mundo, choca-se com os limites do necessário, limites que são desta vez mais "técnicos" do que religiosos, ou mesmo éticos. Por certo, os limites são imprecisos e é possível para homem, por seu conhecimento, sua ação e seu trabalho, empurrá-los sempre para mais longe. Mas a metafísica nos proíbe admitir o que o coração do homem deseja; ela sabe que a separação entre Deus e o homem, o divino e o sublunar, é radical, e mesmo Deus é impotente para superá-la, e o humanamente possível é, com mais razão, cosmologicamente circunscrito. Porém, organizar o humano e o sublunar é uma tarefa grande para o homem, guiado sobretudo pela sabedoria, ou seja, pela contemplação distante do divino: liberto de esperanças vãs, de ambições desmesuradas, voltado às tarefas reais, embora sempre guiado pelo horizonte do transcendente, o homem é convidado a cumprir, no interior de sua condição mortal, o que ele sabe, no entanto, não poder cumprir como tal. O infinito no finito, o progresso no limite, a assimilação a Deus na absoluta separação, a imitação de uma transcendência inimitável, estas são as perspectivas aparentemente contraditórias que Aristóteles propõe ao homem, este "deus mortal".[84]

---

[83] Sabe-se que no fim da vida Aristóteles só escapará a um processo de impiedade pela fuga. Oficialmente o censuravam por ter imortalizado (ἀθανατίζειν, fr. 645 Rose) seu amigo Hermias, a quem dedicara um Hino. Porém, desde o fim do século V, as acusações de impiedade eram apenas pretextos destinados a dissimular outras queixas, em geral políticas.

[84] Fr. 61 Rose, 10c Walzer.

Tentamos mostrar em outro lugar[85] como Aristóteles resolvia efetivamente esse paradoxo: o homem é o ser da mediação, da sinuosidade, da aproximação; ele não *aplica* o transcendente da mesma forma que o filósofo platônico aplicava ao sensível a ordem das Idéias, mas é astucioso com a contingência, utilizando-a contra si mesma, transmutando a imprevisibilidade em abertura, o acaso ameaçador em indeterminação propícia, insinuando no mundo um Bem que não é deste mundo, humanizando-o, enfim, porque impotente para o divinizar, imortalizando, assim, a si mesmo mas apenas "tanto quanto possível", ou seja, encontrando em seus próprios recursos o substituto propriamente humano da eternidade impossível.

* * *

Assim, o tema da "prudência", ou seja, do pensamento "humano", está sempre presente na obra de Aristóteles, mesmo se a teoria da *phronêsis* não ocupa senão algumas páginas da *Ética Nicomaquéia*. Não tivemos outra ambição senão a de aproximar esta daquele; e de forma mais geral, aproximá-la da metafísica de Aristóteles e, em contrapartida, esclarecer a inspiração profunda desta pela elucidação de uma de suas conseqüências "éticas" mais significativas. Acreditamos ter mostrado que a teoria moral da prudência, quaisquer que fossem suas imperfeições e silêncios, não era nem acessória, nem

---

[85] Cf. *Le problème de l'être...*, p. 497 e ss., e o Apêndice da presente obra (infra, p. 283 e ss.).

um acidente na obra de Aristóteles. Seria se a metafísica de Aristóteles fosse de fato aquilo que durante muito tempo se acreditou que ela fosse: um sistema total do ser, reproduzindo, segundo uma hierarquia sem lacunas, a coerência de um mundo unificado pelo movimento de um único Motor. Mostramos em outro lugar[86] que este era, sem dúvida, o ideal do filósofo, mas que sua filosofia efetiva se instalava – e o homem com ela – na distância que a separava desse ideal. A filosofia seria sistemática se a estrutura do mundo fosse necessária de um extremo a outro. Mas Aristóteles depara com a experiência da *contingência*, que não nem é um acidente do nosso saber, nem do próprio mundo, mas aquilo pelo qual há no mundo o acidente, isto é, acaso.

O Estagirita encontraria aí a velha inquietude grega diante da imprevisibilidade do futuro e a precariedade das coisas humanas. Se ele foi moderno, isso se deve ao fato de não ter querido dominar o acaso com preces. Se a ação sobre o acaso não podia ser cientificamente determinada – visto que "do acaso não há ciência" –, não seria tampouco improvisada e sem princípios. Não retornaremos à solução claudicante que ele deu a este problema, e nomeou *prudência*, solução sem dúvida claudicante mas tal como o mundo onde ela se exerce. Pode-se lamentar que Aristóteles tenha freqüentemente confundido ação técnica e ação moral e que tenha pensado a *práxis* segundo o modelo da *poiesis*. Ao menos é preciso felicitá-lo por ter lembrado que a ação moral era inicialmente ação técnica, isto é, uma ação no e sobre o mundo, e se o sucesso não era sinônimo de ação *boa*, era preciso que fosse acabada, ou seja, ação bem sucedida, vitória sobre o acaso, para que ela pudesse ser moralmente qualificada.

---

[86] *Le problème de l'être...*, passim, esp. p. 6-8, 78-9, 93, 185-8, 506-7.

Se fosse preciso caracterizar a ética da prudência, se hesitaria entre determinações que a tradição talvez nos ensinou a dissociar. Vimos que a oposição entre intelectualismo e empirismo era inadequada, pois é no interior do intelectualismo que ocorre a separação entre a inteligência dos inteligentes e a intelecção do inteligível: onde a intelecção não tem emprego, ao menos *imediato*, Aristóteles requisita a inteligência. Intelectualismo, sim, mas intelectualismo mais do *juízo* que da ciência, intelectualismo dos *limites*[87] e não racionalismo triunfante. Mais adequada talvez, ainda que seja também

---

[87] A idéia de *limite* não nos parece ter sido até o momento inferida da moral de Aristóteles – e, somente a propósito da teoria da felicidade – senão por L. Ollé-Laprune, em seu *Essai sur la morale d'Aristote* (1881). Ele deplora, aliás, o que considera uma limitação: "quanto mais examino a concepção de Aristóteles sobre a felicidade, mais me convenço que seu defeito, de qualquer forma, o único dessa admirável concepção, é o de ser restrita aos limites da existência atual" (p. 272) ou, como ele o diz mais uma vez, de procurar a felicidade "nos limites da existência presente" (p. 184). Não obstante, ele parece mais sensível à significação positiva dessa idéia, quando resume assim o pensamento de Aristóteles: "sequer se que o homem seja quase um deus sem jamais esquecer que ele não é senão homem, reduzindo-o por todos os lados aos limites da existência presente. Pretende-se que ele *encontre aí o seu céu*"(p. 205); "a sabedoria diviniza o homem, *mas aqui mesmo*" (p. 281) (itálico nosso). Ollé-Laprune explicita, assim, sua interpretação: "as condições impostas ao homem, sendo o que são, a felicidade em sua plenitude é um ideal; tende-se para ela sem cessar, mas quase não se pode pretendê-la. Encontramo-la às vezes, mas as circunstâncias são como podem ser, e com matérias que não se domina, faz-se o melhor" (p. 170). Adiante, porém, ele acrescenta: "a vida contemplativa é rara, mas tender na sua direção já é começar a possuí-la" (p. 173). A noção de *ideal* o conduz a uma aproximação entre o εἶδος de Aristóteles e a Idéia kantiana (p. 217-8): "para ambos [Aristóteles e Kant], o soberano bem, na con-

anacrônica, seria a oposição entre o *humanismo* e o *trágico*.[88] Fazer de Aristóteles um *Aufklärer* seria desconhecer o que há nele de religiosidade autêntica, esta intuição da transcendência e do *chorismos*, que são a razão profunda de sua prudência especulativa. Fazer de Aristóteles um *trágico* seria desconhecer esta confiança no homem, em sua investigação e sua ação, que contrasta com as lamentações do coro da tragédia e com uma certa resignação socrática e, *avant la lettre*, estóica. Mas Aristóteles exalta o homem sem divinizá-lo; faz dele o centro de sua ética, embora saiba que a ética não é o que há de superior, que Deus está acima das categorias éticas ou, antes, que a ética se constitui na distância que separa o homem de Deus. Deixado às suas forças por um Deus demasiado distante, suficientemente visível para ser desejável, embora se mantenha demasiado distante para ser possuído, o homem está exposto, na região do mundo em que habita, a um acaso que não pode dominar inteiramente. Ou antes, a vida do homem se move entre dois acasos: o Acaso fundamental do nascimento, que faz com que a boa natureza não seja igualmente partilhada, e o acaso residual da ação, que faz com que os resultados não sejam jamais totalmente previsíveis. Mas o acaso do nascimento é o acaso residual da ação divina, e a

---

dição em que se apresenta o homem, é uma idéia, antes um ideal do que uma realidade ..., jamais plenamente realizável na terra, antes incessantemente perseguido do que possuído" (p. 228). Mas perseguir o infinito na finitude não é a experiência propriamente humana do que, pouco acima, Ollé-Laprune chama de "céu"?

[88] Sobre essas categorias aplicadas à Antiguidade, cf. Weinstock, H. *Die Tragödie des Humanismus*, Heidelberg, 1953. Nós, porém, não podemos evidentemente aderir à sua interpretação trivialmente "humanista" de Aristóteles (p. 101-7).

grandeza do homem consiste, prolongando pela *prudência* a ação de uma *Providência* enfraquecida, em fazer recuar o mais possível os limites da imprevisibilidade e do inumano. A metafísica nos ensina, malgrado ela mesma, que o mundo sublunar é contingente, isto é, inacabado. Mas os limites da metafísica são o começo da ética. Se tudo fosse claro, nada haveria a fazer, e resta a fazer o que não se pode saber. No entanto, não se faria nada se não se soubesse, de algum modo, o que é preciso fazer. A meio caminho de um saber absoluto, que tornaria a ação inútil, e de uma percepção caótica, que tornaria a ação impossível, a *prudência* aristotélica representa – ao mesmo tempo que a reserva, *verecundia*, do saber – a possibilidade e o risco da ação humana. Ela é a primeira e última palavra deste humanismo trágico que convida o homem a desejar todo o possível, mas somente o possível, e deixar o resto aos deuses.

APÊNDICES

APÊNDICE I

SOBRE A AMIZADE EM ARISTÓTELES[*]

Ὁ θεὸς οὐ τοιοῦτος οἷος δεῖσθαι φιλοῦ
(Aristóteles, *Ética Eudêmia*, VII, 12, 1245b 14)

Não temos a intenção de lembrar, aqui, as análises clássicas da *Ética Eudêmia* e da *Ética Nicomaquéia*, mas de pôr em relevo alguns paradoxos sobre a amizade, reconhecidos como tais pelo próprio Aristóteles, cuja solução apenas pode ser procurada, parece-nos, numa reflexão mais geral sobre a antropologia aristotélica.

---

[*] Inserimos aqui, com alguns acréscimos, uma comunicação apresentada no VIIIe Congrès des Sociétés de Philosophie de langue française (Toulouse, 1956) e publicada nas Atas do Congresso (*L'homme et son prochain*, Paris, PUF, 1956, p. 251-4). Este texto só visa um aspecto da teoria da amizade, mas que nos parece esclarecer as relações entre a ética e a metafísica aristotélicas, confirmando algumas das análises da presente obra. Sobre o problema geral da amizade em Aristóteles, cf., em especial, Voelke, A.-J. *Les rapports avec autrui dans la philosophie grecque d'Aristote à Panétius*, Paris, 1961, p. 37-63, 180-1.

Sabe-se que Aristóteles completa sua análise teórica por um tipo de casuística da amizade, onde é considerado todo o tipo de conflito de deveres: por exemplo, devemos nos dedicar antes a um amigo do que a um homem virtuoso? É preciso permanecer fiel a um amigo que nos decepcionou, seja porque ele tenha mudado, seja porque sabemos que nos enganamos a seu respeito (IX, 2 e 3)?[1] Não estamos impedidos de pensar que Aristóteles conhecesse esse gênero de discórdias: a pesquisa sobre o Bem, nos diz, se torna difícil pelo fato de "serem amigos os que introduziram a doutrina das Idéias", mas, "se tanto os amigos quanto a verdade nos são caros, é à verdade que convém dar preferência" (1096a 13). *Amicus Plato, magis amica veritas*: se Aristóteles foi o filósofo da amizade, foi também aquele que, inclusive na sua vida, lhe reconheceu com alguma solenidade os limites.

Poder-se-ia pensar que conflitos desse gênero apenas dizem respeito à amizades imperfeitas ou fundadas sobre algum mal-entendido. Porém, uma análise mais atenta mostrará que a contradição não está ausente da própria *essência* da amizade. Aristóteles, esposando a tese de Empédocles segundo a qual o semelhante ama o semelhante (1155b 7), caracterizou mais precisamente a amizade como uma igualdade entre amigos (1157b 36). Ou, ao menos, se ela tolera uma certa desigualdade, é sob a condição de compensá-la pela proporção: "em todas as amizades onde intervém um elemento de superioridade, é segundo a lei da proporção que é preciso amar; por exemplo, é preciso que o melhor seja mais amado do que ele ama" (1158b 23). Mas se a superioridade de um dos dois termos é tal que não existe mais nenhuma medida comum entre eles, não haverá amizade possível: é o que se produziria

---

[1] Salvo indicação contrária, as referências remetem à *Ética Nicomaquéia*.

com "um ser completamente separado de nós, por exemplo Deus" (1159a 5).² A dificuldade apenas teria interesse teórico se se limitasse a constatar a transcendência de Deus, mas ela afeta a própria essência da amizade, se é verdade que a amizade consiste em "querer o bem do amigo". Pois então podemos, sem contradição, "querer para nossos amigos o maior dos bens, por exemplo, que se tornem deuses" (1159a 6)? É o destino trágico da amizade querer para o amigo um bem tão maior quanto mais pura for a amizade e, no entanto, ela apenas pode subsistir se o amigo permanecer tal como é": nem Deus, nem mesmo sábio, mas simplesmente homem. A amizade tende a se esvaziar na própria transcendência que ela deseja. No limite, *a amizade perfeita destrói a si mesma.*

A amizade humana encerra, pois, em sua definição uma imperfeição que se poderia dizer de *essência*. Mas existem amizades que não sejam humanas? Quando delimita a extensão do conceito no início do livro VIII da *Ética Nicomaquéia*, Aristóteles começa por eliminar todas as formas não humanas de amizade, entre elas essa Amizade ou, antes, essa Discórdia "física" da qual Empédocles e Heráclito tinham feito a causa da constituição das coisas. Aristóteles também não se deterá sobre a amizade entre animais, forma derivada e analógica da amizade que se encontra "sobretudo entre os homens". Humana em sua origem, a amizade é também humana em seu objeto: ela não pode, vimos, se dirigir a Deus, tampouco a objetos inanimados, animais ou a escravos (1161b 1). O sentido da última restrição é esclarecido quan-

---

² No entanto, o sábio é dito, por Aristóteles, θεοφιλέστατος (EN, X, 9, 1179a 24, 30). Mas o contexto mostra que Aristóteles reporta aqui uma visão popular, que ele não adere inteiramente (cf. acima, p. 127-8, 140-1).

do Aristóteles acrescenta que "a amizade não pode ser dirigida ao escravo, enquanto escravo, mas somente enquanto homem" (1161b 5-6).

Experiência e valor propriamente humanos, a amizade ainda tem um sentido para Deus e, antes, para o sábio? É próprio do sábio, com efeito, "bastar a si mesmo" (1176b 5), ser no mais alto grau "autárquico" (1177b 1), pelo que difere do homem justo que "tem necessidade de pessoas a quem possa manifestar seu senso de justiça" (1177a 30). Será preciso então fazer do sábio um solitário? Tal seria a conseqüência lógica das análises sobre a sabedoria, mas Aristóteles recusa esta conseqüência e multiplica os argumentos a fim de preveni-la. Não basta lembrar, como ele o faz, que o homem é um "ser político" (1169b 18), pois o sábio "não vive mais enquanto homem, mas enquanto há nele algo de divino" (1177b 27), e sabemos que os deuses podem viver sem cidades.[3] Todavia, a argumentação de Aristóteles é mais sutil: a felicidade só existe em ato; ela manifesta, pois, em si mesma uma superabundância que tende a se estender sobre o outro (1169b 29). Enfim, se a existência (que, esclarece Aristóteles, se confunde com a consciência da existência) é um bem em si mesma, o prazer que dela retiramos será multiplicado pela parte que nos concerne, graças à comunicação, à consciência que nosso amigo tem de sua própria existência (1170b 10).

Finalmente, como insistem a *Magna Moralia* e a *Ética Eudêmia*, a aporia sobre as amizades do sábio atém-se a uma falsa analogia entre a autarquia divina e aquela que o homem pode pretender.[4] Não se pode ir de Deus ao homem, nem do homem a Deus. Certamente, pode-se dizer que a felicidade

---

[3] *Pol.*, I, 2, 1253a 27.
[4] *Magna Moralia*, II, 15, 1212b 34.

de Deus, como a do sábio, é uma felicidade em ato, e não uma felicidade de inação e de sono. "Segue-se que Deus contemplará qualquer coisa, pois esta é a ocupação mais nobre e a mais apropriada. Mas então, o que contemplará? Pois, se contempla um objeto exterior, este deve ser algo melhor do que ele mesmo. Mas é absurdo pensar que possa existir alguma coisa melhor do que Deus, portanto ele contemplará a si mesmo".⁵ Se reconhece aqui, introduzido a propósito da discussão sobre a amizade, o tema do Pensamento que pensa a si mesmo. Mas essa conseqüência é julgada "absurda", se se pretende extrair dela um argumento para o homem, pois, "o homem que passasse seu tempo examinando a si mesmo seria taxado de insensível (ὡς ἀναισθήτῳ ἐπιτιμῶμεν)".⁶

---

⁵ *Magna Moralia*, 1212b 39.

⁶ *Ibid.*, 1213a 5. A passagem da *Magna Moralia* (II, 15, 1212b 33-1213a 7) suscitou numerosos comentários. Viu-se nela, com efeito, uma crítica à teoria do Pensamento que pensa a si mesmo ou, ao menos, a alusão à tal crítica, que permaneceria, aqui, sem resposta. W. Jaeger extrai dessa passagem, contra H. von Arnim, mais um argumento contra a autenticidade da *Magna Moralia:* essa passagem trairia a incapacidade de seu autor em defender Aristóteles contra uma censura que lhe teria sido endereçada no interior da escola (*On the Origine and Cycle...*, p. 448, n. 1, 450-2). F. Dirlmeier que atualmente defende a autenticidade e mesmo a antigüidade da obra, vê nela, ao contrário, a crítica *avant la lettre* de uma doutrina em germe nos círculos da Academia, a qual Aristóteles apenas adotaria mais tarde (in *Magna Moralia*, p. 467-70). Mas se nossa interpretação é exata (confirmada, além do mais, pelo texto da EE que citamos acima), não há nenhuma contradição entre *Magna Moralia*, II, 15 e a doutrina bem conhecida de *Met.*, Λ, 9. O que o argumento reportado (com alguma complacência, parece-me) pela *Magna Moralia* "ridiculariza" (segundo a expressão de Ph. Merlan, *Studies in Epicurus and Aristotle*, Wiesbaden, 1960, p. 87) evidentemente não é a doutrina do Pensamento que pensa a si mesmo, mas o modo do pen-

A condição humana, com efeito, é tal que o conhecimento de si é ilusório, e se torna auto-complacência se não passar pela mediação do outro: "não podemos contemplar a nós mesmos a partir de nós mesmos... Assim como quando queremos contemplar nossa imagem o fazemos nos olhando no espelho, quando queremos conhecer a nós mesmos, nos conhecemos nos vendo num amigo. Pois o amigo, dissemos, é um outro nós mesmos".[7] A passagem paralela da *Ética Eudêmia* evidenciará o sentido profundo dessa análise: "de que Deus é tal que não tem necessidade de amigos, concluímos que assim é para o homem semelhante a Deus. Mas, então, se se segue este raciocínio, será preciso dizer também que o valoroso (σπουδαῖος) não pensa, pois não é no pensamento que reside a perfeição de Deus: Deus é superior ao pensamento que seria pensamento de outra coisa – a menos que ele

---

samento antropomórfico que pretendia propor o exemplo divino à imitação *imediata* do homem. A autarquia em Deus seria, no homem, embrutecimento, autismo, "esquizofrenia". Inversamente, a experiência apenas humana da *in*sensibilidade pode ser, por uma inversão audaciosa (anunciadora da teologia negativa), transformada em expressão necessariamente inadequada de um atributo positivo de Deus. Merlan *(op. cit.*, p. 90) cita oportunamente a este respeito os versos de Clemente Brentano *(Nachklänge Beethovenscher Musik*, III), que associam do mesmo modo o tema da insensibilidade e o do Pensamento de si mesmo:
Selig, wer ohne Sinne,
Schwebt...,
... ohne Sinne, dem Gott gleich,
Selbst sich nur wissend.
Mas, na perspectiva pouco "romântica" de Aristóteles, uma tal ὁμοιότης ἐκ τοῦ θεοῦ *(Magna Moralia*, 1212b 34) não representaria para o homem senão a queda na inumanidade.

[7] *Magna Moralia*, 1213a 15-24.

pense a si mesmo; *a causa é que, para nós, o bem implica relação com o outro, enquanto para Deus ele é para si mesmo seu próprio bem* (αἴτιον δ' ὅτι ἡμῖν μὲν τὸ εὖ καθ' ἕτερον, ἐκείνῳ δὲ αὐτὸς αὐτοῦ τὸ εὖ ἐστίν)".[8]

Parece que esses textos jogam alguma luz tanto sobre o estatuto humano da amizade quanto sobre as relações entre a teologia e a antropologia. Os *fins* do homem são os mesmos que os de Deus, em razão de o homem, em seu conhecimento, em sua vida moral, em seu trabalho, ser uma imitação ativa do divino. Mas os *meios* de realizar esses fins são evidentemente diferentes para o homem e para Deus, ou antes, o homem tem necessidade de meios, enquanto Deus é a imediatez da intenção e do ato. Dessa unidade, dessa "auto-suficiência" originárias da essência divina, o homem não pode se aproximar senão por passos tateantes e laboriosos, cuja característica comum é a exigência de uma mediação. Assim, é necessário que o homem tenha amigos, visto que não pode se conhecer e realizar seu próprio bem senão através de "um outro eu mesmo". Nesse sentido, a amizade não é senão um *pis aller*, um substituto muito imperfeito da autarquia divina, do mesmo modo que o pensamento discursivo é um substituto da contemplação de si mesmo (Deus, nesse sentido, não pensa), e a virtude é o substituto de uma sabedoria mais que humana (pois "Deus é melhor que a virtude").[9] Mas falar em *substitutos* é fazer do homem o agente privilegiado dessa imensa substituição pela qual o homem, como Aristóteles o diz a respeito da arte humana, "imita e acaba" o que a Natureza ou Deus quiseram, mas não concluíram. Assim desvalorizada ou,

---

[8] EE, VII, 12, 1245b 14-19.
[9] *Magna Moralia*, 1200b 14, cf. EN, VII, 1, 1145a 26.

ao menos, devolvida à sua verdadeira dimensão em relação a Deus, a amizade não deixa de prolongar as intenções divinas no nível do homem: substituindo a contingência da ocasião pela inteligibilidade da escolha refletida, a amizade introduz no mundo sublunar um pouco dessa unidade que Deus não pôde fazer descer até aqui. Que os homens possam imitar, mesmo que ao preço de um subterfúgio, a unidade subsistente e originária de Deus, manifesta tanto a potência dos homens quanto a grandeza, em suma, impotente de Deus. Em Aristóteles, o exemplo da amizade mostra como uma teologia da transcendência se degrada, mas também se completa, em uma antropologia da mediação.

APÊNDICE II

A *PHRONÊSIS* NOS ESTÓICOS*

Geralmente se traduz a φρόνησις estóica por "prudência". Essa tradução, que remonta a Cícero, poderia fazer crer numa filiação entre a *phronêsis* aristotélica e a *phronêsis* estóica, e alguns intérpretes não hesitaram em compará-las.[1] Na realidade, as diferenças entre a doutrina aristotélica e as definições estóicas de *phronêsis* são tais que não se pode supor a menor influência da primeira sobre as segundas. De acordo com uma definição que remonta, sem dúvida, a Crisipo, a *phronêsis* – uma das quatro virtudes "cardiais" e, sem dúvida, a mais importante – é ἐπιστήμη ὧν ποιητέον καὶ οὐ ποιητέον καὶ οὐδετέρων ἢ ἐπιστήμη ἀγαθῶν καὶ κακῶν καὶ οὐδετέρων.[2] Por certo, a *phronêsis* parece designar aqui, como em Aristóteles, a unidade da teoria e da prática, do saber e da virtude; mas esse traço geral e comum revela, quando muito,

---

* "La *phronésis* chez les Stoïciens". In: *Actes du VIIe Congrès* (Aix-en-Provence, 1963) *de l'Association Guillaume Budé.* Paris, Les Belles Lettres, 1964, p. 291-2.
[1] Cf. Bréhier, *Chrysippe*, 2ª ed., p. 236.
[2] SVF, III, 262.

uma comum paternidade socrática.³ Nenhum dos traços específicos da prudência aristotélica é encontrado aqui: nem a oposição da φρόνησις, que é para Aristóteles da ordem da δόξα, à σοφία, a única que é, segundo ele, ἐπιστήμη; nem a divisão da alma racional em uma parte "científica" e outra "opinativa" ou "deliberativa", da qual a prudência seria a virtude própria; nem a distinção entre um bem absoluto, objeto da sabedoria, e um bem para o homem, objeto da prudência; nem a atribuição à prudência de um campo distinto do da sabedoria, que era para Aristóteles o *contingente*.

De fato, Cícero assimila geralmente o *prudens* e o *sapiens*,⁴ e a tradição medieval só tardiamente encontrará o sentido aristotélico de uma *prudentia* que, na lista das virtudes cardiais que atesta definitivamente o *De officiis* de Santo Ambrósio, não é senão a *phronêsis* estóica.

No entanto, encontram-se alguns textos na tradição pós-aristotélica que poderiam deixar supor uma sobrevivência da oposição entre sabedoria e prudência. Assim, Cícero⁵ previne que é preciso distinguir entre *prudentia*, "*quae est rerum expetendarum fugiendarumque scientia*", e *sapientia*, "*quae est rerum divinarum et humanarum scientia*". E Santo Agostinho lamentará que se qualifique de *sapientissimus* a serpente do Gênesis: "φρονιμώτατος *enim in graeco scriptum est, non* σοφώτατος".⁶ Mas esses autores não justificam essa distinção por argumentos de inspiração autenticamente aristotélica: assim, Cícero conclui paradoxalmente da superioridade

---

³ Cf. Xenofonte, *Memor.*, III, 9, 4.
4 Cf. *De officiis*, I, 15-16, 19 etc..
⁵ *Ibid.*, I, 43, 153.
⁶ *Locutiones in Heptateuchum*, I, Locutiones Genesis, VIII.

da *sapientia* sobre a *prudentia*, a superioridade da vida prática sobre a vida contemplativa, visto que a *sapientia* nos revela uma relação de comunidade entre os homens e os deuses e nos lembra nossos deveres sociais. Tratar-se-á, aqui, seja de um empréstimo da terminologia (mas não da doutrina) do Liceu (cf. a polêmica Teofrasto-Dicearco), seja de uma simples referência ao uso popular.[7]

Tampouco se veria uma influência aristotélica na definição da *phronêsis* como τοῦ καθήκοντος εὕρεσις, que se encontra num texto de Estobeu,[8] que Philippson[9] remete, com razão, a Panécio. Pois, este via na moral do καθῆκον não uma sabedoria de segunda ordem, mas a única forma conveniente à moralidade, de modo que a descoberta da conveniência não teria podido ser oposta por ele a uma sabedoria que fosse ciência do bem absoluto.[10]

Essas conclusões parecerão negativas. Elas provam, em todo caso, que, como acontece com outras doutrinas aristotélicas, a oposição da prudência e da sabedoria não gozaram de nenhuma posteridade nos séculos imediatamente posteriores (pode-se estar seguro que os primeiros textos aos quais se faz claramente alusão novamente, como Plutarco, *De virtute morali*, 5, revelam um conhecimento das obras esotéricas de Aristóteles). Tratando-se dos estóicos, isso não surpreende: a prudência aristotélica, substituto humano de uma sabedoria demasiado superior para nosso mundo, estava ligada à

---

[7] Cf., também, Epicuro, *Carta a Meneceu*, 132.
[8] *Eclogae*, II, 5, b⁵ Wachsmuth.
[9] "Das Sittlichschöne bei Panaitios", *Philologus*, 1930.
[10] Em sentido oposto: Rodier, "La cohérence de la morale stoïcienne", *Études de philosophie grecques*, p. 288-9.

distinção do necessário e do contingente, do mundo divino e do mundo sublunar. No universo estóico, animado em todas as suas partes por um mesmo *logos*, não havia lugar para duas virtudes intelectuais, mas para uma única, que coincidisse com o Logos universal.

APÊNDICE III

A PRUDÊNCIA EM KANT*

A doutrina kantiana dos imperativos *hipotéticos* parece não ter retido muito a atenção dos intérpretes.[1] A razão dessa discrição é evidente. Nos escritos consagrados à filosofia prática, Kant apenas fala dos imperativos hipotéticos, nessa ocasião longamente, para mostrar em que eles não são imperativos da moralidade; logo, não concernem ao que é preciso entender, em sentido estrito, por filosofia *prática*. E na introdução à *Crítica do Juízo* (tanto na primeira redação quanto na segunda), onde divide o "sistema da filosofia" em filosofia

---

* "La prudence chez Kant", *Revue de Métaphysique et de moral*, 1975, LXXX, p. 156-82.

[1] O atento desenvolvimento consagrado aos imperativos hipotéticos por H. J. Paton em seu livro *The Categorical Imperative*, Londres, 1947, 1963[4], p. 113-28, confirma a regra que defende que só se pode falar em imperativos hipotéticos para manifestar, por oposição, a especificidade do imperativo categórico. Cf., entretanto, o estudo lógico de Patzig, G. "Die logischen Formen praktischer Sätze in Kants Ethik". In: *Kant-Studien*, 1966, 56, p. 237-52, e Hill, T.E. "The Hypothetical Imperative". In: *Philosophical Review*, 1973, 82, p. 429-50.

teórica e filosofia prática, Kant fala de regras "técnicas" ou "técnico-práticas" (que correspondem aos "imperativos hipotéticos" dos escritos éticos) apenas para mostrar novamente que elas não concernem propriamente à filosofia prática, mas são simplesmente "conseqüências de proposições teóricas", logo, são "corolários da filosofia teórica".[2]

Parece-nos, no entanto, que o estudo dos imperativos hipotéticos apresenta um duplo interesse. Por um lado, os imperativos hipotéticos e, antes, as proposições que os exprimem, devem ter um estatuto; o fato desse estatuto parecer ambíguo mostra um dever suplementar de clarificá-lo, e Kant não se furta a esta tarefa: o estatuto lógico e epistemológico das proposições técnico-práticas é especialmente examinado na *Lógica*,[3] na Introdução à *Crítica do Juízo* e, ao menos indiretamente, no opúsculo *Sobre o lugar comum: isso pode ser bom em teoria, mas nada vale para a prática* (1793). Mas também, e sobretudo, o homem, na vida concreta, não se determina apenas e nem freqüentemente segundo o imperativo da moralidade, mas segundo os imperativos "técnicos" da habilidade e os imperativos "pragmáticos" da prudência. O estudo dessas condutas dependerá então, se não da moral, ao menos da antropologia, mais precisamente – segundo o título da obra de 1798 – de uma *Antropologia* conduzida *do ponto de vista pragmático*. Por outro lado, como a habilidade e a prudência, por serem moralmente neutras, não são menos dignas de serem legitimamente desenvolvidas, não surpreen-

---

[2] Distinguiremos mais precisamente, nas linhas que se seguem, a terminologia da primeira e segunda redações da Introdução.

[3] Trata-se, no *Cours de Logique* [*Lógica*] publicado por Jaesche, em 1800, do Apêndice à Introdução intitulado "Da diferença do conhecimento teórico e do conhecimento prático".

derá que Kant, nos *Cursos de Pedagogia*,[4] se preocupe com a cultura "escolástica" da habilidade e com a cultura "pragmática" da prudência, mesmo se uma e outra devam ser subordinadas à "cultura moral". Enfim, seria inverossímil que para o ser racional, mas finito, tal como somos, o imperativo categórico, mesmo que deva ser purificado de toda contaminação em seu estabelecimento e sua formulação, não interferisse de uma forma ou de outra nos imperativos mais ordinariamente determinantes da habilidade e da prudência, seja porque haja conflito entre uns e outros, seja porque uma conexão positiva possa, sob certas condições, legitimamente se estabelecer. Veremos que essa questão se colocará inevitavelmente para Kant a propósito de um tipo de ação que se encontra precisamente no ponto de convergência entre a arte e a moral, qual seja, a *política*.

Mas o estudo dos imperativos hipotéticos apresenta, a nosso ver, outro interesse. Kant está consciente de ser o primeiro filósofo a reconhecer o caráter "categórico" do mandamento pelo qual a lei moral se exprime para o homem. Por conseguinte, é legítimo subsumir ao gênero dos imperativos

---

[4] Publicados por Rink, em 1803, traduzidos para o francês por A. Philonenko, sob o título *Réflexions sur l'éducation*, Paris, 1966.

[N.T.: sempre que possível e com os inevitáveis ajustes, teremos em vista as traduções para o português: *Crítica da Razão Pura*. Trad. de V. Rohden e U. B. Moosburger. *Fundamentação da Metafísica dos Costumes*. Trad. de P. Quintela. In: Kant. *Textos Selecionados*. Col. "Os Pensadores". São Paulo, Abril, 1980², 2 vols. *Crítica da Razão Prática*. Trad. de A. Morão. Lisboa, Ed. 70, 1986. *Duas Introduções à Crítica do Juízo*. Trad. de R. Terra, R. R. Torres Filho et al. São Paulo, Iluminuras, 1995. *Textos Seletos*. Trad. de R. Vier e F. S. Fernandes. Petrópolis, Vozes, 1974. *Crítica do Faculdade do Juízo*. Trad. de V. Rohden e A. Marques. Rio de Janeiro, Forense, 1993.]

hipotéticos, e em particular sob a espécie de "conselhos da prudência", a totalidade dos preceitos morais que nos foram legados pelas filosofias anteriores, qualquer que seja sua justificação aparentemente divergente nas diversas doutrinas. A censura explicitamente endereçada por Kant aos epicuristas por terem confundido "moralidade" e "prudência"[5] valeria, mediante algumas explicações complementares, contra o conjunto da tradição moral do Ocidente, de Platão a Wolff, inclusive. Os estóicos, que Kant parece às vezes apresentar como exceção, não o são senão aparentemente.[6] Por conseguinte, se pode pensar que através da doutrina dos imperativos hipotéticos, Kant de fato situa a especulação ética do Ocidente em seu próprio *"System der Sittlichkeit"*, ou, mais exatamente, a localiza nas margens de sua própria definição de moralidade, margens onde ela deve permanecer, aliás, firmemente

---

[5] *Critique de la raison pratique*, p. 158, 200, 228, 230 e nota. Citamos as três críticas a partir da paginação da edição original (eventualmente A para a 1ª, B para a 2ª).

[6] Kant reconhece aos estóicos a fundação da moral não sobre o princípio empírico da *felicidade* mas sobre o princípio racional da *perfeição*. No entanto, mesmo se a escolha da perfeição como princípio determinante da vontade deixa intactas as possibilidades da moralidade, ainda assim este princípio não deixaria de ser um princípio material, logo um fator de heteronomia, na medida em que não situa a moralidade na bondade instrínseca da vontade, mas na escolha correta dos meios em vista de um fim exterior à vontade (cf. *Crítica da Razão Prática*, 1ª Parte, Livro I, Cap. I, teorema IV, escólio II; *Fundamentação da Metafísica dos Costumes*, trad. Delbos, p. 175-7, onde a crítica parece visar, ao mesmo tempo, Wolff e os estóicos). Kant mostra, na passagem citada da *Crítica da Razão Prática*, que o conceito de perfeição, considerado "em sua significação prática", implica o de felicidade (p. 70). Para a crítica kantiana da moral epicurista, cf. nosso estudo "Kant et l'épicurisme". In: *Actes du VIIIᵉ Congrès de l'Ass. G. Budé*. Paris, 1969, p. 293-303.

mantida, principalmente porque o leitor poderia ser tentado a conciliá-la sob alguns aspectos com a filosofia prática de Kant e, com isso, contaminar seu próprio conceito. O que não impede que o intérprete, tratando-se de doutrinas historicamente determináveis e por vezes reconhecíveis na terminologia empregada, tenha boas razões para estabelecer a propósito dessa doutrina uma comparação mais fina que aquela que Kant se contentou, em geral, em instituir.

* * *

A última observação vale em particular para a doutrina kantiana da prudência *(Klugheit, prudentia)*, tal como exposta na segunda seção da *Fundamentação da Metafísica dos Costumes* (1785), no quadro da análise geral dos imperativos. Enquanto tudo na natureza age por leis, o ser racional é o único que age por meio da *representação* de leis, ou seja, a partir de princípios. Dada sua capacidade de determinar a vontade, a razão se constitui em razão prática. Mas é preciso distinguir o caso onde apenas a razão determina a vontade e aquele onde as representações racionais concorrem com outros móbiles, que são as inclinações sensíveis. No segundo caso, e apenas neste, a determinação da vontade pela razão assume a forma de um mandamento. A expressão deste mandamento se chama *imperativo*. Os imperativos são "fórmulas que exprimem a relação das leis objetivas da vontade em geral com a imperfeição subjetiva de tal ou tal ser racional, por exemplo, da vontade humana".[7] Compreende-se, então, que

---

[7] *Fundamentação...*, trad. Delbos, p. 124. Cf. *Crítica da Razão Prática*, p. 36: o imperativo é uma regra para um ser, no qual a razão não é o

não haja "imperativo válido para a vontade *divina* e, em geral, para uma vontade *santa*", ou seja, para uma vontade em que o querer e a lei coincidiriam sem dissociação possível.[8] O imperativo, pois, apenas intervém para preencher, ou tentar preencher, a distância entre o que a razão objetivamente reconhece como necessário e as disposições subjetivas da vontade. Dito de outro modo, um ser racional mas finito sempre pode desobedecer um imperativo. O imperativo significa que as

---

único princípio determinante da vontade" (1ª P., § 1, "Escólio"). Ao contrário, a *Lógica* apresenta uma definição puramente "lógica" do imperativo, que não leva em conta o gênero dos seres no qual ele se encontra: "sob o nome de imperativo é preciso entender toda proposição que exprime uma ação livre possível, pela qual um certo fim deve ser realizado" (fim da "Introdução", ed. Weischedel. In: *Kants Werke in sechs Bänden*, Wiesbaden, 1958, t. III, p. 517-8).

[8] A bem da verdade, a santidade se define, em Kant, pela coincidência da vontade e da lei *moral* (cf. *Crítica da Razão Prática*, "Dialética", p. 220; cf., também, "os móbiles da razão pura prática, p. 146-51), de modo que, se é permitido se antecipar à análise de Kant, não se vê, ao menos inicialmente, o que dispensa uma vontade santa (da qual a vontade divina não é senão um caso particular) de ser subsumida aos imperativos hipotéticos. Na realidade, o fato de uma vontade santa não depender de inclinações exclui que ela seja determinada por "interesses" (cf. *Fundamentação*..., p. 124, nota): ora, onde não há interesse, não pode haver imperativo hipotético, o qual comanda precisamente sob a condição de um interesse. (O que torna inútil a explicação de H.-J. Paton, *op. cit.*, p. 114, a qual pressupõe que uma vontade perfeita nunca está desatenta de seus fins, mesmo os que não sejam morais, então ela não precisa que se lhe imponha a necessidade por intermédio de imperativos). Dito de outro modo, o imperativo hipotético é indigno de uma vontade santa, na medida em que é um imperativo e é hipotético. Observe-ve que a "teologia" kantiana exclui através desta idéia um Deus "mecânico" e "calculador", como era o Deus de Leibniz.

ações que ele comanda são "necessárias objetivamente", mas essas ações não permanecem menos "subjetivamente contingentes": se não fosse assim, o imperativo seria supérfluo.

Somente a partir dessas explicações gerais é que o texto da *Fundamentação da Metafísica dos Costumes* introduz a distinção entre imperativos hipotéticos e imperativo categórico. Se a ação que o imperativo comanda é boa apenas como meio para qualquer outra coisa, o imperativo é *hipotético*; se ela é representada como boa em si, sem relação com um fim diferente dela mesma, o imperativo é categórico. A distinção entre categórico e hipotético, que exprime a oposição entre incondicionado e condicionado, é emprestada à tábua dos juízos, na medida em que estes são considerados do ponto de vista da *relação*. Mas, imediatamente a seguir, Kant introduz o ponto de vista da *modalidade*, que conduzirá à tripartição dos imperativos. O fim, em vista do qual ordena um imperativo hipotético, pode ser *possível* ou *real*: no primeiro caso, o imperativo será um "princípio problematicamente prático"; no segundo, um "princípio assertoricamente prático". Quanto ao imperativo categórico, "que declara a ação objetivamente necessária nela mesma", ele é um "princípio apoditicamente prático" (p. 126). O primeiro caso é o dos imperativos da *habilidade*, o segundo caso, o dos imperativos da *prudência*, o terceiro, o do imperativo da *moralidade*.

A habilidade ordena, nos diz Kant, em vista de um fim "possível". O que isso quer dizer? Se estaria tentado a traduzir "possível" por "qualquer"; e, de fato, os dois exemplos de "habilidade" dados por Kant (as prescrições que o médico deve seguir para curar seu doente e aquelas que o envenenador deve seguir para matá-lo) tendem a estabelecer que a habilidade enquanto tal é perfeitamente indiferente à qualidade do fim: "que o fim seja racional e bom, evidentemente não é disso que se trata, mas somente do que é preciso fazer para atingi-lo" (p. 126). No entanto, um pouco acima, Kant se empenhará em dar um sentido mais rigoroso à "possibilidade" do fim: é um alvo "possível" para a vontade tudo o que é possível apenas pelas forças de um ser racional" (p. 126). Mas seria passar de uma possibilidade lógica (a única que está em causa na distinção das modalidades) a uma possibilidade real (o que, por um lado, não advém necessariamente e é, por outro lado, suscetível de ser realizado). A habilidade não consiste nem em fazer vir-a-ser o que de qualquer maneira viria a ser segundo as leis da natureza, nem em desejar o impossível: a ação hábil é, negativamente, a que não é nem supérflua nem quimérica. Mas Kant não se engaja verdadeiramente numa análise desse gênero, sem dúvida porque a questão de saber se o alvo é realizável ou não depende da teoria e não da prática. Ora, consideramos aqui a relação entre a vontade e o mandamento da razão, logo uma relação *prática*.[9] Reteremos, pois, que o fim em relação ao qual a habilidade ordena é um fim que é e permanece contingente para a vontade: mesmo quando o fim foi escolhido, trata-se de um fim que permanece indiferente tanto à essência da vontade quanto à sua situação natural, que é, para um ser racional e finito, estar submetido tanto à lei da razão quanto às inclinações da sensibilidade. Encontramos assim, por um novo viés, a idéia de que o fim da habilidade é moralmente neutro. Mas ele acrescenta a idéia de que os interesses da *natureza* humana não se encontram mais comprometidos que aqueles da *razão* nos imperativos indefinidamente multiplicáveis da habilidade.

---

[9] Em um sentido amplo, é *prático* "tudo o que é possível por liberdade" (*Crítica da Razão Pura*, "Metodologia Transcedental", Cap. II, A 800, B 828), o que inclui igualmente a ação técnica e a ação moral.

Não ocorre o mesmo com a *prudência*, cujos imperativos não são problemáticos mas assertóricos, no sentido em que visam um fim que é o fim *real* de todos os homens, a saber, a felicidade: a prudência é "a habilidade na escolha dos meios que nos conduzem à nossa própria felicidade (*zum eigenen Wohlsein*)".[10] Que todos os homens busquem a felicidade, é um fato. Que este fato não seja somente constatável mas demonstrável a partir da "essência" do homem, de onde se segue uma "necessidade natural" (p. 127), não basta para elevar o imperativo da prudência ao nível apodítico. Pois, se é possível compreender que um ser, ao mesmo tempo racional *e* sensível, busca necessariamente a felicidade, visto que a felicidade não é diferente da unidade das inclinações da sensibilidade requerida pela razão, esta imbricação da razão e da sensibilidade no homem, que Kant chama a "finitude" do homem, depende de uma facticidade fundamental que impede atribuir aos imperativos da prudência uma modalidade distinta da assertórica.

A bem da verdade, não é esse o ponto que interessa a Kant, mas o fato de o imperativo da prudência permanecer um imperativo hipotético, uma regra que apenas tem sentido para uma vontade heterônoma, pois incapaz de satisfazer os requisitos previamente definidos da moralidade. Do ponto de vista da moralidade, seu caráter assertórico não confere à prudência nenhum privilégio em relação à habilidade. Antes, a passagem da habilidade à prudência não pode nem mesmo ser considerada como progressão, ao menos lógica, que nos

---

[10] Página 128, [no original francês] trad. Delbos modificada. Aqui, *"Wohlsein"* é praticamente sinônimo de *"Glückseligkeit";* a expressão *"bien-être"* ["bem-estar"] nos parece muito fraca em francês, muito vinculada a um sentimento físico.

elevaria do indeterminado ao determinado. Pois "o conceito de felicidade é tão indeterminado que, malgrado todo homem deseje alcançá-la, ninguém nunca pode dizer em termos precisos e coerentes o que verdadeiramente deseja e quer" (p. 131). A razão disso é que, na multiplicidade infinita dos elementos empíricos que podem contribuir para a obtenção do sentimento subjetivo de felicidade, nenhuma unidade racional se deixa discernir: seria preciso ser onisciente para dominar o que é, na melhor possibilidade, apenas uma totalidade empírica cuja unidade, permanecendo "usurpada", se se pretendesse elevá-la ao nível de conceito,[11] seria somente um "ideal da imaginação" (p. 133). Isso explica que os imperativos da prudência não possuam nem a precisão analítica das regras da habilidade, nem a clareza apodítica do imperativo categórico: é por isso que, no caso da prudência, convém falar antes em "conselhos" do que em "mandamentos".[12]

Se teria a tendência a considerar os "conselhos da prudência" como "problemáticos", embora sejam ditos assertóricos. Com efeito, eles são problemáticos em seu conteúdo,

---

[11] No início da "Dedução Transcedental" (*Crítica da Razão Pura*, A 84, B 117), Kant fala dos "conceitos usurpados, como os de *felicidade, destino* etc., que circulam com indulgência quase geral". Não há contradição entre esse texto e o "Cânon da razão pura" (A 800, B 828), onde Kant nos diz que "na doutrina da prudência, é obra da razão unificar todos os fins que nos são propostos por nossas inclinações em um único – a *felicidade* – e assegurar a harmonia dos meios próprios para atingí-lo". Pois aqui a razão não tem outro uso que "regulador" (*ibid.*): a unidade dos fins em apenas um é visada, não conhecida. A felicidade não é mais uma idéia da razão, pois o ideal que representa está "fundado unicamente em princípios empíricos" (*Fundamentação...*, p. 133).

[12] Cf. o texto da *Fundamentação...*, p. 133; *Crítica da Razão Prática*, p. 64.

ou seja, na relação que instituem entre meios e fim. Mas é preciso lembrar que Kant não visava a relação entre meios e fim na distinção entre imperativos problemáticos e assertóricos, mas o modo de existência do fim: sempre dado no caso da prudência, simplesmente possível no caso da habilidade. Uma crítica mais pertinente, já que Kant a endereçará mais tarde a si mesmo, concerne de forma geral à utilização do vocabulário da moralidade para distinguir os imperativos entre si. Se poderia duvidar que os imperativos, que são "proposições práticas", decorrem de distinções modais que resultam da tábua dos juízos teóricos. Além disso, a própria noção de imperativo evoca a idéia de uma necessidade que, por ser prática e não teórica, não parece menos inconciliável com a idéia de simples possibilidade. Também não surpreende que em uma nota à primeira redação da Introdução à *Crítica do Juízo*, Kant sinta como "contradição" *in adjecto* a expressão "imperativo problemático" e propõe, então, chamar as regras da habilidade "imperativos técnicos", ou seja, "imperativos da arte", o que lamenta não ter feito na *Fundamentação da Metafísica dos Costumes*.[13]

Na realidade, a *Fundamentação...* já propunha tal terminologia sem, contudo, a privilegiar, e que se tornará dominante nas obras ulteriores: "se poderia chamar os imperativos do primeiro gênero *técnicos* (se reportando à arte), os do segundo gênero *pragmáticos* (se reportando à felicidade), os do terceiro gênero *morais* (se reportando à livre conduta em geral, ou seja, aos costumes)".[14] Mais característico ainda é o fato de a versão publicada (1790) da Introdução à *Crítica do*

---

[13] P. 178 da edição Weischedel (I. Kant, *Werke in sechs Bänden*, vol. V, Wiesbaden, 1957).

[14] *Fundamentação...*, trad. Delbos modif., p. 129.

Juízo renunciar à expressão imperativo e opor, entre as prescrições (*Vorschriften*), as que são "técnico-práticas" e constituem *regras* (tanto da prudência quanto da habilidade) e as que são "ético-práticas" (*moralisch-praktisch*)[15] e merecem apenas o nome de *leis*,[16] pois comandam por si mesmas "sem referência prévia a fins e propósitos". No fundo, a evolução do vocabulário kantiano não está longe de dar razão ao uso popular que associa espontaneamente as noções de necessidade e incondicionalidade à noção de imperativo e, sob a influência difusa do kantismo, atualmente sente como pleonástica a expressão imperativo categórico, como se um imperativo que não comanda senão "sob condição" e não exprime, pois, a necessidade de uma lei não fosse bastante imperativo para merecer este título.

Mas a evolução da terminologia kantiana entre a *Fundamentação da Metafísica dos Costumes* e a *Crítica do Juízo* não se limita a algumas retificações semânticas. Ela não modifica por isso o conteúdo da doutrina, mas enfatiza as intenções e, talvez também, como veremos, os subentendidos polêmicos. A tripartição dos imperativos na *Fundamentação*... é claramente substituída nas duas versões da Introdução à *Crítica do Juízo* por uma divisão dicotômica de proposições e de princípios práticos, dicotomia que tem ela mesma a função de excluir da "filosofia prática" tudo o que não decorre da lei moral. Na *Fundamentação*..., se poderia ainda estar inclinado

---

[15] Nos permitimos substituir o termo latino "*moralisch*" por seu equivalente grego, confome ao exemplo de Kant, que emprega a expressão "*Ethikotheologie*", para "teologia moral" (*Crítica do Juízo*, § 86).

[16] *Crítica do Juízo*, p. XIII e XVI-XVII. Encontramos a distinção entre princípios "técnico-práticos" e "ético-práticos" no opúsculo *Sobre o lugar comum*... (1793), última nota da 1ª seção.

a atribuir à prudência, sem esquecer que a tradição fez dela uma virtude, um lugar intermediário entre a habilidade e a moralidade.[17] Com a Introdução à *Crítica do Juízo*, não há mais dúvida possível: a prudência é inteiramente lançada para o lado da habilidade, de quem a prudência não será mais do que um caso particular. A prudência é reduzida ao estatuto de arte, de técnica,[18] cujas regras não se distinguem de outras regras técnicas senão pela circunstância antes agravante da indeterminação de seu fim.[19]

* * *

Interrompamos a análise dos textos de Kant para podermos perceber a exata medida do deslocamento decisivo que sofre o conceito de prudência. Dissemos que o conceito foi tomado de empréstimo da tradição. É preciso compreender de qual tradição. "*Klugheit*" é a tradução alemã do latim *prudentia*, que, por sua vez, traduz a palavra grega *phronêsis*, ao menos um de seus usos, aquele em que ela designa uma

---

[17] Cf. também, *Réflexions sur l'éducation* (curso de Pedagogia, de Kant, professado entre 1776 e 1787): "propriamente falando, a prudência é o que o homem adquire por último; entretanto, do ponto de vista do valor, ela ocupa o segundo lugar" (entre a habilidade, que ela "pressupõe", e a moralidade) (trad. A. Philolenko, p. 132; cf., também, p. 90).

[18] 1ª versão: "as prescrições pragmáticas, ou regras da prudência, ... estão também subsumidas às regras técnicas" (p. 178 W, nota); 2ª versão: "todas as regras técnico-práticas (ou seja, aquelas da arte e da habilidade em geral, ou mesmo, da prudência...)..." (p. XIII).

[19] Este ponto é fortemente lembrado na 1ª versão (p. 178 W, nota), mas ignorado na 2ª.

sabedoria orientada para a ação, por oposição à sabedoria contemplativa, mais habitualmente denominada *sophia* ou em latim, *sapientia*. De fato, dois conceitos aparentemente vizinhos da prudência, mas distintos, atravessam a tradição moral do Ocidente. O primeiro, atestado na literatura filosófica de língua latina, é o conceito estóico, aquele que Cícero define no *De officiis* como designando "a ciência das coisas a desejar e a evitar", *rerum expetendarum fugiendarumque scientia*.[20] Esta prudência, infelizmente amiúde confundida com o conceito platônico de sabedoria, é a que figura na lista das quatro virtudes cardiais transmitida ao Ocidente cristão pelo *De officiis* de Santo Ambrósio. É num contexto totalmente diferente, o da elucidação das virtudes *dianoéticas* e, no interior dessas virtudes, de uma oposição mais determinada em relação à noção de sabedoria *(sophia, sapientia)*, que é preciso situar o conceito aristotélico de *phronêsis*, o qual, sob a mesma denominação de *prudentia*, só aparecerá muito mais tarde na filosofia de língua latina. Lembremos somente, para a necessidade de nosso propósito, que a prudência aristotélica se distingue da prudência estóica pelos seguintes traços: a) ela não é ciência mas uma disposição, *habitus (hexis)*, prática (acompanhada, é verdade, de "regra verdadeira", o que a faz uma virtude intelectual); b) não assegura somente a retidão do fim mas também dos meios; c) ela se distingue da sabedoria, que é em si mesma seu próprio fim, na medida em que é ordenada ao bem do homem em geral e, em particular, daquele que a possui: o homem prudente é aquele que sabe reconhecer "o que lhe é útil".[21] De forma geral, "a prudência diz respeito ao que é útil para o homem".[22]

---

[20] *De officiis*, 1, 43, 153. Cf. von Arnim, *Stoicorum veterum fragmenta*, III, 262-83.

Não há dúvida de que é desta última tradição que Kant empresta seu conceito de prudência. Uma prova negativa disso nos é fornecida por um dos resultados do estudo de Klaus Reich, *Kant und die Ethik der Griechen*.[23] Klaus Reich estabeleceu que o início da primeira seção da *Fundamentação da Metafísica dos Costumes*, onde se pretende mostrar que somente uma boa vontade pode ser tomada por boa "no mundo e mesmo em geral fora dele" (p. 87), retoma, para lhe dar uma resposta profundamente diferente, o problema posto por Cícero, no livro I do *De officiis*, caps. 3-5, onde se procurava saber o que é "naturalmente digno de elogio", *natura ... laudabile*. A resposta de Cícero é: o *honestum* (I, 4, 14), ou seja, a virtude com suas quatro divisões cardiais que são a prudência, a justiça, a coragem e a temperança (cap. 5). Kant, que conhecia a obra de Cícero pela tradução e comentário de Christian Garve,[24] não tem dificuldade, na primeira alínea da primeira seção da *Fundamentação*..., em esposar a primeira parte – negativa – da argumentação de Cícero ou, com mais verossimilhança, de seu modelo estóico, Panécio. Os dons da natureza (talentos do espírito, qualidades do temperamento) não mais que os da fortuna (poder, riqueza, estima, saúde), a despeito de sua *utilidade* para o homem, não

---

[21] *Ética Nicomaquéia*, VI, 7, 1141b 5.

[22] *Magna Moralia*, 1, 34, 1197b 8; cf. a definição mais completa de prudência em *Ética Nicomaquéia*, VI, 5, 1140b 20.

[23] Tübingen, 1935, p. 27-33.

[24] *Ciceros Abhandlung über die menschlichen Pflichten in drei Büchern... übersetzt von Christian Garve*, acompanhado de *Anmerkungen zu Ciceros Buch von den Pflichten*, Breslau, 1783. Kant cita o comentário de Garve no opúsculo *Sobre o lugar comum*... (1793), última nota da 1ª seção.

podem ser qualificados como bons se a vontade que deles faz uso não é uma vontade boa.

Mas, na segunda alínea, Kant igualmente se recusa a considerar como "boas absolutamente" qualidades – chamadas comumente virtudes – às quais "os antigos" atribuíam um "valor incondicionado". E se recusa também a citar "a moderação nas emoções e paixões, o autodomínio, a capacidade da calma reflexão" *(Mässigung, Selbstbeherrschung, nüchterne Überlegung)*, as quais, "sem os princípios de uma boa vontade ... podem tornar-se muitíssimo más",[25] o que Kant ilustra com o exemplo do "autodomínio" de um criminoso. Klaus Reich mostra que se trata das três virtudes cardiais que Cícero enumera como "partes" do *honestum*: temperança, coragem, *prudência*.[26] O importante para nosso propósito é que Kant, aqui seguindo Cícero, interpreta a *prudentia-phronêsis* estóico-ciceroniana como simples qualidade da inteligência, *"nüchterne Überlegung"*, e não a identifica como *"Klugheit"*, prudência. O que permite, pois, pensar que a *Klugheit-prudência* de Kant não é a virtude cardial dos estóicos, mas a virtude dianoética de Aristóteles.

Tal hipótese é confirmada pelo fato de a prudência ser constantemente considerada por Kant na vizinhança da noção de *habilidade (Geschicklichkeit)*, ao ponto de não apare-

---

[25] [No original francês] trad. Delbos modificada, p. 89.

[26] Klaus Reich (*op. cit.*, p. 31) apresenta a seguinte hipótese: se a justiça não é citada aqui, é porque não se pode fazer mal uso dela e, para Kant, de uma forma ou de outra, ela aparece na definição de boa vontade. Aliás, é o que diz Kant expressamente no § 86 da *Crítica do Juízo*, a propósito da "sabedoria" divina que é a união em Deus da bondade e da justiça, pois, explica num acréscimo da 2ª edição, "bondade e justiça são qualidades morais" (B 414 = A 409).

cer, finalmente, senão como uma espécie desta última. Ora, era uma questão tradicional no aristotelismo – desde o livro VI da *Ética Nicomaquéia* – se perguntar em que a prudência *(phronêsis)* se diferencia da habilidade *(deinotes)*. Com efeito, a questão se colocava para Aristóteles uma vez que a definição de prudência insistia sobre seu aspecto "utilitário", para opô-la ao desinteresse e, na seqüência, à inutilidade prática da sabedoria *(sophia)*.

A comparação entre o livro VI da *Ética Nicomaquéia*, em particular o capítulo 13, e a passagem da segunda seção da *Fundamentação da Metafísica dos Costumes* permite facilmente discernir o que Kant toma emprestado, ao menos indiretamente, da tradição aristotélica e em que ponto decisivo dela se separa. A habilidade *(deinotes)* já era definida por Aristóteles como a capacidade de realizar facilmente os fins, ou seja, dado um fim, combinar os meios mais eficazes.[27] E acrescentava imediatamente, como mais tarde Kant, que a habilidade enquanto tal é indiferente à qualidade moral do fim: "se o fim é nobre, é uma capacidade digna de louvor, mas se é perverso, ela não é senão astúcia *(panourgia)*".[28] Dois traços distinguem a prudência da habilidade, dos quais o primeiro não será retido por Kant. A prudência enquanto tal não visa um fim determinado, "parcial" (κατὰ μέρος), mas é a faculdade de discernir "o que é bom para bem viver (πρὸς τὸ εὖ ζῆν)",[29] dito de outro modo, os meios próprios para alcançarmos a felicidade. Mas a segunda diferença entre a prudência e a habilidade é, segundo Aristóteles, que a pru-

---

[27] EN, VI, 13, 1144a 23.
[28] *Ibid.*, 1144a 26; cf. VII, 11, 1152a 11-14.
[29] *Ibid.*, 5, 1140a 26-28.

dência não existe sem virtude moral:[30] a prudência é uma habilidade virtuosa, é a habilidade do virtuoso. Na realidade, para Aristóteles, as duas diferenças se reduzem a uma, pois não há felicidade sem virtude, e já é preciso a virtude para distinguir a verdadeira felicidade das satisfações mais imediatas, mas necessariamente parciais procuradas por uma habilidade entregue a si mesma. O eudaimonismo aristotélico, fazendo da felicidade o fim natural do homem, e por isso legítimo, poderia se permitir integrar o momento *técnico* da escolha correta dos meios na definição da moralidade. Além disso, a originalidade de Aristóteles em relação ao eudaimonismo platônico consistia em reconhecer nesse momento técnico um componente não somente lícito, mas necessário da moralidade. Nossa boa vontade permanece platônica, nossa virtude moral permanece impotente se a prudência, virtude intelectual, não está presente para guiar, a cada passo, as escolhas que devemos fazer em vista do melhor. Se não há prudência sem virtude moral, tampouco há virtude moral *efetiva* sem prudência.[31]

Assim, para Aristóteles, a ruptura passa entre a habilidade de um lado, a prudência e a virtude moral de outro; mas a prudência conserva suficiente parentesco com a habilidade para que se possa ver nela um tipo de assunção moral desta última. É precisamente este parentesco que conduz Kant à conclusão oposta: a ruptura passará doravante entre a habilidade e a prudência de um lado, e a moralidade de outro. Por que Kant lança a prudência para fora da moralidade? Responder esta questão seria rescrever toda a filosofia prática de Kant. Mas essa observação talvez possa ser apresentada de outro

---

[30] EN, VI, 13, 1144a 27-36.
[31] Cf. acima, p. 101-3, 212-23, 278.

modo: a polêmica de Kant contra a doutrina tradicional da prudência contém *in nuce* a totalidade de sua filosofia prática.

Mesmo admirando a perfeita compreensão que Kant manifesta acerca da doutrina aristotélica da prudência, não se pode supor que dela tenha tido um conhecimento direto.[32] Os intermediários deviam ser Wolff e, mais indiretamente, Tomásio.[33] Mas o notável é que Kant encontra a doutrina originalmente aristotélica da prudência não somente por trás das simplificações de Tomásio, mas ainda, e sobretudo, por trás das atenuações e correções que a escola de Wolff tinha entendido fazer. Wolff, consciente do perigo do utilitarismo que todo eudemonismo comportava, acreditou esca-

---

[32] A despeito das fórmulas que evocam literalmente Aristóteles. Assim, nas *Réflexions sur l'éducation* (trad. Philonenko, p. 90): "a prudência é a faculdade que consiste em saber utilizar sua habilidade em consideração ao homem". Cf. Aristóteles, *Magna Moralia*, 1, 34, 1197b 8 (citado à p. 311).

[33] Na Alemanha, C. Tomásio foi o primeiro a desenvolver uma doutrina da prudência, a qual também chamava "pragmatologia", especialmente em sua *Introductio ad philosophiam aulicam* (Leipzig, 1688). Tomásio não empresta diretamente seu conceito de *prudentia* da tradição aristotélica, mas o faz por intermédio de Balthasar Gracian, cujo *Oraculo manual y arte de prudencia* (1647), traduzido para o francês em 1687 sob o título *L'homme de cour*, tinha sido comentado por Tomásio num curso em alemão no mesmo ano de 1687 (onde traduz *prudencia* por *"Klugheit"*). Cf. Borinski, K. *Balthasar Gracian und die Hofliteratur in Deutschland*, Halle, 1894, especialmente p. 23, 87-8; Wundt, M. *Die deutsche Schulphilosophie im Zeitalter der Aufklärung*, Tübingen, 1945, reimpr. Hildeshein, 1964, p. 26-8. Não há dúvida que o conceito kantiano de *"Weltklugheit"*, prudência mundana (cf. abaixo), deriva de Gracian, por intermédio de Tomásio, e que a própria *Antropologia* de Kant se inscreve na tradição dessa filosofia para pessoas do mundo conhecida, em alemão, sob o nome de *"Hofphilosophie"*.

par deste risco substituindo a noção de felicidade pela de *perfeição*, e a de necessidade moral pela de *obrigação*. Mas desde 1764, em seu *Estudo sobre a evidência dos princípios da teologia natural e da moral*, Kant mostrava que essa dupla inovação de nada servia. O conceito de perfeição é indeterminado e não permite, pois, conhecer o que deve ser procurado como perfeito.[34] Quanto à obrigação *(obligatio, Verdindlichkeit)*, é um conceito ambíguo. A fórmula "eu devo" (ich soll) pode, com efeito, significar: ou bem que eu devo fazer alguma coisa (como meio), se eu quero outra coisa como fim; ou bem que eu devo fazer alguma coisa (como fim), mesmo que eu não quisesse fazer outra coisa. O "sollen" exprime, no primeiro caso, a necessidade dos meios *(necessitas problematica)*, no segundo caso, a necessidade de um fim *(necessitas legalis)*.[35] Mas a necessidade problemática não é uma verdadeira necessidade, visto que apenas indica os meios de atingir um fim que é, por si mesmo, contingente: trata-se, no máximo, de diretivas *(Anweisungen)* para um comportamento hábil. A verdadeira obrigação não resulta da adaptação dos meios ao fim (pois só um fim pode ser obrigatório), mas da subsunção de uma ação particular sob a regra geral das ações boas.[36]

---

[34] Essa crítica será expressamente retomada no fim da 2ª seção da *Fundamentação da Metafísica dos Costumes*, no parágrafo intitulado "Classificação de todos os princípios possíveis da moralidade segundo o adotado conceito fundamental da heteronomia, tal como definimos" (trad. Delbos, p. 175). Mas, como vimos, o mesmo argumento já tinha sido utilizado para negar ao conceito igualmente "indeterminado" de felicidade a capacidade de fundar "um imperativo que possa comandar, no sentido estrito da palavra" (p. 133).

[35] Primeira edição, p. 96.

[36] *Ibid.*, p. 98.

Somente a necessidade do fim, ou *necessidade legal*, pode, por conseguinte, fundar a obrigação.

A distinção, posta desde 1764, entre a necessidade problemática e a necessidade legal prefigura, sem dúvida alguma, como o observa Delbos,[37] a distinção ulterior dos imperativos hipotéticos e categóricos. Mas é, sobretudo, interessante notar que esta distinção é, desde 1764, destinada a constranger o racionalismo wolffiano seja a adotar, *avant la lettre*, o ponto de vista kantiano (mas então seria preciso renunciar situar o princípio da moralidade num *objeto* da vontade, por mais apurado que possa ser o conceito de perfeição), seja recair na posição de Aristóteles, que tinha, ao menos, o mérito da clareza ao fazer da ação moral um *meio* em vista de um fim e, conseqüentemente, da prudência, espécie de habilidade, um dos componentes da moralidade.

* * *

Enquanto a análise de Kant, na *Fundamentação da Metafísica dos Costumes*, tendia a mostrar que os conselhos da prudência, como as regras da habilidade, somente valem para uma vontade heterônoma, logo, incapaz de ser dita boa em si mesma,[38] a Introdução à *Crítica do Juízo* se preocupava em

---

[37] *La philosophie pratique de Kant*, Paris, 1905, p. 99; Introdução à tradução da *Fundamentação...*, Paris, sem data, p. 23. Note-se que Kant retoma quase nos mesmos termos a argumentação da obra de 1764 no parágrafo do fim da 2ª seção da *Fundamentação...*, intitulado "A heteronomia da vontade como fonte de todos os princípios ilegítimos da moralidade" (trad. Delbos, p. 171).

[38] Dizemos "tendia a mostrar", pois isso se evidencia menos do contexto imediato do que do movimento geral da obra, que se eleva do requisito

mostrar que tanto as prescrições da prudência, como as da habilidade, não decorrem, a despeito da aparência, da filosofia prática mas da filosofia teórica. A primeira seção da Introdução (tanto na primeira versão quanto na versão publicada) precisa em que sentido a filosofia se divide em filosofia teórica e prática. Tal distinção é completamente "habitual",[39] embora se tenha feito "mal uso" dela até o momento, porque não se viu que tal divisão deve ser fundada sobre uma dicotomia no nível dos princípios. Mas como a filosofia contém, por definição, os princípios de conhecimento das coisas por *conceitos*, é, finalmente, no nível dos conceitos que se deve situar a divisão. Ora, há apenas dois tipos de conceitos que podem fundar, segundo princípios, a possibilidade de seu objeto: os conceitos de natureza e os conceitos de liberdade. Porque os predecessores de Kant não fizeram tal distinção, dispuseram no domínio da filosofia prática tanto os princípios técnicos quanto os princípios morais. Evidentemente, ambos são princípios práticos, se se entende por prático "o que é possível por liberdade" ou ainda, como é dito aqui, se se entende por "praticamente possível (ou necessário) tudo o que é representado como possível (ou neces-

---

"popular" da boa vontade (1ª seção) ao reconhecimento da "autonomia da vontade" como "princípio supremo da moralidade" (3ª seção). A passagem da 2ª seção sobre os imperativos é surpreendentemente descritiva e neutra, e dá por estabelecido que somente o imperativo categórico pode ser reconhecido como "imperativo da moralidade". Mas para compreender perfeitamente este ponto, é preciso ter presente ao espírito os argumentos ainda "populares" da 1ª seção, que confirmarão a argumentação crítica da 3ª seção.

[39] *Crítica do Juízo*, p. XI. Essa distinção, que estrutura a sistematização wolffiana, remonta à distinção aristotélica das ciências teoréticas e práticas.

sário) para a vontade".⁴⁰ No entanto, a questão é saber se o conceito que dá sua regra à causalidade da vontade é um conceito de natureza ou um conceito de liberdade. Dizer que, na prática, tudo é determinado por conceitos é repetir de outra maneira o que diz a *Fundamentação da Metafísica dos Costumes*, no início da passagem sobre os imperativos, a saber, que a ação dos seres racionais – a única que merece a denominação de prática – não é determinada por leis, como os mecanismos da natureza, mas por *representação* das leis. O que não impede que a lei, cuja representação determina a ação de um ser racional, seja uma lei da natureza. Assim, se eu decido construir uma ponte, minha ação será determinada, a cada passo, pela representação das leis da mecânica e da resistência dos materiais. Percebe-se imediatamente que não se pode confundir este caso com aquele onde a ação é determinada somente pelo conceito de liberdade (excluindo todo móbil tirado da natureza), conceito que não mais dá lugar a *regras* (que são a aplicação de uma lei que lhes é anterior), mas imediatamente a *leis*, que são as leis da moralidade. É preciso, por conseguinte, distinguir entre as regras técnico-práticas (as regras da habilidade e da prudência) e as prescrições ético-práticas que, somente no caso da prática, podem reivindicar o título de leis. As primeiras são apenas simples "corolários da ciência da natureza".⁴¹ Como precisava a primeira redação da Introdução, trata-se de "aplicações de um conhecimento teórico", exatamente como a resolução de um problema de mecânica é pura e simples aplicação dos teoremas desta ciência.⁴²

---

⁴⁰ *Crítica do Juízo*, p. XII.
⁴¹ *Ibid.*, p. XV.
⁴² Ed. Weischedel, p. 176, 174. Cf. *Crítica da Razão Prática*, 1ª Parte, l. I, Cap. I, § 3. Conferir II, p. 46, nota.

Observe-se que Kant esposa, para caracterizar as relações entre teoria e prática na ordem técnica, uma concepção que domina a filosofia dos Tempos Modernos, desde Bacon e Descartes, segundo a qual a ciência da natureza torna-se imediatamente "operativa" ou "prática" a partir do momento em que o homem leva em consideração os processos naturais, após ter-lhes desmontado o mecanismo, para os utilizar em seus fins: "o que era princípio, efeito ou causa na teoria torna-se regra, fim ou meio na prática".[43] Kant partilha do otimismo tecnológico que esperava da ciência que ela permitisse ao homem se tornar "mestre e possuidor da natureza". No início do opúsculo *Sobre o lugar comum...*, Kant mostrará que, sempre na ordem técnica, os supostos malogros da prática (por exemplo, o fracasso do artilheiro em acertar seu alvo) são devidos à insuficiência da teoria. Se a técnica é apenas ciência aplicada, ao menos em seus princípios ela depende inteiramente da teoria. Não há razão para autonomizar, como parte "prática" da ciência, as regras de sua aplicação: a ciência já contém em si mesma "*Anweisungen*",[44] ou seja, seu próprio modo de usar; é, pois, absurdo falar – não por ser contraditório, mas por ser pleonástico – em "geometria prática", em "física prática" e, inclusive, em "psicologia prática".[45] A geometria prática é a prática da geometria aplicada à resolução de problemas.

Kant não retoma pois o postulado da unidade da teoria e da prática que caracteriza, desde o início dos Tempos Modernos, a concepção técnica e operativa do saber científi-

---

[43] Bacon, F. *Novum Organum*, I, 3º Aforisma sobre a interpretação da natureza e o reino do homem.

[44] 1ª versão da Introdução à *Crítica do Juízo*, ed. citada, p. 176.

[45] *Ibid.*, p. 176-7.

co, *mas adverte contra a extensão deste postulado à totalidade da prática*. Com efeito, a tentação era grande – e a filosofia das luzes pareceu ter sucumbido a ela – em esperar dos progressos do saber científico a solução dos problemas morais. Do mesmo modo que a física nos torna mestres e possuidores da natureza – de uma natureza, a bem da verdade, previamente regulada pela razão para responder a seu projeto *(Entwurf)*[46] –, assim também se poderia imaginar que uma psicologia suficientemente científica pudesse tornar o homem mestre e possuidor de sua própria natureza. Numa época em que a técnica se alça, se assim se pode dizer, ao posto de "corolário", até mesmo de simples "escólio"[47] da ciência, se pode imaginar a transmutação decisiva que faria da prudência – arte ainda incerta segundo Aristóteles – uma "arte de viver" doravante científica, proporcionando a cada um uma felicidade que a ciência teria, enfim, determinado o conceito e da qual ela poderia, a partir de então, definir univocamente as condições ótimas de produção. Assim seria realizado o ideal que Kant acreditava já realizado pelos imperativos da habilidade, mas duvidava, é verdade, que alguma vez se pudesse dizer o mesmo para os da prudência: aquele que faria da prudência, não somente de direito, mas de fato, proposições analíticas[48] resultando do puro e simples exercício de um saber.

Essa descrição pode parecer caricatural. Ela corresponde, no entanto, a uma evolução aparentemente irresistível, contra a qual Kant será o primeiro a resistir. Enquanto para Aristóteles a filosofia prática mantinha relativa autonomia em

---

[46] É o que diz, ao menos em alemão, a célebre passagem sobre a revolução copernicana do Prefácio à 2ª ed. da *Crítica da Razão Pura*.

[47] Introdução à *Crítica do Juízo* (1ª versão), p. 177.

[48] *Fundamentação...*, trad. Delbos, p. 133.

relação à filosofia teórica, em razão da contingência insuprível de seu objeto, a entrada progressiva no campo do saber científico de domínios até então reputados contingentes, tal como o das condutas humanas, tendia inevitavelmente a fazer da filosofia prática pura e simples aplicação da teoria. É assim que Wolff, tirando as conseqüências dessa evolução, declarava sem circunlóquios que "a filosofia prática universal retira seus dogmas da ontologia, da psicologia, da cosmologia e da teologia naturais, isto é, do conjunto da metafísica, à qual deve, por conseguinte, estar subordinada toda a filosofia prática".[49]

Para lutar contra o que chama "um mal-entendido repleto de inconvenientes",[50] Kant não fará outra coisa senão esvaziar a filosofia prática de todo o conteúdo tradicional: a arte política (que ele chama *"Staatsklugheit"*), a economia política, a economia doméstica, a arte das relações com o outro, a dietética (tanto da alma quanto do corpo) e, por fim, "a teoria geral da felicidade", tudo o "que contém, em suma, apenas regras da habilidade"[51] é atribuído à filosofia teórica. Um campo virgem se abre, então, à filosofia prática: o dos princípios *a priori* que tornam possível, fora de todo cálculo de heteronomia, uma autodeterminação da vontade.

Note-se ainda o papel crucial desempenhado nessa argumentação pela confrontação com a doutrina tradicional da prudência. Que as regras técnicas da habilidade sejam um corolário da ciência, é um lugar comum desde Descartes e

---

[49] *Philosophia civilis*, I, § 4. Cf., também, Wolff, C. *Philosophia practica universalis methodo scientifica pertractata* (1738-39), § 114: *"Posita hominis rerumque essentia atque natura, ponitur etiam naturalis obligatio"*.

[50] Introdução à *Crítica do Juízo* (1ª versão), p. 173.

[51] *Ibidem*, e, na versão publicada, p. XIV.

Bacon, mas é Kant quem extrai a conseqüência radical desta constatação. Considerar a moral como arte, combinar os meios mais adequados para alcançar a felicidade – ou, como para Wolff, para "nos tornarmos, nós mesmos e nosso estado, mais perfeitos"[52] –, não é somente pressupor que se está destinado a uma vontade heterônoma, é também, do ponto de vista daqueles que mantêm esta teoria, subtrair à moral toda especificidade e, no limite, toda existência: pensar a moral como arte, isto é, como técnica é, na lógica dos Tempos Modernos, fazê-la subproduto de uma ciência ela própria já tecnicizada. Para restituir à prática sua autonomia, é preciso começar por libertá-la de todo compromisso com a técnica, ou seja, com a teoria. À falsa mediação entre teoria e prática, que parecia oferecer uma técnica mas que, de fato, pertence inteiramente à teoria, é preciso opor a total independência da prática em relação à teoria. À falsa concepção prudencial de uma razão prática como *"recta ratio agibilium"*,[53] que não seria senão a finalização em vista de um fim denominado "bem" (e mais particularmente "bem do homem"), de uma razão teórica já constituída segundo outros princípios, é preciso opor a concepção de uma razão que seja prática imediatamente e por si mesma. É tudo isso que está em jogo e que emerge progressivamente na rejeição de Kant de uma doutrina *moral* da prudência.

* * *

---

[52] Wolff, Chr. *Vernünftige Gedanken von der Menschen Tun und Lassen* (1720), 1. Teil, 1. Kapitel.

[53] É a definição que oferece Tomás de Aquino da prudência *(Summa Theologiæ,* II^a, II^æ, q. 47, a. 2, *sed contra).*

Se Kant exclui da moralidade a prudência e se recusa a fazer dela, como os Antigos, uma virtude ou um componente da virtude, por outro lado não conceberá esta qualidade como fictícia nem mesmo como negligenciável. Mesmo se os conselhos da prudência não dependem da filosofia prática, a prudência não se vê menos reconhecida de um estatuto particular, que Kant designa geralmente pelo nome de *pragmática*, para opô-la à prática no sentido estrito. A definição mais elaborada deste termo é dada, como vimos, na primeira versão da Introdução à *Crítica do Juízo*, onde Kant nomeia "pragmáticos" os princípios da ação livre, mas não determinada apenas pelo conceito de liberdade. Contudo, já na *Crítica da Razão Pura*, no início do capítulo sobre o cânon da razão pura, opunha às leis morais, que são produtos da razão pura e pertencem, pois, ao uso *prático* da razão, as leis *pragmáticas*, que são certamente, elas também, leis de nossa livre conduta, mas que não são determinadas *a priori*, visto que visam "nos fazer atingir os fins que nos são recomendados pelos sentidos". E já mostrava que é isso que acontece "na doutrina da prudência", onde a razão "não pode ter senão um uso regulador" e "não serviria senão para operar a unidade de leis empíricas".[54]

Na *Fundamentação da Metafísica dos Costumes*, vimos que Kant chama "pragmáticos" os imperativos da prudência. Aqui ele define mais simplesmente "pragmático" como "se reportando ao bem-estar". Mas, em nota, acrescenta: "pare-

---

[54] *Crítica da Razão Pura*, A 800, B 828. Mais tarde, Kant recusará o título de "leis" ao que chama aqui "leis pragmáticas"; na *Crítica da Razão Prática*, as chamará "prescrições" (*Vorschriften*) ou "regras": cf. 1ª Parte, l. I, Cap. I, § 1, p. 37; *Crítica do Juízo*, Introdução, p. XIII e ss.

ce-me que a verdadeira significação da palavra *pragmático* pode ser determinado de maneira mais exata", e se referir a um uso jurídico ou mais exatamente político (veremos que o empréstimo tem sua significação), segundo o qual "chamam-se pragmáticas as *sanções* que decorrem propriamente não do direito dos Estados como leis necessárias, mas da *prevenção* pelo bem-estar geral".[55] Kant se refere igualmente à noção de "história pragmática", ou seja, de uma história composta em vista da utilidade.[56] O primeiro desses usos é o mais esclarecedor: ele evoca uma concepção "pragmática" da política, pela qual convém *prevenir* os perigos possíveis, excluído de todo formalismo jurídico, em vez de esperar o evento para, então, combater-lhe os efeitos pela aplicação da lei. Tal atitude previdente e precavida era, de resto, significada pelo latim *prudens* (que é, como lembra Cícero, uma contração de *providens*),[57] o único sentido que permanece no uso corrente no francês *prudent*.[58] Mesmo se, em alemão, esta prudência se diz *Vorsicht* e se *Klugheit*, retida pela terminologia filosófica, evoca, antes, o elemento intelectual da prudência, vê-se

---

[55] *Fundamentação*..., p. 129, Delbos, nota.

[56] A *história* é escrita pragmaticamente quando nos torna *prudentes*, quer dizer, quando ensina ao mundo atual a maneira de assegurar a sua melhor vantagem ou pelo menos tão bem como o mundo das gerações passadas" (p. 129 Delbos, nota). Esta noção é largamente atestada no século XVIII alemão; cf., no que concerne à história pragmática da filosofia, Braun, L. *Histoire de l'histoire de la philosophie*, Paris, 1973, Cap. III.

[57] Cf. *Rep.*, VI, 1; *De nat. deor.*, II, 22, 58; *De divin.*, I, 49, 111.

[58] O sentido também não estava ausente do grego *phronimos*. Aristóteles cita como exemplo de "prudente" Péricles, tipo de político "pragmático" (EN, VI, 5, 1140b 7).

que a constelação semântica constituída em torno do latim *prudentia* sobrevive de algum modo na transposição alemã.[59] A *Critica da Razão Prática* ignora o conceito de "pragmático", sem dúvida porque esta obra, menos "popular" que a *Fundamentação da Metafísica dos Costumes*, se atém mais estritamente aos limites de uma filosofia *prática*. Enquanto a primeira redação da Introdução à *Crítica do Juízo* continua chamando pragmáticas as regras da prudência e técnicas as da habilidade, a versão publicada da Introdução ignora, por

---

[59] A sobrevivência se explica, sem dúvida alguma, pela persistência da doutrina tradicional das virtudes, menos esquecidas no tempo de Kant do que atualmente. É preciso observar, porém, que a palavra alemã *klug* se prestava à conjunção dos seguintes sentidos: "*klug*" se refere, com efeito, à inteligência, mas a inteligência prática, vizinha da habilidade cautelosa e da astúcia (por oposição a "inteligente" que, em alemão moderno, qualifica antes a inteligência teórica). *Klug* é, depois da tradução da Bíblia por Lutero, o equivalente grego de *phronimos*. A serpente é dita *klug*, ao menos em Mateus, X, 16: "*Seid klug wie die Schlangen und ohne Falsch wie die Tauben*" (citado por Kant em *Zum ewigen Frieden*, Apêndice I, início). As virgens prudentes, *phronimoi*, são ditas em alemão "*die klugen Jungfrauen*" (a respeito das quais nos perguntamos por que em francês são apresentadas como "virgens sábias", visto que suas virtudes são de previdência e precaução enquanto esperam o Senhor, *Mateus*, XXV, 1-13; cf. também *Mateus*, XXIV, 45). Além disso, enquanto *Intelligenz* (a qualidade dos "intelectuais") é amiúde arrogante, *Klugheit* é consciente de seus próprios limites: ela desconfia das teorias que Kant diria "especulativas", regras muito retas e por isso muito rígidas; quando é o caso, ela sabe limitar a si mesma ou, ao menos, limitar suas manifestações. No *Egmont* de Goethe, o duque de Alba diz de seu adversário Orange, rebelde "pragmático" e precavido, que é "*klug genug, nicht klug zu sein*" (4. Aufzug, Hamburger Ausgabe, t. IV, p. 426), o que poderia ser traduzido por: "suficientemente astuto para se fazer de imbecil", o que, na boca de um político, é evidentemente um elogio.

seu turno, o conceito de "pragmático": doravante não subsiste mais do que a dicotomia entre princípios técnico-práticos (sob os quais estão subsumidas as regras da prudência) e princípios ético-práticos. O desaparecimento do *pragmático* como gênero autônomo traduz, como vimos, a preocupação de Kant em chegar à separação clara entre filosofia teórica e filosofia prática, todos os princípios práticos que não os morais serão reportados como *técnica* ao lado da teoria. O opúsculo *Sobre o lugar comum* (1793) ainda ignora a noção de pragmática, embora o assunto possa suscitá-la.

É apenas digno de nota que a consideração do "ponto de vista pragmático", que nunca esteve ausente dos cursos de Kant, especialmente seus cursos de pedagogia,[60] reaparecesse no título da última obra publicada por Kant em 1798: *Antropologia do ponto de vista pragmático*. Aqui, "pragmático" se opõe a "fisiológico": "uma doutrina do conhecimento do homem sistematicamente tratada (antropologia) pode sê-lo do ponto de vista fisiológico ou do ponto de vista pragmático. O conhecimento fisiológico do homem tende à exploração do que a natureza fez do homem; o conhecimento pragmático à exploração do que o homem, enquanto ser de livre atividade, faz ou pode e deve fazer de si mesmo".[61] A fórmula "o que o homem pode e deve fazer de si mesmo", em outra tradição, resumiria muito bem o domínio da moral, se é verdade que a moral visa, como para Aristóteles, à realização mais

---

[60] A cultura "pragmática" da prudência é uma das três tarefas da "educação prática" (por oposição à educação física), a qual deve desenvolver no homem a habilidade, a prudência, a moralidade (*Réflexions sur l'éducation*, p. 89 e 109).

[61] *Antropologia*, [no original francês] tradução Foucault modificada, p. 11.

acabada possível das virtualidades do homem.⁶² Mas sabe-se que para Kant não é assim, visto que a vontade que tende à realização de uma essência, na medida em que esta essência é a do homem, seria vontade heterônoma. O homem, ao menos o homem empírico, não é para si mesmo seu próprio fim; ele não está neste mundo para se realizar, mas para cumprir a lei moral, por isso se perde. Kant fala, é verdade, "do que o homem ... *deve* fazer de si mesmo". Então, a antropologia comportaria deveres? Dissemos antes que a constituição do conhecimento antropológico, como de todo conhecimento, assim como a prática deste saber, é um dever para aquele que é capaz disso. Mas isso resulta, como o mostra a *Fundamentação da Metafísica dos Costumes*, do próprio imperativo categórico: a máxima de deixar sem cultivar seus talentos naturais não é tal que um homem possa querer erigí-la em lei universal, "pois, enquanto ser racional, ele quer necessariamente que todos as faculdades estejam desenvolvidas nele porque elas lhe são úteis e lhes são dadas para todos os tipos de fins possíveis".⁶³ Motivo pelo qual Delbos tem razão ao escrever em nota à passagem sobre os imperativos hipotéticos: "se os fins aos quais as prescrições dizem respeito não podem por si mesmos se justificar absolutamente, eles podem, no entanto, sob certas condições e em certos limites, ser autorizados, e mesmo ser incluídos no cumprimento de nossos deveres. O desenvolvimento da habilidade faz parte do aperfeiçoamento de nossa natureza comandada pela lei moral...; do mesmo modo, a busca da felicidade é legítima, tanto quanto inevitável, enquanto ela não estiver em oposição com a lei moral; antes, a busca da felicidade pode ser um dever ao

---

⁶² Cf. EN, X, 7, 1178a 5-8.
⁶³ *Fundamentação...*, p. 141, Delbos.

menos indireto".⁶⁴ Dito de outro modo, se o imperativo categórico nunca deve se degradar em imperativo hipotético, seria contrário ao imperativo categórico, por negligência ou preguiça, deixar estiolar em nós nossa aptidão, maior ou menor segundo nossos dons naturais, ao invés de formular corretamente os imperativos hipotéticos, e isto sob uma única condição negativa: que os imperativos, seja pelo fim posto (no caso da habilidade), seja pelos meios ordenados (no caso tanto da prudência como da habilidade), não transgridam a lei moral. Existe, pois, o que se poderia chamar um dever pedagógico, que é o de cultivar em nós – e ajudar os outros a fazer o mesmo – a moralidade, é certo, mas também a habilidade e a prudência.⁶⁵ Dissemos simplesmente que a "antropologia do ponto de vista pragmático" se inscreve no propósito pedagógico de uma cultura "pragmática", ou seja, de uma cultura da prudência, visto que se trata de desenvolver, pela aquisição da experiência dos homens, nossa capacidade de satisfazer nossa propensão à felicidade.

A escolha deste meio – a experiência dos homens – por esta cultura pragmática pede, a bem da verdade, uma explicação, pois num primeiro momento não se vê em que medida a experiência dos (outros) homens é necessariamente requerida para a minha felicidade pessoal. Talvez explique o fato de o próprio Kant ter encontrado sua felicidade, como relatam seus biógrafos, na prática refinada da sociabilidade, porém isto não é o bastante para justificar esse deslizamento. Ora, tal deslizamento é atestado tanto na *Antropologia*, onde o ponto de vista pragmático consiste em apreender o homem como "cidadão do mundo" (*Weltbürger*), quanto nas *Réfle-*

---

⁶⁴ *Fundamentação...*, ed. Delbos, nota de V. Delbos à p. 129.
⁶⁵ Cf. acima, p. 275, n. 79.

xions sur l'éducation, para a qual a cultura pragmática da prudência é destinada a formar no homem o cidadão.[66] Qual a razão dessa mediação política ou cosmopolita, onde se tratava aparentemente de uma pedagogia da felicidade individual? Não sei se é possível responder de forma inteiramente racional esta questão. Em todo caso, esse deslizamento vem de longe, se assim se pode dizer. Foi preparado, sem dúvida alguma, pelas implicações políticas que as noções grega e latina de *phronimos* e de *prudens* contêm.[67] De qualquer modo, as sucessivas definições apresentadas por Kant acerca da prudência se orientam progressivamente nesse sentido. Numa passagem da *Fundamentação*..., a "prudência, no sentido mais

---

[66] *Réflexions sur l'éducation*, trad. Philonenko, p. 89 ("Pela cultura da prudência, o homem é formado como cidadão (*Bürger*)", enquanto a cultura da habilidade desenvolve as capacidades do *indivíduo*), p. 82 (a cultura da prudência é "o que se chama *civilização*"; ela permite ao homem *"adaptar-se à sociedade humana"*). Que a antropologia, enquanto "pragmática", comporte "o conhecimento do homem como *cidadão do mundo* (*Weltbürger*)" (*Antropologia*, Prefácio, trad. Foucault, p. 11), não significa uma ampliação do ponto de vista de Kant, pois o cidadão que as *Réflexions sur l'éducation* queriam formar não era um cidadão de um Estado determinado, mas o cidadão em geral, logo o *"Weltbürger"*. A *Antropologia* lembra, por outro lado, que a "disposição pragmática", mesmo se seu fim não é a destinação do indivíduo, mas a de toda espécie humana, permanece, contudo, distinta da "disposição moral" *(ibid.,* p. 163).

[67] Para *phronimos*, cf. *A prudência em Aristóteles*, esp. p. 87-105. Lembramos acima que, se referindo ao uso popular, Aristóteles cita como exemplo de *phronimos* Péricles, e nega tal qualidade a homens como Tales, Pitágoras, Parmênides, que antes merecem o título de sábios (*sophoi*) (EN, VI, 5, 1140b 7 e ss.). As implicações políticas da noção de *"Klugheit"* foram acentuadas, em alemão, pelo uso que Tomásio fez da noção, sob a influência de Gracian (cf., acima, p. 315, n. 33).

estrito", se confundia com a prudência privada, ou seja, "a habilidade na escolha dos meios que nos conduzem à nossa própria felicidade *(zum eigenen Wohlsein)*".[68] Mas numa nota a este texto,[69] Kant explicava que a prudência tem outro sentido, o da prudência mundana *(Weltklugheit)*, que significa "a habilidade de um homem para agir sobre seus semelhantes de forma a empregá-los em seus fins". Contudo, se ele privilegiava o primeiro desses sentidos é porque a arte de utilizar os outros homens para seus fins, para o homem que a possui, é tão somente um aspecto particular da arte de "fazer convergir todos os seus fins em direção à sua própria vantagem". A primeira versão da Introdução à *Crítica do Juízo* tentava unificar os dois sentidos numa única definição: "o que é a prudência senão a habilidade de utilizar, em seus próprios fins, além de homens livres, e mesmo entre estes, as disposições naturais e as inclinações que podem ser encontradas em si mesmo?".[70] Note-se que a redução de um dos sentidos da prudência a outro se faz na ordem inversa daquela que propunha a *Fundamentação*...: a habilidade para usar a si mesmo (prudência privada) não é mais do que um caso particular do uso dos homens em geral (prudência mundana).[71] Não sur-

---

[68] *Fundamentação*..., p. 128, trad. Delbos.

[69] *Ibid.*, nota da p. 127.

[70] Ed. Weischedel, p. 178, nota.

[71] Já se podia discernir, em Aristóteles, a tendência para identificar prudência privada e prudência política: assim, ele cita o "bom ecônomo" e o "bom político" para ilustrar a prudência em geral (ὅλως), e não somente a prudência particular (κατὰ μέρος) (EN, VI, 5, 1140b 7-11). A razão é que, para Aristóteles, a administração doméstica e o governo da cidade podem servir de paradigmas à administração ou governo de si mesmo: há analogia entre a experiência econômico-política e a expe-

preende então que a versão publicada da mesma Introdução não retenha mais do que a prudência mundana, visto que ali a prudência é definida como "habilidade para exercer influência sobre os homens e sobre suas vontades".[72] É este o sentido que prevalecerá em outros escritos de Kant.[73]

Não surpreenderá, pois, que a prudência, excluída da moralidade, reivindique ao menos um lugar no domínio onde o senso comum a associa o mais freqüentemente, a saber, a política. Mais exatamente, a política é sem dúvida o melhor lugar para pôr à prova a incompatibilidade afirmada por Kant entre moralidade e prudência. Por que na política o problema se põe com particular acuidade? Pode-se dar duas razões para isso. De um lado, a ação política está numa situação diferente da ação moral individual, mesmo que ela vise instaurar uma ordem moral: se a ação moral individual, em sua realização, se choca com obstáculos naturais, a ação política encontra resistência de outros homens. Então estaríamos tentados a pensar que a prudência como "habilidade para exercer influência sobre os homens" poderia encontrar, aqui, ocasião de colocar sua técnica a serviço da moralidade. Por outro lado, se um dos sentidos da incondicionalidade do imperativo categórico é comandar a ação de tal ou qual forma, sejam quais forem as conseqüências, o desinteresse pelos efeitos secundários de minha ação parece dever requerer um cor-

---

riência moral. A analogia entre política e prudência é de tal modo excluída por Kant que ele se dedicará a mostrar, como veremos, que a verdadeira política é a política *moral*.

[72] *Crítica do Juízo*, p. XIII.

[73] Especialmente nas *Réflexions sur l'éducation*, que assimilam *"Klugheit"* e *"Weltklugheit"*, e as definem como "a arte ... de saber usar os homens para nossos próprios fins" (p. 132; cf. p. 82, 89-90).

retivo na ordem política, onde o risco é o de provocar, com as melhores intenções, a infelicidade dos outros. Se o sujeito moral deve ser indiferente às conseqüências que lhe advenham do cumprimento do dever, por outro lado não tem nenhum direito de se desinteressar pelo que pode acontecer a outro em função do que faz, qualquer que seja sua intenção: como a imprudência e a imperícia são manifestamente faltas morais, haveria a tendência a conceber, entre a intenção moral e sua realização política, uma função legitimamente mediadora da prudência como escolha dos meios, não somente os mais eficazes, mas ainda os mais aptos a evitar dissabores aos outros, logo, uma prudência como a arte de assegurar, ao mesmo tempo que o reino da moralidade, a maior felicidade (ou a menor infelicidade) coletiva.

Kant estava suficientemente consciente desse problema para lhe consagrar o primeiro dos apêndices de sua obra *A Paz Perpétua* (1795), apêndice intitulado "Sobre o desacordo entre a moral e a política a respeito da paz perpétua". Kant se pergunta, nesse texto, se a paz perpétua deve ser buscada como meio em vista da prosperidade e da felicidade dos povos, ou se sua exigência deve ser imediatamente derivada da lei moral. No primeiro caso, se trataria de um problema técnico *(Kunstaufgabe, problema technicum)* decorrente da prudência política *(Staatsweisheit),* ou ainda do que Kant chama política moral.[74] A resposta de Kant à questão que ele mesmo se propõe é a que se poderia esperar: o problema político é um problema moral, não técnico; a política não é prudência, mas sabedoria, isto é, aplicação imediata da lei moral. Os argumentos pelos quais Kant justifica sua tese, no caso

---

[74] *Zum ewigen Frieden.* In: Kant, I. *Kleinere Schriften zur Geschichtsphilosophie, Ethik und Politik,* ed. Vorländer, p. 159.

particular do estabelecimento da paz perpétua, poderiam ser facilmente generalizados. Pode-se, parece-me, indicar três. Primeiro, se o direito (o direito internacional, que se trata de instituir) repousasse sobre o interesse (o interesse dos Estados em renunciar reciprocamente à violência), o sujeito do direito (cada um dos Estados) não lhe deveria obediência senão enquanto considerasse esse estado de direito como correspondendo a seu interesse. Segundo, se o problema político fosse considerado como um problema técnico, sua solução exigiria um conhecimento profundo da natureza; mesmo nesse caso, o resultado a esperar de uma solução cientificamente elaborada seria "incerto" (p. 159), dada a complexidade, e talvez mesmo a infinidade, de elementos empíricos que podem intervir entre a solução representada e sua realização. Terceiro, um princípio político fundado sobre "os caminhos tortuosos de uma doutrina imoral da prudência" (p. 157) seria suficientemente obscuro para favorecer as interpretações e autorizar, assim, todos os tipos de "escapatórias" e "disfarces"; ao contrário, um princípio político imediatamente fundado sobre o dever escapa a toda "sofística" (*Sophisterei*) (p. 158): "ele é claro para todo mundo, torna impossível toda combinação artificiosa *(künstelei)* e conduz diretamente ao fim" (p. 159).

Encontram-se aqui, aplicadas à solução de um problema político, as "vantagens", embora não fossem sua razão de ser, que Kant esperava de sua doutrina do dever. A lei moral exige de cada um obediência absoluta. Sendo incondicional, ela não pressupõe nem o conhecimento geral da natureza (que seria, de fato, inacabado) nem, em cada caso particular, a deliberação sobre os meios e a apreciação das conseqüências (que é, aliás, rigorosamente impossível, pois as conseqüências são infinitas, logo, imprevisíveis em sua totalidade). A moral é, assim, perfeitamente clara e não se presta a interpretação.[75]

APÊNDICE III 335

Assim, nem mesmo no domínio político Kant chega a reconhecer à doutrina da prudência – declarada aqui imoral – um estatuto positivo. A razão mais aparente é que, para ele, a prudência permanece ligada à busca de uma "vantagem",[76] ou seja, à satisfação de uma inclinação da sensibilidade e tal atitude é decididamente estranha à moralidade. Mas, além disso, a capacidade tradicionalmente reconhecida à prudência de escolher, entre os meios mais apropriados para realizar um fim supostamente moral, os únicos moralmente compatíveis com esse fim, uma tal capacidade permanece sem emprego para Kant, visto que a deliberação sobre os meios se vê sob suspeita de retardar e tornar, finalmente, "condicional" o cumprimento do dever, enquanto este exige o seu cumprimento, como o diz ao menos uma vez Kant, *"mit allem Vermögen"*,[77] ou seja, com toda força ou ainda por todos os meios. Certamente Kant exclui, por definição, os meios imorais. Mas o que fazer dos meios moralmente neutros que podem produzir secundariamente conseqüências que não se pode legitimamente desejar?[78]

---

[75] Sobre este último ponto, cf. *Crítica da Razão Prática*, 1ª Parte, l. I, Cap. I, § 8, p. 64: "o que se deve fazer, segundo o princípio da autonomia da vontade, é para o entendimento mais vulgar muito fácil de discernir e sem qualquer hesitação; o que há a fazer, sob o pressuposto da sua heteronomia, é difícil saber e exige o conhecimento do mundo; dito de outro modo, o que constitui o dever apresenta-se a cada qual por si".

[76] *A Paz Perpétua*, p. 151, Vorländer.

[77] *Sobre o lugar comum...* In: Kant, *Kleinere Schriften...*, Vorländer, ed. citada, p. 74.

[78] Pela célebre fórmula *Tu deves, logo tu podes*, Kant proíbe a subordinação do cumprimento do dever a especulações sobre sua realizabilidade: enquanto não se possa demonstrar que o cumprimento do dever é im-

Kant aparentemente pressentiu que esse último ponto era o mais fraco de sua doutrina. O formalismo da lei moral, com seus corolários que são a categorização do imperativo e o desinteresse tanto pelos meios quanto pelas conseqüências, corre o risco de conduzir à violência, especialmente no domínio político. O exemplo da Revolução francesa, em relação a qual Kant reconhecia a justo título a primeira tentativa de moralização da política,[79] estava lá para lembrá-lo que não é a prudência, mas o moralismo que, em política, conduz ao terror.[80] No entanto, o velho Kant numa passagem que não é das mais felizes, persiste em justificar o adágio *Fiat justitia, pereat mundus*, significando arbitrariamente por *mundus* "os maus no mundo" e comentando: "o mundo não perecerá pelo simples fato de que haverá alguns maus a menos".[81] Mas poderia ocorrer também que a idéia moral esmagasse

---

possível (e tal demonstração jamais seria dada cientificamente), "não posso trocar o dever (enquanto *liquidum*) pela regra da prudência que defende que não se trabalhe com o irrealizável (*Untunliche*) (pois é um *illiquidum*, na medida em que é pura hipótese)" (*Sobre o lugar comum...*, p. 108, Vorländer). Mas a noção de irrealizável ou impossível deveria ser diferenciada: não há somente a impossibilidade física (cuja invocação seria, com efeito, frouxidão), mas também impossibilidades, que se poderiam dizer, de conveniência (pode-se, como no célebre exemplo de Sartre, abandonar a mãe doente para lutar contra o opressor?), quer dizer, incompossibilidades, cujo desconhecimento seria irreflexão e, finalmente, imprudência.

[79] *O Conflito das Faculdades*, (1798), 2ª seção, § 6.

[80] Era precisamente uma das teses de Burke, que a Revolução Francesa, mesmo no início, pecou contra a prudência, cf. *Reflexões sobre a Revolução Francesa* (1790).

[81] *A Paz Perpétua*, p. 160-1, Vorländer.

em seu caminho, como Hegel ao menos o confessará, "muita flor inocente".⁸²

Kant, sem dúvida, responderia com o argumento da imprevisibilidade das conseqüências.⁸³ Mas facilmente se poderia retorquir que nem todas as conseqüências são igualmente imprevisíveis, que na falta de certeza há graus de probabilidade e que, por isso, a consciência moral popular continuará a *responsabilizar* a política, como de resto o sujeito moral em geral, pelas conseqüências dos atos que terá deixado de prever por distração, negligência ou simplesmente parvoíce.⁸⁴

---

⁸² *Leçons sur la philosophie de l'histoire*, Introd. e trad. de J. Gibelin, p. 40.

⁸³ É um dos argumentos que Kant usa em sua célebre discussão com Benjamin Constant, *Sobre o pretenso direito de mentir em nome da humanidade* (1797): se digo a verdade (respondendo ao criminoso que o homem que ele persegue está em minha casa), não sou responsável pelas conseqüências; se, ao contrário, minto por humanidade e, por exemplo, o homem perseguido, nesse ínterim, tenha saído à rua, onde seu assassino o encontrará, "eu poderia, com toda razão, ser acusado da autoria de sua morte" *(Kleine Schriften...,* ed. Vorländer, p. 203). O argumento, a bem da verdade, nunca convenceu ninguém, pois a probabilidade da conseqüência é bastante desigual nos dois casos e, em suma, numa situação limite, é preciso que o sujeito moral assuma alguns riscos, inclusive o de errar na previsão, por conseguinte, assume a responsabilidade (Max Weber verá aí o trágico do ofício político: o homem político é responsável pelas conseqüências de seus atos, mesmo as imprevisíveis). Em relação à moral individual e à moral política, Kant excluiu de forma conseqüente a possibilidade do conflito dos deveres, o que não o dispensaria de considerar o caso onde o cumprimento incondicional do meu dever corre o risco, por suas conseqüências, de lesar o outro, caso, pois, onde a inépcia e a imprudência podem ser culpáveis.

⁸⁴ É neste sentido que a reflexão sobre a essência do político levará Max Weber a opor à ética da convicção (*Gesinnungsethik*) a ética da responsabilidade (*Verantwortungsethik*) (*Politik als Beruf,* 1919, *ad finem*).

Contar com a Providência, como parece finalmente fazer Kant,[85] não dispensa o homem de fazer, antes de tudo, o que depende dele para que as conseqüências não contradigam a intenção e que a moralidade não se volte contra ele mesmo, ainda que provisoriamente.

* * *

Numa única passagem do Apêndice ao Projeto de *A Paz perpétua*, Kant parece fazer jus à nossa objeção. Após ter dito que, mesmo em política, só o princípio moral "conduz diretamente ao fim", ele acrescenta: "mas lembrando-se da prudência, a qual manda não buscar realizar este fim precipitadamente e com violência, mas dele se aproximar incansavelmente, levando em consideração as circunstâncias favoráveis".[86] Infelizmente, já era, sem dúvida, tarde demais em 1795 para que Kant pudesse tirar partido desse acréscimo à sua doutrina, não somente em sua filosofia política, mas também, e sobretudo, em toda sua filosofia prática. O problema teria sido o de articular, no seio mesmo da filosofia prática, a pragmática à prática, sem com isso alterar o conceito desta última. Essa tarefa teria, sem dúvida, parecido, até o fim, impossível a Kant, porque acreditava que a análise das condições de realização e, acrescentemos, de realização ótima da lei moral não repercute sobre a definição desta última. De fato, o exemplo de Aristóteles teria podido lhe mostrar que a

---

[85] *A Paz Perpétua*, p. 160-1 (fim da alínea), Vorländer.
[86] *Ibid.*, p. 159, Vorländer.

lei, tal como a régua de chumbo de Lesbos que se adapta às sinuosidades da pedra,⁸⁷ tende a integrar em seus enunciados a possibilidade de sua própria exceção, razão pela qual ela não se preocupa somente com sua própria retidão, mas com sua utilidade para os homens. Ao círculo hermenêutico, que faz com que, para Aristóteles, a lei deva autorizar sua própria interpretação em função das circunstâncias que ela é chamada a ordenar,⁸⁸ Kant opõe a linearidade inflexível do dever que, perfeitamente unívoco, escapa a toda interpretação.
Kant, certamente, considerou muitas vezes a possibilidade de uma casuística.⁸⁹ Mas esta casuística não tem outro objetivo que o de nos permitir reconhecer "se tal ação possível na sensibilidade é o caso, ou não, conforme à regra", ou ainda, "aplicar a uma ação *in concreto* o que diz a regra de uma forma universal *(in abstracto)*". Contudo, se terá reconhecido que nessa problemática, que encontra sua solução de princípio na "Típica do julgamento prático puro",⁹⁰ não se trata de condições de efetivação da máxima, mas somente de sua subsunção possível ou não a uma regra geral. A "Típica" fornece, graças à forma da lei natural, uma mediação entre a lei moral universal e a máxima das ações particulares; mas não se trata senão

---

⁸⁷ EN, V, 14, 1137b 29. Trata-se do capítulo onde Aristóteles mostra a necessidade da *eqüidade* para "corrigir" a rigidez da *justiça*, pois "do que é indeterminado, a regra também é indeterminada".

⁸⁸ Cf., especialmente, a propósito da passagem de Aristóteles citada na nota precedente, Gadamer, H.G. *Wahrheit und Methode*, Tübingen, 1962, § 301-2.

⁸⁹ Cf. principalmente *Metafísica dos Costumes*, IIª Parte, Introdução, § XVII e "Primeira divisão da Ética", fim da Introdução.

⁹⁰ *Crítica da Razão Prática*, p. 119. Cf. Marty, F. "La typique du jugement pratique pur". In: *Archives de Philosophie*, 1955, 19, p. 56-87.

de uma mediação lógica entre *enunciados*, e não de uma mediação real entre a moralidade e a natureza. O problema da harmonia ou desarmonia possível entre o fim e os meios, entre a intenção e as conseqüências, não é de forma alguma abordado; jamais será tematizado por Kant, porque ele nunca consentiu em ver nisso precisamente um problema.[91] Assim, a recusa de uma doutrina *moral* da prudência, recusa que não consegue compensar o reconhecimento de seu valor *pragmático*, priva Kant de toda mediação efetiva entre teoria e prática, entre liberdade e natureza. Além disso, a recusa dessa doutrina se confundia, para Kant, com a recusa dessa mediação. O que está em causa aqui não é, pois, a coerência do sistema kantiano, mas sua verdade. E esta verdade não pode ser medida fora das condições históricas da aparição do sistema kantiano. Kant é o primeiro filósofo que pensa, em sua radicalidade, a revolução científica que marcou o início dos Tempos Modernos. O saber não é mais compreensão do ser mas construção do objeto; a experiência sobre a qual o objeto repousa não é mais, como para os antigos, essa familiaridade com as coisas que, deixando-as ser como são, permite se orientar entre elas, embora ela seja a organização de um dado constrangido a se submeter a suas condições. Ora um tal saber, ignorando o ser das coisas como os seus fins,

---

[91] Kant diz expressamente a propósito da política, para a qual o problema parecia particularmente se colocar: "embora a política seja por si mesma uma arte difícil, a união da política com a moral não é, de modo algum, uma arte; pois a arte desfaz o nó que a política não pode desfazer, contanto que surja um conflito entre ambas... Não se pode transigir aqui *(man kann nicht halbieren)*, nem imaginar o intermediário que seria o direito pragmaticamente condicionado (a meio caminho do direito e do interesse)" *(A Paz Perpétua,* p. 162-3, Vorländer).

metodologicamente privado de todo alcance ontológico ou axiológico, embora mais apto à dominação técnica do mundo, a qual se confunde, a bem da verdade, com seu projeto, um tal saber não é de nenhuma ajuda quando se trata de dirigir a vida humana. A prudência aristotélica, virtude intelectual, era a unidade de uma certa teoria e da prática, o enraizamento da prática num saber suficientemente consciente de seus limites para procurar na sagacidade, mais do que na extensão e na potência, a condição de sua utilidade para o homem. Com os Tempos Modernos, e a despeito de alguns protestos, dos quais o mais notável é o de Vico,[92] a idéia de um saber prudencial, ou seja, de um saber que torna virtuoso e feliz quem o possui, parece contrário ao novo ideal de objetividade científica, que reduz o sujeito a não ser mais do que pura e simples condição de possibilidade dessa objetividade. Kant apenas extrai, com mais lucidez que outros, a conseqüência dessa "revolução": a teoria pode ter corolários "técnicos", mas jamais se poderá deduzir dela uma prática; a filosofia da ciência moderna pode ser uma filosofia operativa, mas ela jamais será uma filosofia prática.

A neutralidade axiológica do novo saber científico corre o risco de não deixar à ação humana outra alternativa que a de ser um fenômeno entre outros, cientificamente determinável e tecnicamente passível de construção ou, ao contrário, a de ser uma ilha de indeterminação e arbítrio. Por seu conceito de razão prática, ou seja, da determinação da vontade

---

[92] Especialmente em *De nostri temporis studiorum ratione* (1708). Sobre a atualidade desse texto para a reconstrução de uma "filosofia prática" no sentido aristotélico, cf. a obra sugestiva de W. Hennis, *Politik und Praktische Philosophie*, Neuwied-Berlim, 1963, notadamente, p. 53-4.

por uma racionalidade que não é, no entanto, a da objetividade científica, Kant soube escapar ao dilema do determinismo e do decisionismo. Mas não é possível solicitar de sua razão prática mais do que ela pode oferecer: se ela diz a cada passo o que não é para fazer, ela não nos revela, em nenhum caso, o impossível saber que, na monotonia indiferente dos fenômenos, nos permitiria discernir a ocasião propícia ou o perigo ameaçador e, então, permitir nossos esforços. O risco da moral kantiana é o mesmo que é inerente ao nosso mundo moderno, um mundo, no sentido rigoroso do termo, "imprudente", onde a proliferação dos meios, conseqüência do progresso científico, torna paradoxalmente cada vez mais difícil a previsão das conseqüências e, por conseguinte, incerta a realização adequada dos fins, mesmo os mais morais.

BIBLIOGRAFIA

Textos

Obras completas:
Aristotelis Opera, edição da Academia de Berlim, 5 vols., 1831-1870; em curso de reedição por O. Gigon. Berlim, De Gruyter, 1960 ss.

The Works of Aristotle translated into English, sob a direção de J. A. Smith e W. D. Ross. Oxford, University Press, 1908-1952, 12 vols. (o vol. IX compreende a *Ética Nicomaquéia*, por W. D. Ross, a *Magna Moralia*, por G. Stock, a *Ética Eudêmia* e o *De virtutibus et vitiis* por J. Solomon).

Aristoteles' Werke in deutscher Übersetzung, sob a direção de E. Grumach. Berlim, Akademie-Verlag, 1956 ss. (apareceram, notadamente, o vol. VI, *Ética Nicomaquéia*, por F. Dirlmeier, 1956, 2ª ed. 1960; e o vol. VIII, *Magna Moralia*, por F. Dirlmeier, 1958).

Commentaria in Aristotelem græca, edição da Academia de Berlim, 23 vols., 1882-1909 (encontram-se os comentários sobre a *Ética Nicomaquéia* nos vols. XIX-XX, a completar pelo vol. XXII. Para o livro VI só há o comentário de Eustrato, XX, 1, e a paráfrase atribuída a Heliodoro, XIX, 2).

Éticas:

Ética Nicomaquéia: Susemihl, Leipzig (Teubner), 1880; 3ª ed. por O. Apelt, 1912; Bywater, Oxford Classical Texts, 1894, reimpr. 1957; J. Burnet, Londres, 1900. Citamos a partir da edição de Bywater.

Ética Eudêmia: Susemihl, Teubner, 1884; Rackham, col. Loeb, 1935.

Magna Moralia: Susemihl, Teubner, 1883; Armstrong, col. Loeb, 1935.

Pseudo-Aristóteles, De virtutibus et vitiis, na seqüência das edições da Ética Eudêmia de Susemihl e de Rackham.

Edições parciais: Ética Nicomaquéia, livro VI, por L. H. G. Greenwood, Cambridge, 1909; livro VIII por L. Ollé-Laprune, Paris, 1882; livro X por G. Rodier, Paris, 1897.

Traduções francesas:

Éthique à Nicomaque, por R-A. Gauthier e J.-Y. Jolif. Paris-Louvain, Nauwelaerts, 1958; por J. Tricot, Paris, Vrin, 1959.

Da Éthique à Eudème e da Grande Morale só existe a tradução muito insuficiente de Barthélemy Saint-Hilaire. Paris, 1856 (La morale d'Aristote, t. III).

Comentários:

Comentários gregos: ver acima "Obras completas".

Santo Tomás de Aquino. In decem libros Ethicorum Aristotelis ad Nicomachum expositio. Ed. R. M. Spiazzi. Torino-Roma, Marietti, 1949.

Comentários modernos:

Ética Nicomaquéia: Além das edições e traduções já citadas de Burnet (1900), Dirlmeier (1956), Gauthier-Jolif, 3 vols., 1958-1959, acrescente-se: Joachim, editado por D. A. Rees. Oxford, 1951, 2ª edição 1955 (reprodução de um curso de 1902-1907). Comentários parciais: dos livros I e II por J. Souilhé e G. Cruchon in *Archives de philosophie*, 1930, VII; do livro VI por Greenwood, Cambridge, 1909; e do livro X por Rodier, Paris, 1897.

Magna Moralia, por F. Dirlmeier, 1958.

Outros textos de Aristóteles:

Utilizamos, além das *Aristotelis Opera* citadas acima:

Metafísica, edição de W. Jaeger, Oxford, 1957; e a tradução de J. Tricot, Paris, Vrin, 1953, 2 vols.

Organon: Tópicos e *Refutações Sofísticas*, edição de W. D. Ross, Oxford, 1958; e a tradução do *Organon* por J. Tricot, Paris, Vrin, 1936-1939.

Física, edição e tradução de H. Carteron. Coleção Budé. Paris, Les Belles Lettres, 1926.

Retórica, livros I e II, edição e tradução de M. Dufour. Coleção Budé. Paris, Les Belles Lettres, 1932-1938.

Política, livros I-III, edição e tradução de J. Aubonnet. Coleção Budé. Paris, Les Belles Lettres, 1960. Para o restante, a edição de F. Susemihl, revista por O. Immisch, Leipzig (Teubner), 1909; e a tradução alemã de O. Gigon (com uma importante introdução), Zurich, Artemis-Verlag, 1995; cf. também, atualmente, a tradução francesa de J. Tricot, Paris, Vrin, 1962.

Fragmentos, as edições de Rose, Leipzig (Teubner), 1886; de R. Walzer, Florença, 1934; de W. D. Ross, Oxford, 1955. A completar, atualmente, por I. Düring, *Aristotles' Protrepticus. An Attempt at Reconstruction*, Göteborg, 1961.

Estudos

NB: Para não tornar esta bibliografia pesada demais, não mencionamos as obras citadas em nosso estudo que só têm uma relação indireta com Aristóteles ou com o problema da prudência. Destas, a referência é feita nas notas.

A) Sobre a moral grega em geral

Festugière, A.-J., "Les trois vies" in *Acta Congressus Madvigiani*, Proceedings of the Second International Congress of Classical Studies. Copenhague, 1957, t. II, p. 131-74.

Festugière, A.-J., *Liberté et civilisation chez les Grecs*. Paris, Éd. de la Revue des Jeunes, 1947.

Gigon, O., *Grundprobleme der antiken Philosophie*. Berne, Francke, 1959; trad. francesa de M. Lefèvre, *Les grands problèmes de la philosophie antique*. Paris, Payot, 1961.

Grilli, A., *Il problema della Vita contemplativa nel Mondo greco-romano*. Milão-Roma, Bocca, 1953.

Jaeger, W., "Über Ursprung und Kreislauf des philosophischen Lebensideals", *Sitzungsberichte der preussischen Akademie der Wissenschaften*, philos.-hist. Kl., 1928. Citamos segundo a tradução inglesa de R. Robinson: "On the Origine and Cycle of the Philosophic Ideal of Life", publicada na seqüência da 2ª ed. de sua tradução de *Aristoteles*, Oxford, 1948. Texto alemão reproduzido em *Scripta*

Minora, I. Roma, Edizioni di Storia e Letteratura, 1960 (resenha de H. Margueritte, *Rev. Hist. Philos.*, 1930, 4, p. 98-104).

Joly, R., *Le thème philosophique des genres de vie dans l'Antiquité classique*. Mémoires de l'Ac. Royale de Belgique, Cl. des Lettres, 1956, LI, 3.

Pohlenz, M., *Griechische*. Heidelberg, Quelle u. Meyer, 1955; trad. francesa: *La liberté grecque*. Paris, Payot, 1956.

Robin, L., *La morale antique*. Paris, 1938.

Schaerer, R., *L'homme antique et la structure du monde intérieur d'Homère à Socrate*. Paris, Payot, 1958.

Schmidt, L., *Ethik der alten Griechen*. Berlim, 1882, 2 vols.

Schwartz, E., *Die Ethik der Griechen*, publicado por W. Richter. Stuttgart, 1951.

Snell, B., *Die Entdeckung des Geistes*. Hamburgo, Claassen, 1946, 3ª edição 1955.

Wundt, M., *Geschichte der griechischen Ethik*. Leipzig, 1908-1911, 2 vols.

B) Sobre a moral de Aristóteles em geral

Encontra-se uma bibliografia praticamente completa: a) até 1912, em O. Apelt, 3ª edição da *Eth. Nic.*, Teubner, 1912, p. XIII-XXIV; b) até 1959, em Gauthier e Jolif, *Eth. Nic.*, t. III, p. 917-40 (a completar com Dirlmeier, *Nik. Ethik*, 1960, 2ª edição, p. 255 ss.).

Allan, D. J., *The Philosophy of Aristotle*. Oxford, University Press, 1952; trad. alemã de P. Wilpert, Hamburgo, F. Meiner, 1955. Trad. francesa de C. Lefèvre, Louvain-Paris, Nauwelaerts, 1962.

Gauthier, R.-A., *La morale d'Aristote*. Paris, PUF, 1958.

Hamelin, O., "La morale d'Aristote", *Revue de Métaphysique et morale*, 1923, p. 497 ss.

Hegel, *Vorlesungen über die Geschichte der Philosophie, Werke*, t. XIV. Berlim, 1833; nova edição por H. Glockner (Jubiläumsausgabe), t. XVIII; reimpr., Stuttgart, 1959.

Jaeger, W., *Aristoteles. Grundlegung einer Geschichte seiner Entwicklung*. Berlim, Weidmann, 1923, 2ª ed. 1955. Trad. inglesa de R. Robinson, Oxford, Clarendon Press, 1934, 2ª ed. com acréscimos, 1948.

Léonard, J., *Le bonheur chez Aristote*. Mémoires de l'Ac. Royale de Belgique, Cl. des Lettres, 1948, XLIV, 1.

Mesnard, P., *La morale d'Aristote*. Argel, 1942.

Ollé-Laprune, L., *Essai sur la morale d'Aristote*. Paris, 1881.

Robin, L., *Aristote*. Paris, PUF, 1944.

Rodier, G., "Introduction" ao livro X da *Éthique à Nicomaque*. Paris, 1897, reproduzido em *Études de philosophie grecque*. Paris, Vrin, 1923, 2ª ed. 1957.

Ross, W. D., *Aristotle*. Londres, 1923, 6ª ed. 1955. Trad. francesa, Paris, 1926.

Wittmann, M., *Die Ethik des Aristoteles*. Ratisbonne, 1920.

Zeller, E., *Die Philosophie der Griechen*, II, 2. 5ª ed. por Wellmann, Leipzig, 1923.

C) Sobre as relações entre a moral e a metafísica de Aristóteles

von Armin, H., *Eudemische Ethik und Metaphysik. Sitzungsberichte der Wiener Akademie der Wissenschaften*, philos.-hist. Kl., 1928, 207, 5.

Aubenque, P., *Le problème de l'être chez Aristote. Essai sur la problématique aristotélicienne*. Paris, PUF, 1962.

Ravaisson, F., *Essai sur la métaphysique d'Aristote*, t. I. Paris, 1837, 2ª ed. 1913.

Régis, L.-M., *L'opinion selon Aristote*. Paris-Ottawa, 1935.

Riondato, E., *Storia e metafisica nel pensiero di Aristotele*. Pádua, Antenore, 1961.

Schuhl, P.-M., *Le dominateur et les possibles*. Paris, PUF, 1960.

Weil, E., "L'anthropologie d'Aristote", *Revue de Métaphysique et morale*, 1946, p. 7-36.

Weiss, H., *Kausalität und Zufall bei Aristoteles*. Diss., Bâle, 1942.

D) Sobre *phronêsis* e temas conexos

Allan, D. J., "The practical syllogism" in *Autour d'Aristote*. Paris-Louvain, Nauwelaerts, 1955, p. 325-42.

Allan, D. J., "Aristotle's Account of the Origin of Moral Principles", *Actes du XI*ᵉ *Congrès international de Philosophie*. Bruxelas, 1953, XII, p. 120-7.

Ando, T., *Aristotle's Theory of Practical Cognition*, prefácio de W. D. Ross. Kioto, edição do autor, 1958.

von Arnin, H., *Die drei aristotelischen Ethiken. Sitzungsberichte der Wiener Akademie der Wissenschaften*, philos.-hist. Kl., 1924, 202, 2.

von Arnin, H., *Das Ethische in Aristoteles' Topik. Sitzungsberichte der Wiener Akademie der Wissenschaften*, philos.-hist. Kl., 1925, 205, 4.

Demos, R., "Some Remarks on Aristotle's Doctrine of Practical Reason", *Philosophy and Phenomenological Research*, 1961, 22, p. 153-62.

Düring, I., "Problems in Aristotle's *Protrepticus*", *Eranos*, 1954, 52, p. 137-71.

Düring, I., "Aristotle in the *Protrepticus*" in *Autour d'Aristote*. Paris-Louvain, Nauwelaerts, 1955, p. 81-97.

Gadamer, H. G., "Der aristotelische Protreptikos und die entewicklungsgeschichtliche. Betrachtung der aristotelischen Ethik", *Hermes*, 1928, 63, p. 138-64.

Gillet, M., *Du fondement intellectuel de la morale d'après Aristote*. Tese, Friburgo, 1905, 2ª ed. 1928.

Kapp, E., *Das Verhältnis der eudemischen zur nikomachischen Ethik*. Diss., Friburgo-em-Brisgau, 1912.

Kapp, E., "Theorie und Praxis bei Aristoteles und Platon", *Mnemosyne*, 1938, 6, p. 179-94.

Kuhn, H., "Der Begriff der Prohairesis in der Nikomachischen Ethik" in *Die Gegenwart der Griechen im neueren Denken (Festschrift H. G. Gadamer)*. Tubingue, Mohr, 1960.

Kullmann, E., *Beiträge zum aristotelischen Begriff der "Prohairesis"*. Diss., Bâle, 1943.

Mansion, A., "Autour des Éthiques attribuées à Aristote", *Revue néo-scolastique de Philosophie*, 1931, 33, p. 80-107, 216-36, 360-80.

Mansion, S., "Contemplation and Action in Aristotle's *Protrepticus*" in *Aristotle and Plato in the Mid-Fourth Century* (Papers of the Symposium aristotelicum, Oxford, 1957), Göteborg, Almqvist & Wiksell, 1960 (Studia græca et latina Gothoburgensia, XI), p. 56-75.

Michelakis, E. M., *Aristotle's Theory of Practical Principles*. Atenas, Cleisionnis, 1961.

Monan, J. D., "La connaissance morale dans le *Protreptique* d'Aristote", *Revue philosophique de Louvain*, 1960, 58, p. 185-219.

Olmsted, E. H., "The 'Moral Sense' Aspect of Aristotle's Ethical Theory", *American Journal of Philosophy*, 1948, 69, p. 42-61.

Pfeiffer N., *Dei Klugheit in der Ethik von Aristoteles und Thomas von Aquin.* Tese, Friburgo, 1918, 2ª ed. 1943.

Rabinowitz, W. G., *Aristotle's Protrepticus and the Sources of its Reconstructions.* Berkley, L.A., 1957.

Stark, R., *Aristoteles-Studien.* Philologische Untersuchungen zur Entwicklung der aristotelischen Ethik. Munique, Beck, 1954.

Walter, J., *Die Lehre von der praktischen Vernunft in der griechischen Philosophie.* Iena, 1876.

Walzer, R., *Magna Moralia und aristotelische Ethik.* Berlim, 1929.

E) Sobre *phronêsis*, "prudência" na tradição pré e pós aristotélica

von Arnin, H., *Stoicorum veterum fragmenta.* Leipzig, 1903-1924, 4 vols.

Bollnow, O. F., *Wesen und Wandel der Tugenden.* Frankfurt, Ullstein, 1958.

Diels, H., *Fragmente der Vorsokratiker.* 9ª ed. por W. Kranz. Berlim, Weidmann, 1959.

Hirschberger, J., *Die Phronesis in der Philosophie Platos vor dem Staate.* Philologus-Supplement, 1932, 25.

Hüffmeister, F., "Phronesis in den Schriften des Corpus Hippocraticum", *Hermes*, 1961, 89, p. 51-84.

Isnardi, M., "Teoria e prassi nel pensiero dell'Academica Antica", *La parola del passato*, 1956, 51, p. 373-4.

Jankélévitch, V., *Le je-ne-sais-quoi et le presque-rien*. Paris, PUF, 1957, cap. I.

Kant, *Fondements de la Métaphysique des Mœurs*. Trad. V. Delbos. Paris, Delagrave, reimpressão de 1958.

de Mattei, R., "Sapienza e prudenza nel pensiero politico italiano dall'Umanèsimo al secolo XVII" in *Umanèsimo e scienza politica*. Milão, 1951.

Pieper, J., *Traktat über die Klugheit*. Leipzig, 1937, nova edição: Munique, Kösel, 1949 (obra de inspiração tomista).

Plutarco, *Da virtude ética* in *Moralia*. Col. Loeb, vol VI.

Santo Tomás de Aquino, *Somme théologique*, II^a II^{ae}, qq. 47-56, publicada sob o título de *La prudence*, ed. da Revue des Jeunes, 1ª ed. por H. D. Noble, 1925, 2ª ed. por T. Deman, 1949. (Encontram-se nesta obra: a) indicações sobre *phronêsis, phronimos, prudentia* no Antigo e no Novo Testamentos e nos Pais da Igreja (p. 389-96); b) uma bibliografia sobre a prudência em Santo Tomás (p. 524-7)).